2023

温州智慧教育发展报告

——技术驱动教育数字化变革探索

教育部教育管理信息中心
温州市教育局 编著

上海教育出版社
SHANGHAI EDUCATIONAL
PUBLISHING HOUSE

图书在版编目（CIP）数据

2023温州智慧教育发展报告：技术驱动教育数字化
变革探索 / 教育部教育管理信息中心，温州市教育局编
著. — 上海：上海教育出版社，2024.4
ISBN 978-7-5720-2608-9

Ⅰ.①2… Ⅱ.①教…②温… Ⅲ.①教育工作－信息
化－研究报告－温州－2023 Ⅳ.①G527.553

中国国家版本馆CIP数据核字(2024)第075502号

策划编辑　刘美文
责任编辑　刘美文
封面设计　周　亚

2023温州智慧教育发展报告——技术驱动教育数字化变革探索

教育部教育管理信息中心　温州市教育局　编著

出版发行　上海教育出版社有限公司
官　　网　www.seph.com.cn
地　　址　上海市闵行区号景路159弄C座
邮　　编　201101
印　　刷　启东市人民印刷有限公司
开　　本　889×1194　1/16　印张 13.25
字　　数　270 千字
版　　次　2024年6月第1版
印　　次　2024年6月第1次印刷
书　　号　ISBN 978-7-5720-2608-9/G·2299
定　　价　88.00 元

如发现质量问题，读者可向本社调换　电话：021-64373213

编　委　会

序　言

　　教育数字化转型是教育领域的一场系统性、根本性变革，是教育适应数字时代发展的必然要求，也是推动教育高质量发展的重要途径。党中央、国务院高度重视教育数字化变革，将数字化与教育改革发展同谋划、同部署。党的二十大报告首次将"推进教育数字化"写入报告，提出"推进教育数字化，建设全民终身学习的学习型社会、学习型大国"。站在国家发展、民族复兴的高度上，教育数字化的战略地位与作用愈发凸显。近年来，国家大力实施教育数字化战略行动，数字化转型正在逐步融入教育领域的各个层面。浙江省积极响应国家战略部署，于2021年率先开展数字化改革国家级标准化试点，温州市紧随省政府、省教育厅部署，以国家智慧示范区创建为牵引深化教育领域数字化改革，狠抓教育系统数字化改革"延伸扩面"工作，加速打造温州教育高地，取得了阶段性成果。

　　在此背景下，温州市教育局以"数字赋能，共建共富"为主题，总结实践经验、凝练建设成果、展望教育数字化未来发展，编写了该报告。报告凝聚了温州教育部门、案例相关单位和多位专家对教育数字化发展的研究与思考，总结了温州在区域教育治理、学校数字化转型、数字化行业教育生态等方面的发展策略、重要经验与成就，提炼了可行的建设模式与应用范式。相比以往，该报告具有这样几个亮点：一是案例更注重数据赋能，数据意识更强，数据应用效能更高；二是教育应用服务由单项输出转为政府、社会的双向支持，数字化改革的范围转变为校外与校内并重；三是案例内容更趋于全面，不仅有区域和学校层面的创新案例，还有数字化行业共建教育环境与应用平台的优质案例。这一系列经验成果对教育部门、学校都有较高的启发与借鉴价值。

　　教育数字化是推动教育创新发展的动力引擎，是构建良好教育生态的重要手段。当前，各地正在加速推进教育数字化转型，谋求以示范带动教育全方位突破和提升。该书的出版正逢其时，通过典型案例的经验分析、模式凝练、成果展示，为其他区域、学校推进教育数字化转型，促进教育高质量发展，培养更符合数字时代社会需求的人才提供可行路径，为深入理解教育数字化战略、实现智慧教育创新发展提供有力支撑。

华中师范大学教授，教育部教育信息化专家组成员

前　言

　　《教育部2022年工作要点》正式提出实施教育数字化战略行动，标志我国教育信息化发展进入新阶段。2022年4月，教育部等八部门印发《新时代基础教育强师计划》，提出"深入实施人工智能助推教师队伍建设试点行动"。同年10月，党的二十大报告明确要求"推进教育数字化，建设全民终身学习的学习型社会、学习型大国"。随后，《教师数字素养》教育行业标准的发布进一步完善了教育信息化标准体系，为扎实推进国家教育数字化战略行动奠定基础。2023年1月，全国教育工作会议再次强调"统筹推进教育数字化和学习型社会、学习型大国建设""不断深化教育领域综合改革"。大力推进教育数字化已经成为实现教育现代化、建设教育强国的战略支撑和动力引擎。浙江省精准把握国际国内教育形势，抢占教育数字化改革先机，用数字化改革推进教育治理体系和治理能力创新，用技术为教育赋能，变革教育教学形态和管理服务方式，推动浙江教育再上新台阶。

　　近年来，温州将智慧教育作为打造教育高地的重要支撑与变革力量，坚持智慧赋能，持续完善创新：从2013年的"智慧教育城打造工程"，到2017年的教育信息化"151"工程，到2019年温州被列入浙江省整体推进智慧教育综合试点，再到2021年，温州作为浙江省唯一推荐区域，成功入选国家级"智慧教育示范区"。2021年，温州全面启动国家"智慧教育示范区"创建和教育领域数字化改革工作，结合《打造教育高地三年行动计划（2021—2023年）》《温州市教育"数字大脑"建设实施方案（2020—2025年）》《温州"未来教育"体系建设实施方案》等目标任务，印发《温州市创建国家"智慧教育示范区"实施方案》，围绕区域教育数字化改革、创新育人模式和培育创新人才，实施推进"大共同体"建设、教育数字化改革、智慧教育发展、数字资源集约供给、创新人才培养和教师信息素养提升行动等"六大行动"，加快建设智慧教育生态体系，推动教育全面变革。

　　2022年6月，为深入开展温州创建国家"智慧教育示范区"工作，全面推进教育领域数字化改革，温州发布了《关于举办温州市第二届教育领域"移动 5G 杯"数字化改革创新应用大赛的通知》，以"数字赋能，共建共富"为主题，经初赛、复赛和决赛三轮选拔，遴选了一批主题清晰、具有鲜明特色的优秀案例成果。通过业务融合、数据融合、技术融合，推进跨层级、跨地域、跨系统、跨部门、跨业务的智能化响应、全数据决策支持、全流程协同联动，推进教育领域重大应用全面贯通。这些优秀案例不仅可以为浙江甚至全国智慧教育发展、教育数字化改革提供模式经验，还可以供温州市及各县（市、区）相关部门、学校领导和教师学习，为相关部门、学校和教师探索教育数字化转型、变革教育教学模式、提升教育治理水平提供一定的理论与实践指导。

本书主体分为三个部分，分别收录面向区域、学校、数字化行业的共计 38 个案例成果，提供了一定的建设应用模式与经验方法。在统筹区域教育数字化治理与模式创新方面，案例聚焦教育数字化改革区域模式与制度框架，构建推进智慧校园 2.0 建设的行动模式，探索智能技术支持的区域教育评价改革实践。在助力学校教育数字化转型与高质量发展方面，案例聚焦创设校园数字化融合学习环境，构建智慧化创新型课堂教学模式，推动数字资源有效应用，探索技术赋能教学改革，实现智慧校园建设整体治理水平提升。在协同数字化行业共建教育生态与应用平台方面，案例聚焦创建虚拟化情景化教学应用场景，积极探索教育实践问题数字化解决方案。

本书是温州教育数字化改革第二本高质量案例成果集，后续还将持续关注并遴选更多具有代表性和借鉴价值的优质案例。作为集体努力成果，本书的编写得到了案例相关单位以及相关专家的大力支持，在此表示衷心感谢。同时，限于时间和水平，本书难免存在疏漏，恳请读者不吝指正！

目 录
CONTENTS

"智慧教育示范区" 创建实施策略与行动路径

——打造具有区域特色的"温州样板"

进入新时代，我国高度重视数字中国的建设发展，习近平总书记多次强调数字化、网络化、智能化在中国特色社会主义现代化建设中的重要意义。党的二十大报告首次对教育、科技、人才进行统筹安排、一体部署，首次将"推进教育数字化"写入报告，是对智慧教育的再强调再升级。当前，浙江正在扎实推动高质量发展建设共同富裕示范区。浙江省第十五次党代会报告提出"两个先行"，即中国特色社会主义共同富裕先行和省域现代化先行。智慧教育先行示范是办好人民满意教育，推进"两个先行"的重要内容，是教育领域促进公共服务普及、普惠和教育现代化的主要目标指标。随着新一轮的科技和产业变革，我们已进入智能时代。智能时代为构建以学习者为中心的教育新生态提供了前沿技术支撑，构建数字化、智能化的终身教育体系和网络化、可持续的学习型社会已成为新的使命[①]。加快智慧教育发展，以构建智能时代下的教育新生态为目标，全面创新教育模式，推动教育供给侧改革，转换教育发展的动力结构，促进人的全面发展，支撑引领教育现代化[②]，成为智能时代教育的发展方向。

一、"智慧教育示范区"创建背景

温州顺应时代发展、主动应对教育变革，智慧教育探索起步早、发展快，创新基础和发展态势良好。自 2011 年开始谋划"温州智慧教育城"建设，到 2021 年温州市成功入围教育部 2020 年度"智慧教育示范区"创建项目名单，十年努力见证和成就了温州智慧教育从无到有、从点到面、螺旋式提升的迭代探索过程。温州实施国家"智慧教育示范区"创建以来，更是聚焦数字中国、教育强国和共同富裕等国家战略，贯彻落实教育数字化战略行动计划，充分发挥"智慧教育 + 数字化改革 + 共同富裕"的政策叠加优势，总结前期实践经验，前瞻未来教育发展，立足需求导向、应用导向和全国引领示范的目标导向，坚持"综合集成、整体智治、唯实惟先、创新迭代"的技术路线，坚持政府主导、坚持服务宗旨、坚持融合核心的推进策略，集成部门力量加强政策保障、集成部门数据推进业务协同和流程再造、集成科研机构和企业社会力量的创新路径，不断推进新技术背景下的体制机制、教育理念、教学环境、资源供给、师生素养、育人模式和教学方式等全方位变革，以数字化改革为驱动，迭代提升智慧教育。

① 韩民.教育现代化与终身学习体系建设［J］.教育与教学研究，2020，34（8）：100-109.
② 雷朝滋.智能时代的教育变革［J］.中国教育网络，2019（9）：7-8.

二、"智慧教育示范区"创建基础与困境

近年来,温州持续加大智慧教育的实践和探索,把前沿探索和前瞻布局作为教育信息化建设的总牵引,通过战略构架、统筹谋划、协同推进等举措,实现区域教育信息化工作阶段性、螺旋式提升,支撑引领教育现代化高质量发展,如图1所示。2013年11月,温州市教育局印发《关于加快温州智慧教育城建设的实施意见》,确立了"立足智能环境,发展智慧教育"的目标方向和基本框架,努力构建现代智慧教育服务体系。2016年,智慧教育作为重要内容被纳入国家新型智慧城市温州试点建设,同年全面实施创客教育"五个一"工程。2017年温州市启动教育大数据建设"151"工程,与阿里巴巴等企业联手打造未来教育"温州样板"。2019年,温州市被评为全国"青少年创客教育生态区域",与2个辖区县(市)和13所学校被列入浙江省整体推进智慧教育综合试点。2020年,温州市提出打造温州教育"数字大脑",推进覆盖全市教育和学校的数字服务体系建设。2021年,温州作为浙江省唯一推荐区域,入围教育部第二批"智慧教育示范区"创建项目,这是对温州近十年智慧教育探索发展的肯定,更是对温州智慧教育后续再创新、再发展的鞭策。

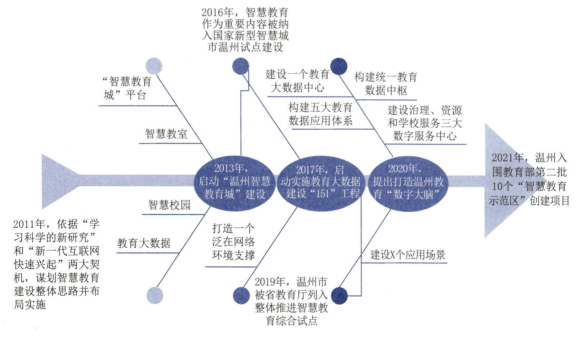

图1 温州智慧教育创新实践与探索发展脉络

在"智慧教育示范区"创建部署之初,教育部就明确指出了"智慧教育示范区"六个维度的建设任务[①]。诸多专家学者也为推进智慧教育的实践与落地提出许多卓有价值的观点,归结起

---

① 项阳,任昌山."智慧教育示范区"进展与未来[J].中国教育网络,2021(9):24-26.

来就是有赖于智能教育的核心支撑作用：一则智能教育通过技术赋能教育，从而支持智慧学习环境的构建；二则智能教育通过技术赋能学习服务，从而支持智慧教学法的形成；三则智能教育通过教育大数据与学习分析支持智慧学习评估的建立等①，为温州创建"智慧教育示范区"提供了引领方向。

但当前区域智慧教育发展仍面临诸多问题与挑战，比如校际发展不均衡和新技术应用挑战，以及信息安全制约大规模的创新应用、大规模因材施教需要强大的专业支持、配套的政策保障机制等②。温州智慧教育经过前期的奠基发展，也面临着一系列深层问题，主要表现在：一是区域智慧教育推进没有现成路径，也不可能完全借鉴，需要基于实际在具体实践中不断探索创新；二是由于技术与教育的结合还不成熟且处于持续发展阶段，使得智慧教育存在教育技术产品不好用、数据孤岛、资源泛化和应用不成体系等问题，需要优化产品和数据、平台和应用等的综合集成；三是传统教育信息化建设体制和推进机制不适应新时代智慧教育发展要求，教育管理、技术开发和实际应用之间相互隔离，需要从制度机制方面加快变革重塑。

三、"智慧教育示范区"创建策略构建

智慧教育是教育信息化推动教育变革的新阶段，是智能时代教育从数字化加持迈向数字化的全面升级，构建具有区域特色、全国引领的智慧教育"温州样板"是温州创建国家"智慧教育示范区"的时代使命和实践责任。面向"十四五"新一轮的智慧教育发展，温州将整合推进国家"智慧教育示范区"创建和教育领域数字化改革任务，加快智慧教育生态体系建设，加快区域教育信息化转段升级。

（一）策略制定

党的十九届五中全会提出"建设高质量教育体系"的目标，为做好新时代教育工作提供了根本遵循，也为新时代基础教育信息化建设指明了方向。当前教育信息化推进工作中存在的一系列充满多面性、复杂性和艰巨性的问题，亟待深化改革。教育部在 2022 年工作要点中，提出大力实施教育数字化战略行动，不断深化基础教育综合改革的总体要求，并历史性地提出

① 杨倩，许峰. 简论研究生培养中的多元化智慧教育［J］. 河南师范大学学报（哲学社会科学版），2020，47（5）：151-156.

② 恽敏霞，刘春香. 区域智慧教育的转型发展：模式、策略与路径［J］. 教育传播与技术，2021（3）：3-7.

"深化信息技术应用改革",其目的既是如此。面对已然来临的智慧教育时代,围绕"立德树人"根本任务,坚持问题导向建立数字化改革思维、深化教育与数字技术全面融合、办好人民满意的教育、大力推进创新人才培养,成为"智慧教育示范区"创建实施策略的逻辑起点。温州"智慧教育示范区"创建实施策略如图 2 所示。

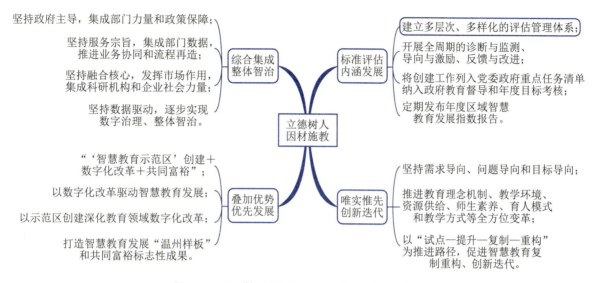

坚持政府主导,集成部门力量和政策保障;

坚持服务宗旨,集成部门数据,推进业务协同和流程再造;

坚持融合核心,发挥市场作用,集成科研机构和企业社会力量;

坚持数据驱动,逐步实现数字治理、整体智治。

综合集成整体智治

立德树人因材施教

标准评估内涵发展

建立多层次、多样化的评估管理体系;

开展全周期的诊断与监测、导向与激励、反馈与改进;

将创建工作列入党委政府重点任务清单纳入政府教育督导和年度目标考核;

定期发布年度区域智慧教育发展指数报告。

"'智慧教育示范区'创建+数字化改革+共同富裕";

以数字化改革驱动智慧教育发展;

以示范区创建深化教育领域数字化改革;

打造智慧教育发展"温州样板"和共同富裕标志性成果。

叠加优势优先发展

唯实惟先创新迭代

坚持需求导向、问题导向和目标导向;

推进教育理念机制、教学环境、资源供给、师生素养、育人模式和教学方式等全方位变革;

以"试点—提升—复制—重构"为推进路径,促进智慧教育复制重构、创新迭代。

图 2　温州"智慧教育示范区"创建实施策略

1. 紧盯"因材施教,全面育人"

温州"智慧教育示范区"创建明确了"创新育人模式,培养创新人才"的智慧教育发展方向,明确围绕"立德树人,因材施教"强化顶层设计,以学习者为中心,以教育者为主导,依托新一代信息技术,构筑智慧化、泛在化、个性化、终身化的智慧教育生态系统,满足社会化、自主化学习需求,推进大面积的因材施教,促进学生全面发展和个性化成长。示范区创造性地将全面育人与全人教育理念有机整合,其理论基础是全人教育和全面发展共同追求的"促进学生全面而有个性地发展"的精神实质,更加突出智慧教育要从技术层面发挥人的主体观、终身发展观和整体环境观。

2. 坚持系统思维整体推进

智慧教育是一项推进教育整体变革的复杂系统工程,基于智能技术建立促进个性发展的教育体系,是智慧教育发展的基本趋势[①]。面对智慧教育发展新要求,迫切需要牢固树立系统观念,坚持用系统的思维和方法谋划推进工作。系统思维在横向层面表现为,温州"智慧教育示范区"创建坚持信息技术与教育教学深度融合,建立"大共同体"平台建设推进机制,以区域

---

① 北师大智慧学习研究院.2020GSE "5G 时代的智慧教育"论坛举行,发布 5G 智慧教育云平台[EB/OL].(2020-08-22)[2022-11-28].http://sli.bnu.edu.cn/a/xinwenkuaibao/yanjiudongtai/20200822/2039.html.

智慧教育发展指数和智慧校园建设为主要抓手，以教育"数字大脑"体系建设为创新引擎，以"试点—提升—复制—重构"为创建路径，科学有序逐步推进，更新教育理念、优化要素环境、创新体制机制、重塑流程架构，探索形成支撑和引领智能时代教育现代化的新途径和新模式。在纵向层面表现为，温州贯彻落实"迭代更新，持续提升"的智慧教育发展思路，进一步将"智慧教育示范区"创建与"十四五"区域教育信息化发展有序衔接，提出到 2025 年的建设发展目标，打造未来教育发展新高地。

3. 聚焦智能变革集成迭代

智慧教育发展本质是以构建智能时代下的教育新生态为目标，全面创新教育模式，推动教育供给侧改革，转换教育发展的动力结构，促进人的全面发展，支撑引领教育现代化。智能时代为构建以学习者为中心的教育新生态提供了前沿技术支撑，构建数字化、智能化的终身教育体系和网络化、可持续的学习型社会已成为新的使命[1]。温州创建"智慧教育示范区"确立"综合集成、整体智治、唯实惟先、创新迭代"的技术路线，提出"三个坚持"，即坚持政府主导、坚持服务宗旨、坚持融合核心的推进策略；明确"三个集成"，即集成部门力量加强政策保障、集成部门数据推进业务协同和流程再造、集成科研机构和企业社会力量的创新路径；立足"三个导向"，即立足需求导向、应用导向和全国引领示范的目标导向，不断推进新技术背景下的体制机制、教育理念、教学环境、资源供给、师生素养、育人模式和教学方式等全方位创新迭代和智慧升级。

4. 综合发挥政策叠加效应

2021 年初，浙江全面推进数字化改革，推进省域治理体系和治理能力现代化，提出了构建"152"工作体系，并将教育领域的数字化改革纳入数字社会改革体系，为"智慧教育示范区"的创建提供政策保障、氛围营造和方法理论的指导。同时，浙江省又被列为全国"共同富裕"示范区创建试点，全域均衡优质推进"智慧教育示范区"创建成为教育共富的重要目标。温州充分发挥"'智慧教育示范区'创建 + 数字化改革 + 共同富裕"的政策叠加优势，将创建工作列入党委政府重点任务清单，纳入政府教育督导和年度目标考核，并实施区域结对等措施来促进全域的创建工作。

5. 标准化实施典型经验复制

教育评估事关教育发展方向。[2] 为确保智慧教育高质量发展，开展相关建设标准和评估体系的研究建设，研究制定温州市县域智慧教育发展指数评价体系、中小学智慧校园 2.0 创建指

① 韩民 . 加快构建服务全民的终身学习体系［J］. 终身教育研究，2020（3）：3-6.
② 杜瑞军 . 什么是好的教育评估——对我国高校教育教学评估的理性审视［J］. 河北师范大学学报（教育科学版），2021，23（5）：24-40.

导性指标体系和教学新型空间应用指南，研制中小学校教室照明和手摇式升降课桌椅等团体标准，研制交互式多媒体技术参数标准、中小学校教室配置标准和装备建设技术规范等，初步构建了一套具有科学性、普适性特点的智慧教育评价指标体系。建立市级"智慧教育示范区"，设立学校项目示范试点，开展全过程的项目绩效评估，通过定期发布年度区域智慧教育发展指数报告的办法，加快典型案例挖掘，提炼模式经验，在此基础上实现示范成果快速复制重构，推动全域智慧教育迭代升级。

（二）模型构架

2021年6月，温州市人民政府办公室制定印发了《温州市创建国家"智慧教育示范区"实施方案》（以下简称"方案"），构建实施"一二四五六"的创建框架，如图3所示。所谓"一二四五六"，"一"是坚持"一个核心"，即以数字化推教育整体智治和教育教学智慧迭代；"二"是建立"两大体系"，即建立多主体联合参与的协同创新平台，建立教育"数字大脑"智能服务平台；"四"是落实"四全任务"，即实现智慧校园覆盖全部学校、教学应用覆盖全体教师、学习应用覆盖全体适龄学生、人工智能教育覆盖全部学校；"五"是实现"五高目标"，即高水平提升信息化融合应用、高品质提升师生信息化素养、高质量推进规模化教育、高效力推进因材施教、高智能助推教育现代化治理。"六"是实施"六大行动"，即大共同体建设行动、教育整体智治行动、智慧教育迭代行动、资源智能供给行动、创新人才培养行动和教师信息化素养提升行动。

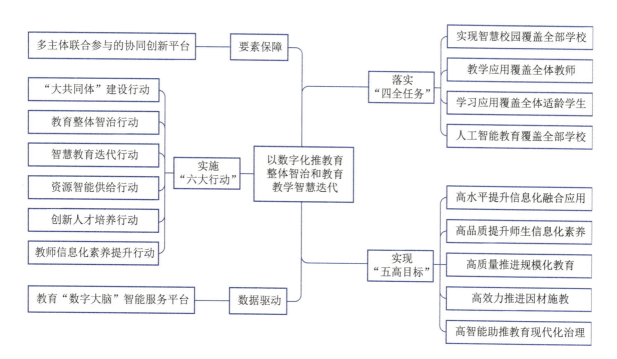

图3 温州"智慧教育示范区"创建模型构架

《方案》提出到 2023 年，实现区域教育"数字大脑"主要功能学校覆盖 70% 以上，建成智慧校园 700 所、新型教学空间 5 000 个、人工智能教育校 800 所，打造智慧教育有影响力学校 50 所、有影响力区域 3 个，培养有影响力的首席信息官 50 名、有影响力的智慧教育名师 300 名的重点目标任务，通过教育部智慧教育示范区创建评审。到 2025 年的建设发展目标，即建成新型教学空间 8 000 个，实现智慧校园建成率 100%（其中智慧校园 2.0 学校 300 所），区域教育"数字大脑"主要功能学校覆盖率 100%，县（市、区）骨干教育网万兆光纤覆盖率 100%，人工智能教育学校覆盖率 100%，教师信息技术应用能力提升工程参训率 100%，"学在温州"数字服务体系覆盖率 100%，打造一批协同办公"一屏掌控"、政务服务"一网通办"、公共服务"全民泛在"、具有温州教育辨识度的场景应用，形成教育智治"一张图"，全面支撑全民教育数字化服务和数字化学习。

四、"智慧教育示范区"创建行动路径

基于"智慧教育示范区"创建策略，结合《中国教育现代化 2035》"建设智能化校园、探索新型教学形式、创新教育服务业态、推进教育治理方式变革"的行动理念，温州提出"六大行动"推进路径，并将其作为"智慧教育示范区"建设的重点任务。

（一）"大共同体"建设行动

温州将"大共同体"建设行动列为"六大行动"路径之首。"大共同体"建设行动，其根本为推进机制的建立与创新，主要强调在不断强化党政机关实施主体机制的基础上，通过政府统筹加快建立政研合作共同体、产教融合发展共同体、智慧教育新型共同体等系列协同创新机制，加快数据驱动的智慧教育转型发展，提升区域教育资源供给服务能力。教育信息化 2.0 的根本目标是推动教育现代化的实现，形成与信息时代匹配的新型教育[1]。这里的"新"重在通过教育数字化转型，促进全要素、全业务、全领域和全流程的数字化转型。推动体制和机制创新，建立适应智能时代的包容、公平、绿色、高质量和可持续的智慧教育体系，完善时时能学、处处可学、人人皆学的终身持续学习体系[2]是前提和基础。

---

[1] 杨宗凯，吴砥，郑旭东. 教育信息化 2.0：新时代信息技术变革教育的关键历史跃迁 [J]. 教育研究，2018，39（4）：16-22.

[2] 黄荣怀，杨俊锋. 教育数字化转型的内涵与实施路径 [J]. 新华文摘，2022（13）：124-125.

（二）教育数字化改革行动

温州"智慧教育示范区"创建将数据驱动作为实现教育整体智治和教育信息化转段升级的核心任务。当前，国家教育数字化战略行动全面启动，教育的全面数字化转型已成必然趋势，加快实现数据驱动的教育治理，需打造教育"数据大脑"，建立统一、安全、便捷的数据交换通道，提升教育数据采集、分析、挖掘等处理能力，并推动教育数据有序流动，实现跨地域、跨层级、跨部门数据共享[①]。

温州着力建设区域教育"数字大脑"，全域覆盖打造"1+3+X"智能体系，即构建一个教育数据中枢，建设治理、资源和学校服务三大数字服务中心，建设 X 个应用场景，建成"好学温州"应用平台和"温州教育智治一张图"，实现数字化综合集成智能服务，赋能全域教育教学，实现基于真实应用的大数据的智能辅助决策，提升现代教育治理能力。

（三）智慧教育发展行动

发展智慧教育是温州全面深化信息技术教育教学应用改革新征程的起始点。一是实施区域（县域）智慧教育发展指数评估行动，根据区域智慧教育基础指标、区域智慧教育发展指标和区域学校智慧教育发展水平等方面制定标准，开展年度评定并出具指导报告，促进区域智慧教育发展。二是实施中小学智慧校园2.0学校创建行动，实现学校从数字化向数据赋能的智慧教育发展。智慧校园2.0学校将围绕新基建、学校管理、教育常规、教学模式、教学评价、学生学习方式和人工智能教育等方面开展变革，特别是在数字赋能、人机协同和人工智能教育上重点发力，实现教学管理决策、教学模式、综合评价和学生信息素养的真正迭代升级。

（四）数字资源集约供给行动

智慧教育时代，高质高效的数字资源服务体系为教育教学全过程提供坚实支撑。温州围绕"全民智慧学习一张图"，以本市"数字大脑"为基础，搭建"好学温州"数字资源服务中心，综合集成国家、省级等资源平台，集成温州教育影院、温州市中小学云图书馆、"温州学问通"名师在线（答疑）、"少年瓯越行"智慧研学实践劳动、云阅卷和"学前三朵云"等市级应用系统，引入第三方购买服务的优质资源系统，打造泛在学习资源体系，构建覆盖全市、互联互通、用户统一、共治共享、协同服务、单点登录的服务体系，实现"一人一空间、一空间一特色、应用促教学"的目的，并逐步实现智能推送，支持个性化应用。

---

① 杨宗凯.教育的全面数字化转型已成必然趋势［N］.中国青年报，2022-04-11（5）.

（五）创新人才培养行动

人工智能时代，中小学生拥有着"数字土著"的另一重身份，培养顺应时代发展要求的创新人才，必须重视人工智能与教育的整合。2019年，温州被评为全国"青少年创客教育生态区域"。2020年，温州完成中小学创客教育"五个一"工程，实现学校"1+X+Y〔区（县）创客实践中心 + 区域创客基地 + 学校创客空间〕"创客空间全覆盖，建立"GMC"模式（温州创客教育专家组 + 创客教育讲师团 + 创客教育指导师）师资培养机制，推进学校、家庭、社会"三位一体"合作。

在此基础上，按照"5133"的思路出台《温州市中小学推进人工智能教育实施方案》，"5"即实施"五个一"工程，主要是推进"一校一 AI 团队、一校一创新项目、一校一 AI 课程、一校一智能空间、一校一品牌活动"建设；"1"是指构建区域统一的人工智能教育教学平台；"33"是指打造"基础普及类、社团拓展类、综合提升类"的三阶课程体系、"十百千"三层次师资培养体系和"学校 + 教师 + 学生"三维度创新素养评价体系。"三阶课程体系"目前已基本构架完成，正不断积累丰富资源；"三层次师资培养体系"将推进设立十个名师工作室、培养百名骨干教师和千名人工智能持证上岗教师；"三维度创新素养评价体系"动态监控实施成效，提升人工智能教育普及成效，打造人工智能教育生态体系。

（六）教师信息素养提升行动

在技术与教育双向赋能的浪潮中，教师迫切需要重新定位角色，提升核心素养。温州统筹组织、师训、人事和技术部门的信息化培训功能，建立虚拟的"未来教育技术学院"信息化素养培训平台，全域实施"一把手"校长担任首席信息官（Chief Information Officer, CIO）制度，建立机关处室（单位）数字专员制度，开展由校长、分管校长和信息化执行官组成的"微团队"专项培训，提升学校信息化领导力；开展信息化骨干教师系列培训，发挥温州市未来教育技术学院讲师团作用，提升教育信息化指导力；加强信息化应用课题研究，完善立项、开题、中期指导和结题考评制度，提升区域信息化应用研究力；实施教师信息技术应用能力提升工程2.0整校推进三年行动计划，依托学校信息化项目建设和校本培训，全员提升教师信息化应用能力，从而形成"一平台四能力"的信息化培训体系，力求为技术融合的教学提质增效。

五、"智慧教育示范区"创建行动展望

"智慧教育示范区"创建是利用新一代智能技术驱动教育的大变革，更是一场从技术理性

向制度理性的跨越。正如科学技术与信息化司原司长雷朝滋所强调的，加快推进示范区建设，打造智慧教育"样板工程"，要做到"四个坚持"：一要坚持特色发展与区域协同相结合；二要坚持问题导向与创新引领相结合；三要坚持专家引导与集思广益相结合；四要坚持示范建设与人工智能社会实验相结合。

2021 年是温州创建国家"智慧教育示范区"起步之年，是教育领域数字化改革元年。年初以来，通过顶层设计、整体部署和实施推进，温州智慧教育发展取得了一定成果，初步形成了数据赋能、迭代升级的示范区创建思路和推进策略的基本模型；但仍处在国家智慧教育示范区创建的起步阶段，相对于打造高质量教育发展体系、实现育人模式全新变革还有很长的路要走。

新时代，党和国家、人民群众对步入高质量发展阶段的基础教育新格局、人才培养新模式提出了更高要求。新时代缔造新技术、新技术推动新教育，站在智能时代的背景下来思考教育的创新与变革，是我们研究未来教育的基本起点[1]。智慧教育不是简单化、表面化的智能教育，我们必须从理论和实践上厘清智慧教育发展的主要关键问题，从智慧理念创新、政策经费保障、专业队伍建设、师生数字素养等全方面深化推进，最终破除制约新时代深化教育体制机制改革的障碍壁垒。智慧教育未来发展，要以数字化驱动教育体系和制度重塑，构建智能时代新型教育治理关系、人机关系、教学关系、家校关系以及产教研关系，以教育治理主体、师生发展主体和评价导向主体等的"自我革命"，牵引带动教育更深层次更广领域的全方位变革。

温州市教育技术中心　侯元东　马元福　李钿钿

---

① 关成华，陈超凡，安欣. 智能时代的教育创新趋势与未来教育启示［J］. 中国电化教育，2021（7）：13-21.

第一部分

PART 1

统筹区域教育数字化治理与模式创新

一、明确教育数字化改革区域模式和制度框架

（一）发展综述

教育治理是指国家机关、社会组织、利益群体和公民个体，通过一定的制度安排进行合作互动，共同管理教育公共事务的过程。[1] 随着"互联网＋"行动、人工智能发展规划等的实施和 5G、云计算、大数据等新技术的普及与应用，教育治理迎来了新的机遇与挑战，信息技术与教育的整合能够为教育高质量发展提供更多的力量与资源，提升教育治理的时效性、精准性与公平性。[2] 而区域作为一个复杂共同体，存在着多个利益相关者，不同的利益主体存在不同的目标与利益导向，进而形成复杂的多元治理格局[3]，因此，要推动区域教育治理走向"善治"，需要进一步完善教育治理体系，建立涵盖各类教育主体的"管办评"制度体系，创新区域治理模式，推动教育的全方位变革，以最低的成本实现教育的有效治理，解决教育发展的共性问题，构建起政府宏观管理、学校自主办学、社会广泛参与的教育治理新格局[4]。

国家高度关注教育治理改革，习近平总书记积极倡导实施国家大数据战略，提出要加快建设数字中国，促进各领域的全方位治理变革，其根本路径是要加强数据共享，推动合作共治[5]。2018 年，教育部发布的《教育信息化 2.0 行动计划》提出要"探索信息时代教育治理新模式"，要求"充分利用云计算、大数据、人工智能等新技术，构建全方位、全过程、全天候的支撑体系，助力教育教学、管理和服务的改革发展"。2019 年，中共中央、国务院印发《中国教育现代化 2035》，在第八项战略任务"加快信息化时代教育变革"中强调"推进教育治理方式变革，加快形成现代化的教育管理与监测体系，推进管理精准化和决策科学化"。《加快推进教育现代化实施方案（2018—2022 年）》也提出"大力推进教育信息化"，"着力构建基于信息技术的新型教育教学模式、教育服务供给方式以及教育治理新模式"。2021 年 3 月，《教育部关于加强新时代教育管理信息化工作的通知》指出，要"以信息化支撑教育治理体系与治理能力现代化"。多个政策文件的发布推动了教育决策从经验驱动转向数据驱动，开展数据治理，发挥

---

① 褚宏启. 教育治理：以共治求善治 [J]. 教育研究，2014，35（10）：4-11.
② 王迎军，吕霄霄. 教育治理信息化的区域探索与实践 [J]. 中国教育信息化，2023，29（4）：92-98.
③ 张贵. 中国式区域治理体系、机制与模式 [J]. 甘肃社会科学，2023（3）:130-141.
④ 范以纲. 从"桃浦模式"看区域教育治理体系的构建 [J]. 人民教育，2015（7）：40-42.
⑤ 田刚元，陈富良. 习近平数字经济发展思想的历史逻辑、核心要义及其时代价值 [J]. 理论导刊，2021（1）：4-9.

数据价值成为时代要求与必然选择[①]。

在实践探索上，部分地区早已开展区域教育治理的改革实践，形成了可借鉴的经验与模式。如，长春经开区探索"总部教育"治理模式，构建了高效共享的"四梁八柱"教育实践新体系，即以"四大教育实践基地"——教师教育实验基地、教学质量提升实验基地、教育综合改革实验基地、智慧教育实验基地和"八大专业支持"——战略规划、文化特色、课程建设、教学改革、德育策略、教师发展、校长发展、学校治理为平台及路径，推动区域教育高质量发展。[②]深圳市龙华区从2019年开始开展混合式教学改革，在全区设立"龙华创新实验班"试点基地，探索教育信息化与教育教学的深度融合创新，形成了"学·教·动·管·评"五位一体实施路径[③]。

本章节案例聚焦区域治理，全面推进区域智慧教育发展，提升区域教育教学水平。瓯海区以智慧教育为抓手，区校联动打造"数字大脑"，通过区域空间治理数字化改革，推动"应用驱动""场景赋能"和"教育教学"深度融合，全过程服务学生个性化成长，全链条服务教师专业成长，构建区域教育智治新生态。苍南县基于"1+1+X"框架研发了教育智慧云平台，全力推动基于班级智慧大屏区域智慧校园建设项目，不断加强智慧教育供给，推动大数据驱动的教育教学改革，取得了较好的成效。鹿城区为深入挖掘数字化改革的应用场景，实现教育资源智慧共享、教育业态智助育人、教育品质智臻一流的整体目标，着力构建后勤综合管理平台，以支持三方用户（教育行政管理部门、学校单位、相关供应商）需求，满足N个业务场景和数据展示模型，实现了区域后勤智慧管理。洞头区开发应用了"汇学洞头"终身学习云校通系统，在数字社会"四横四纵"+"两掌系统"架构的基础上，构建了五大应用场景，并通过数字赋能推动服务端与治理端的流程再造，实现技术变革、系统重塑、高效协同。

（二）案例：三大聚焦：构建瓯海智慧教育发展新样态

（瓯海区教育局　金朝辉　黄菊敏　张淑嫦　白骏烈　陆伟坚　朱　蕾）

1. 背景介绍

瓯海区是温州市四大主城区之一。近年来，瓯海区紧扣高质量发展主题，以智慧教育为抓手，区校联动打造"数字大脑"，构建多元应用场景，全力提升区域教育智治水平。

① 温晓川，李伟.数据治理驱动基础教育均衡优质发展［J］.中国教育信息化，2023，29（2）：123-128.

② 刘丽英.高质量发展背景下区域教育治理模式的实践创新［J］.现代教育科学，2021（2）：52-56.

③ 邱小琴，刘燕，李锋亮.建设高质量区域教育　创新变革教育教学改革路径——深圳市龙华区混合式教学改革探索与发展［J］.中小学信息技术教育，2021（6）：42-44.

2. 主要目标

（1）解决教育痛点问题

以"数据"为枢纽，着力解决教育教学变革动能不强、平台综合集成不高、数据共享共用不足、工作统筹协同不够等痛点问题。

（2）推动形成区域整体治理新样本

通过"三个聚焦"，用数据赋能，构建以数智驱动为特征的高质量育人体系，赋能师生成长，形成具有标志性的理论与实践成果，打造区域整体智治新样本。

3. 主要做法

（1）聚焦"平台 + 大脑"，一体化铸就智治底座

树高千尺，根深在沃土。区域智慧教育是系统工程。聚焦"数字大脑"，瓯海区通过平台、数仓、应用、场景的"四维"体系铸就教育整体智治底座。

一是一体推进，夯实数字底座。本着"以人为中心"理念，通过自主开发、合作研发、引入第三方等方式打造"瓯教云"一体化智能化平台，统一入口，统一管理，统一标准，实现所有应用"一号"畅通，历经十年迭代升级，于2021年迈入"数据赋能"4.0阶段；以"瓯教钉"为掌上入口，实现"一掌"通办。

二是持续做强，构建"数字大脑"。以"1+X+Y"模式构建区域教育数字大脑，其中，"1"是指基于一体化平台，建立大数据仓，形成各类数据融合的主题数据库；"X"是指一批涵盖教育核心业务需求不同类型、不同功能的精品应用；"Y"即一批数字教育智治场景，服务学校、教师、学生和家庭。

三是区校联通，绘就智治图景。着力推进学校"数字大脑"项目建设，将区级统建和学校创新相结合，鼓励学校先行先试，构建校级数仓，让区校两级一体融合。到2022年9月，全区有16所学校"数字大脑"项目落地。以赛促建，举办教育数字化改革创新大赛，评选出一批区域数字学习场景先行案例。

（2）聚焦"应用 + 场景"，智能化撬动教学变革

智慧教育的生命力在于教育教学的实践应用。瓯海区通过区域空间治理数字化改革，推动"应用驱动""场景赋能"和"教育教学"深度融合，促进校园治理方式的系统性重塑，进而促进学校发展。

一是"慧观课"——构建课堂数字化评价场景。自主开发"慧观课"系统，如图4所示，从学生学习、教师引导、成效达成、空间合作四个维度切入，打造数字观课、数据研修等应用场景，赋能课堂品质提升。如：南白象实验小学基于"慧观课"系统，融合学校"三单实验"课堂变革项目，形成"三单慧研"数字观课新模式；景山小学借助"慧观课"，开展指向数据

的"问题跟踪式"研修，从而促进教学改进。

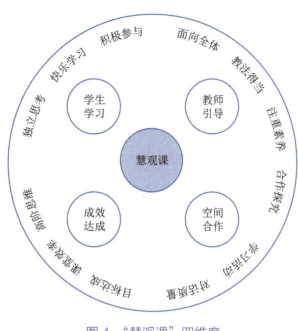

图 4 "慧观课"四维度

二是"慧学评"——形成学生成长评价应用场景。依托"慧学评"系统，打破传统评价"唯分数"、参与对象"单一化"、评价数据"零散化"等局面，以综合评价撬动育人方式变革。将学生品德发展、学业发展、身心健康、审美素养、劳动实践等要素跟评价指标相结合，实现评价维度多元化，成长过程可视化。依据学校、班级和学生画像，细化管理颗粒，促使学生综合素养全面提升。

三是"云成绩"——打造精准化教学应用场景。通过数据精准定位核心问题、挖掘教学盲点，提高教研、教学的精准性和质量。2014 年，瓯海区启动"云成绩"应用试点，经过多次迭代，目前在全区中小学全面落地，有力支撑了学校精准化教学。如，瓯海区牛山实验学校借助"云成绩"，开展弹性作业改革，联通"慧课堂"，从课前、课中、课后三个部分采集学生学习数据，生成学习力数据画像，倒逼学校实施精准教学对策。

（3）聚焦"服务 + 生态"，多渠道赋能师生成长

坚持问题导向、需求导向和效果导向，通过数据多跨、技术创新、流程再造，全过程服务学生个性化成长和全链条服务教师专业成长，构建区域教育智治新生态。

一是数据多跨，破解教育精准决策的技术壁垒。基于教育大数据创新应用，搭建融合跨部门、跨业务、跨应用数据建立各类系统主题库，创新"学校发展"智治一张图项目，构建"区域校网布局、入学预警分析、教育资源分布、教师发展分析"等多个子场景，达成全局一屏掌控、监督一览无余的整体智治协同场景，有效提升了管理精准化和决策科学化水平，如图 5 所

示。以"入学预警分析"场景为例，依据来自社保、住建、自规、新居民等部门的多跨数据动态综合分析，可以预判区域内学校资源与适龄儿童规模匹配情况，为招生决策提供精准智能预警。2021 年 11 月，瓯海区通过数据监测，发现梧田一中施教区人口波动较大，连续呈上升趋势，判定次年招生压力必然增大。因此，教育部门在春节前后连续两次向社会发布招生预警公告，并做出扩招扩班预判。在教育部门提前统筹师资、调配资源等举措下，2022 学年梧田街道初中招生工作平稳有序。

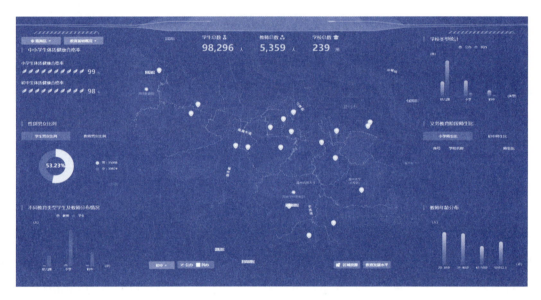

图 5 瓯海区"学校发展"智治一张图

二是数据融通，打造学校智慧教学的学习空间。坚持"以儿童为中心"，将教育智治融入校园空间重构，着力打造处处可学习的"智慧学习空间"，实现环境智能化、课程数字化、功能多元化。瓯海区各学校充分运用云计算、物联网、人工智能等新技术，在学习场景改造、学习环境优化等方面，不断推进空间智能化，为泛在学习提供更为广阔的校园数字空间。瓯海区外国语学校，以数据学习为基础，打造"智慧 +"校园学习场域，借助 VR 实景技术、AR 互动技术，让学生具身体验，激发其主动探究，让体验式学习、浸润式学习、项目化学习、场馆式学习、发现式学习等学习方式发生。

三是数字画像，提供师生高效评价的便捷途径。为广大师生提供个性化便捷服务，是教育智治的重要内容。一方面，建立可视可感的学生全过程成长画像，如图 6 所示，依托"云成绩""乐实践"等项目，通过常态化数据采集建立档案，形成多维度学生成长画像，从而对学生的综合素质进行诊断。另一方面，通过"云平台""证书汇""慧观课"等应用，联通全国教师管理信息系统数据，实现教师专业发展全周期动态呈现，为教师精准研修和快速成长提供高效便捷的数据支撑。如"证书汇"可以实现证书在线发放，一键领取，有效解决了证书"发放难""领取难""鉴别难""保管难"四大难题。

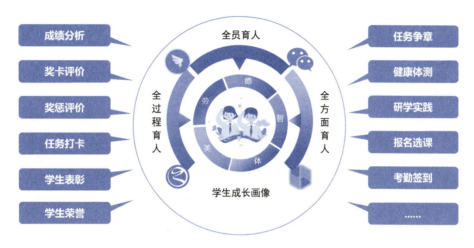

图6　学生全过程成长画像

4. 成效与成果

（1）数据智治获肯定

经过几年实践，瓯海区智慧治理取得了不少成果，获得教育部门肯定。"瓯教云"一体化智能化平台，拥有自主可控知识产权，包括：《基于"精准管理"的智慧教育云平台3.0版》获浙江省教育科学研究优秀成果二等奖；瓯海职专"智能化 + 专业集群"提前通过省智慧教育综合试点合格单位；瓯海区学生实践学校"三圈赋能"评价项目等在市级创新大赛中获奖；瓯海智治赋能未来教育工作获省教育厅肯定，在省厅内部刊物《今日择报》上做书面交流；"'学校发展'智治一张图"项目入选2021年浙江省首批揭榜挂帅项目；等等。

（2）教学变革收获颇丰

自2021年"慧观课"系统启动以来，累积听课超1.8万次，向周边县区辐射，实现"一地创新、多地共享"，还入选了2022年浙江省教育领域数字化改革创新试点项目。"慧学评"系统自2019年启动以来，经历三次迭代，并在全区26所学校落地实施，形成了"善水行""缘溪银行""养正少年"等一批成长评价项目，覆盖师生家长5万人，其中瓯海职专的"'德育银行'：中职学校德育管理新模式"项目获国家级教学成果奖二等奖，9所学校入选全市综合评价改革试点学校。此外，瓯海区有10所学校成为温州市数据驱动教育教学种子学校。

5. 未来展望

浩渺行无极，扬帆但信风。智慧教育是教育领域的一场重要变革，瓯海区将坚持以数字化改革为引领，在承接落地、全面贯通中体现"瓯海速度"，在推动重点改革、重大应用中凝聚"瓯海智慧"，全力打造"教育智治"的区域样板，为推进"智慧教育示范区"建设、打响"学在瓯海、学在温州"品牌做出新的贡献。

（三）案例：大数据背景下教育智治的苍南实践

（苍南县教育局）

1. 背景介绍

苍南县是浙江省人口大县，位于浙江省最南端，常住人口 85 万，有较发达的县城也有发展相对落后的乡村。苍南县领导对教育重视，但苍南县财力有限，2022 年，投入教育技术装备经费仅有 3 000 万元。近年来，苍南县大力推进教育信息化建设，以智慧校园平台建设为抓手，积极布局智慧教育 2.0 迭代升级，全力推进智慧教育发展，取得了一定的成果。

2. 主要目标

（1）促进县域优质均衡发展

苍南县受地域影响，县域教育资源极不均衡。基于特殊县情，通过加强平台共用、资源共建、数据共享、信息共通，促进县域优质均衡发展。

（2）推动教育科学精准决策

充分依托大数据等信息技术，帮助教育决策者全面客观了解县域每所学校教育发展情况，帮助校长全面客观了解每一位教师，以做出更加科学、精准的决策，有效促进教育教学工作开展。

3. 主要做法

（1）依托教育云平台，构建县域教育智治基座

2018 年，苍南县基于"1+1+X"框架研发了教育智慧云平台，涵盖政务 OA、教师个人工作室、优课、督导、云阅卷、大数据舱、评比报送、站群、装备管理等重点应用。2021 年开始，智慧云平台升级为移动端"苍教云"，通过"教育魔方"工程，推动教学流程再造和教学组织重构，推进教育领域数字化改革延伸扩面工程。

在原有的智安校园和数字校园基础上，2022 年 6 月，苍南县启动"基于班级智慧大屏区域智慧校园建设项目"，以苍南县外国语学校为创建标杆校，基于"教育魔方"底座，开发班级智慧大屏软件平台。平台以班级触控一体机为载体，重点打造智慧安防、德育评价、智慧教学、家校互动等四大场景，并实现班级触控一体机、PC 端、移动端等多端数据互联互通。平台形成的应用大数据为学生成长画像和教师发展画像提供数据支撑。苍南县智慧教育总体建设框架如图 7 所示。

（2）加大智慧教育供给，推进大数据驱动的教学变革

一是强化智教供给。加大基础设施配置，为全县配置新型教学空间 620 个，实现触控一体

机普通教室全覆盖，实现录播教室全覆盖。2022 年，升级改造学校基础网络，共升级改造 40 所学校，实现学校万兆接入全覆盖。实施城乡学校同上一节课，解决农村薄弱学校师资短缺和开不好音乐、美术等国家规定性课程的问题。围绕"数据驱动教育教学改进"省级试点项目，精准把脉区域、学区、学校、学科教学质量，不断完善评价研修模式，推动实践研究，促进教师队伍的专业发展。

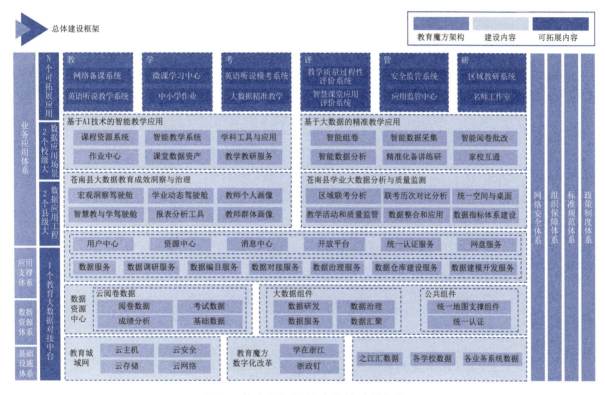

图 7　苍南县智慧教育总体建设框架

二是强化多跨协同。2022 年，成立苍南县教育系统数字化改革工作专班，重点推进"智慧教育示范区"创建工作。教育技术装备中心携手教师发展中心打造苍南县全连接平台，推进数字资源建设，可以实现信息化巡课，做到区域（学校）教研留痕、教师备课留痕，形成区域优质资源库，推动资源共建、数据共享。实施"互联网 + 义务教育"，协同推进"双减"在线、浙江省校园安全数字化管理平台等应用。

三是强化数据融通。立足智慧校园、精准教学应用、智慧教研、全国家校共育数字化等项目，贯通各教育阶段、覆盖各治理场景的教育大数据，将所有数据汇集到"教育魔方"数据中枢，呈现教师个人职业行为画像、学生个人画像，为教育决策者、校长、教师提供科学全面的信息，基本具备数字化、空间化、一体化的智慧教育治理能力。图 8 为"教育魔方"基础支撑系统图。

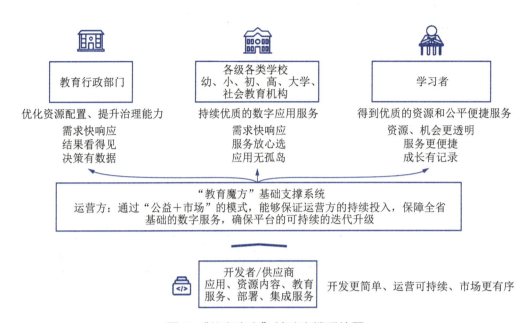

图 8 "教育魔方"基础支撑系统图

（3）紧抓关键人群，推动智慧场景应用，促进成果转化

紧抓校（园）长等关键人群信息化领导力提升，实施区域师生信息素养提升工程，积极组织教育信息化领导力培训、教师培训、智能研修等活动。如，2021年举办了"苍南县校（园）长教育信息化领导力培训班"，60名苍南县教育技术装备中心及各学区干部、校长、园长通过5天培训，实现学校教育技术管理人才观念的跨越式改变，激发校（园）长教育信息化领导活力。近两年，组织触控一体机使用培训，采用线上集中训练营和线下培训方式，提升了教师一体机操作水平，同时，打造了新型教研与师训空间，围绕真实教研场景，实现跨时空、跨区域、多学科教师智能研修。为解决乡村学校信息技术师资不足问题，教育局信息中心还利用县人工智能教学平台，定期开展人工智能编程教学直播课堂，激发兴趣、培养能力，逐步拉近城乡人工智能教育差距。

此外，苍南县正逐步推开作业考试化实践，通过作业伴随式数据采集分析，构建学生图谱画像，减少学生无效练习。

4. 成效与成果

智慧教育空间改造与设施配备方面，截至目前，苍南县义务教育阶段公办学校教共体87所，覆盖率达100%。在课程建设与教师发展上，苍南县已开设同步课堂10 737节，教师网络研修2 414次，名列全省第4位，并有58所学校启动"数据驱动教育教学改进"试点项目。在评价改革方面，苍南县"中小学教师发展性综合评价项目"已列入省深化新时代教育评价改革试点，建立起一师一档，对全县约8 000名教师实施差异性评价，实现不同学校各学科"同类对比"。在人工智能教育上，苍南县共开发5个线上人工智能与图形化编程课程，直播达

100 场次，点击量超 200 余万次。

2021 年 9 月，苍南县入选省大数据精准教学实验区；11 月，承办了省大数据精准教学实验区启动仪式暨第一次研讨会。会上县外国语学校校长林辉华代表苍南县分享了大数据精准教学的探索，通过开展基于大数据精准教学的"教学评一致性"，推进作业变革和课堂变革，探索讲评模式，挖掘数据资源，开展优化使用个性化手册等研究，使用"因材施教"和"精准教学"教学手段，实现了教育的个性化、优质化，让技术为教育服务，实现技术与人的深度融合。而基于班级智慧大屏区域智慧校园建设项目已从最初的 1 所推广应用到全县 28 所学校。

此外，苍南县的作业考试化实践已在 11 所普高及 10 所初中种子校试点，其经验做法在全市会议做交流发言，相关负责人被聘为温州市大数据支持"教育共富"行动指导专家。

5. 发展计划

苍南县虽然在教育智治路上进行了一些探索，但在实施过程中也遇到一些问题，有待解决。一是智慧校园建设项目被列入数字化改革延伸扩面工程后，区域推进还存在许多压力，如校长 CIO 团队技术人员不足，教师的主观能动性还需进一步调动，信息素养和数据意识还需进一步提升；二是"教育魔方"数据中枢虽已具备数据归集功能，但只有省域内建立更完备的数据开发生态环境，才能更进一步实现数据融通。

下一步，苍南县将积极攻坚薄弱环节，对照温州市区域智慧教育发展水平评价指标体系的考核内容，全面梳理分阶段任务，积极创新项目试点，不断为智慧教育新样态提供强有力的技术支撑。通过"两个依托"开展工作：一是依托班级智慧大屏自主研发平台，开展业务、数据、技术三融合，快速推进全域跨业务、多场景系统应用，基于真实教学场景产生的数据助力师生减负，实现教育共同富裕；二是依托省市县一体化服务平台，提高教育数字资源应用水平，促进教育工作与数字化的深度融合，形成教育智慧大脑，努力争创智慧教育县域示范区，为办人民满意教育不断添智赋能。

（四）案例：助力教育资源智慧共享的鹿城实践

（鹿城区教育技术中心　董王碧　唐小挺　林　海　杨金瓯　陈晓静）

1. 背景介绍

鹿城区教育局基于区域教育信息化发展现状，制定新一轮《鹿城区教育领域数字化改革工作方案》，自 2017 年 5 月开始全面实施教育大数据工程，至 2019 年底建成鹿城区教育大数据中心，构建了涵盖全区 71 所中小学、4 500 名教师、95 000 名学生的基础数据库。

为深入挖掘数字化改革的应用场景，实现教育资源智慧共享、教育业态智助育人、教育品质智臻一流的整体目标，鹿城区持续探索研究，基于鹿城区教育大数据中心，着力构建鹿城区教育后勤综合管理平台，其建设目标是完成一个后勤综合管理平台，支持三方用户（教育行政管理部门、学校单位、相关供应商）需求，满足 N 个业务场景和数据展示模型。平台业务横跨多个业务科室，包括教育局计财科、教育基建科、教育技术中心、教育核算中心等，实现了局、校两级跨业务的同平台审核，实现预算一体化审核、项目明细化申报、执行流程化跟踪。

2. 问题诊断

鹿城区教育后勤综合管理平台致力于解决三个问题：

问题一：业务管理成本问题。面对数字化改革浪潮下萌生的各种业务管理系统，各单位面临多个业务管理系统和多账号的管理问题，导致业务管理成本逐渐增加，随着数字化业务平台的增加，基层管理成本呈现出愈发高昂的趋势。

问题二：传统管理业务流程智能化与便捷性不足。部分教育管理业务流程仍采用分散申报和线下提交纸质文件的方式，迫切需要进行数字化、线上化和智能化的转型升级。

问题三：资产的有效管理和流转问题。各单位在采购过程中存在采购内容不明确和供应商管理不到位的情况，导致资产无法有效管理和流转。为了解决这一问题，需要借助平台构建绩效、考核和评估体系，以实现资产的高效管理和流转。

3. 主要做法

（1）构建教育后勤服务管理队伍体系，建立统一后勤综合管理平台

一是针对校级领导层面，建立中小学校首席信息官（CIO）制度和信息化负责人制度，设立首席信息官岗位，确立信息化负责人联系制度。首席信息官由各中小学校法定代表人或校长担任，负责统筹推进学校教育信息化建设、管理和应用等工作。在各校（园）现任中层及以上干部中挑选确定一名信息化负责人，负责本校（园）信息化具体工作的实施执行。

二是依托教育大数据平台，实现基础信息管理和统一用户认证的打通。通过与教育大数据平台的对接，系统能够获取相关学校的统一唯一编码，并在系统中注册绑定，实现单位信息整合和统一数据管理，为信息的流转提供基础数据支持，提高数据的准确性和可靠性。

三是构建网络环境下教育后勤管理的"135"模式，即建设一个管理平台，支持教育行政管理部门、基层学校单位及相关供应商三方用户，完善"建、配、管、用、维"五个维度。教育后勤管理平台提供教育局端、学校端和供应商端登录的入口。教育局端负责管理发布采购需求的初始化公告，以及学校采购项目的统筹审核；学校端可实现教育局发布的采购项目的申报，以及自行采购项目库的管理，实现统一经费审批项目和自行采购项目的统一管理，并可以对签订的履约供应商实行售后评价管理；供应商端则可以实现与教育局端、学校端项目合同的履约管理，协助学校完成项目明细的信息化入库登记，并负责相关设施设备的售后维护。

（2）优化采购体系，建立采购流程知识图谱树以及与业务流程配套的管理制度

通过实地走访和调研相关科室的业务流程，快速实现业务流程审批的线上化操作。同时，结合各业务科室的管理办法，重构了对应的科室流程，简化了相关的业务流程。此外，通过发布《中小学、幼儿园政府采购管理办法》《教育系统基建项目管理办法》《中小学校服采购报备管理办法》等一系列配套业务管理制度来保障落地实施。

（3）建立平台运营体系，采用按需开发、分布上线、持续迭代的方式进行项目服务运营

平台上线根据业务推进时间，逐步完善平台支持功能。首先完善预算项目申报和审核功能，然后逐步支撑审核后预算的合同签订、供应商注册登记、设备项目明细入库以及售后服务支持模块。根据具体的业务进展，同步实现平台功能优化，并配套业务管理制度。在系统试运行上线后，进行区域全面推广培训，同时提供业务平台的售后支持。其间，我们制作平台的使用手册，汇总常见问题，形成平台的操作文档和操作视频，以便各类用户使用。同时，我们建立反馈联络机制，及时解决在使用过程中产生的问题。联合开发公司建立教育技术装备资源配置体系来运营支撑，指定专人专点负责平台的后期维护和优化，确保及时准确地解决平台使用问题，提升平台的使用体验。

4. 成效与成果

（1）实现区域教育后勤审批业务管理平台化

通过利用大数据平台，我们成功实现了区域教育后期审批业务的管理平台化。借助全区10 000多名教师的实名信息，我们完成了教育后勤管理平台的系统登录认证接入，并支持多种登录方式，包括账号密码登录、获取验证码登录以及钉钉扫描直接登录等。这些便捷的登录方式极大地提升了系统的用户体验和操作便捷性。

通过业务审批平台化，我们成功解决了各项业务事项分散提交、审核和汇总表格及文档的难题。平台建设完成后，对从财务预算到资产采购的全过程产生了积极的影响。借助平台的应用，学校的财务管理工作得到了极大的改进，学校预算编制可依据平台中历史的资产申报数量、将报废数量、高维修率设备数等多维度情报，为学校制订下一年度的教育技术装备采购预算计划提供参考。此外，还可查选历史同类设备的单价并将其作为预算编制的依据，从而更加准确地进行预算估算。借助这一平台，鹿城区完成了5年来教育技术历史采购数据总金额11亿元的归集，每年教育局计划财务科预算项目超1 400项，审批流程时间从线下三个月以上缩短到线上一个月内完成，充分展示了平台在提高财务管理效率和准确性方面的巨大作用。

（2）构建教育后勤管理核心业务图

根据业务科室的业务流程，我们对线上的申报流程进行了重构，涵盖了教育采购预算申报审核、教育基建项目执行方案申报、教育校服采购流程报备、教育技术采购申报等重要业务。

在教育后勤相关平台的统一架构下，我们完成了各个业务的采购流程重组，成功构建了后勤综合管理平台核心业务模块图，如图9所示。这一重构举措进一步提升了我们的工作效率和管理水平。

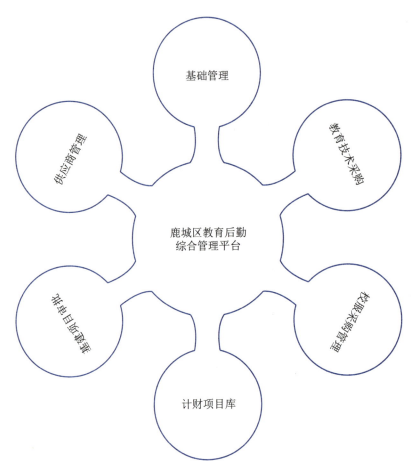

图9   后勤综合管理平台核心业务模块图

（3）构建初步的采购运行模型

通过构建初步的采购运行模型，我们完成了配套的服务运营体系，实现了以下成果：

一、历史采购数据跟踪：2015—2021年，我们收集了覆盖近六年的区域大数据级别的项目采购明细库和供应商库等信息。这些数据为我们提供了重要的参考依据。

二、项目预算库的分项申报和审批：2021—2022年，我们完成了项目预算库的分项申报和审批工作。这使我们能够更好地管理和控制项目的预算。

三、全生命周期的教育技术装备更新迭代决策辅助规则的初步形成：基于保修年限、报废年限以及参考设备维修率等要素，我们初步形成了全生命周期的教育技术装备更新迭代的决策辅助规则。这些规则将为我们提供更准确的数据支持，帮助我们做出更明智的决策。

四、一校一建议策略的生成：根据每个学校以往的采购数据，我们生成了推荐算法，并形成了一校一建议策略。这将为学校下一年度的采购计划申报提供参考数据，提高采购效率和准确性。

五、全面监控校服采购流程：通过平台功能，掌握校服采购的各项流程，解决涉及群众切身利益的矛盾，实现校服采购规范化和流程化管理。

六、区域层级的教育技术大数据的形成：通过以上工作的整合，我们成功形成了区域层级的教育技术大数据。这一数据将有助于我们统筹掌握全区各类教育技术装备的总状态，为决策提供全面的数据支持。

5. 发展计划

接下来，我们将致力以下四个方面的完善，进一步提升平台的数据质量：

一是优化供应商管理，实现对供应商评价的共享，并为供应商提供独立的注册登记入口，从而打造一个全区供应商数据的共享平台；二是构建教育资产主题库，将已经形成的资产数据整合归集到大数据平台，形式区域学校的资产数据归集，以便更好地管理和利用这些数据；三是利用区域/学校后勤项目运行数据大屏，借助提供数据运行大屏，将全区各校提供的运行数据共享展示，以支持项目的全面监控和管理；四是计划开放平台的数据接口，并与省、市智慧平台进行数据对接，以形成对应的过程数据采集渠道，实现更加全面的数据采集和管理。

（五）案例：汇学洞头　智享未来——洞头未来社区终身学习场景构建与探索

（洞头区教育局　陈松财　杨建军　林攀术　唐海宝　余洁薇）

1. 背景介绍

洞头区一方面基于教育共富实践需求，锚定建设共同富裕"海上花园"目标，加快推进产业聚变、城市蝶变、幸福跃变，实现社会各项事业稳步发展，将"智慧教育示范区"创建、教育领域数字化改革赋能未来社区（含未来乡村）作为教育重点场景进行构建。另一方面，基于终身教育实施需求，近年来洞头区在终身学习体系构建、终身学习品牌打造、终身学习作用凸显上成效显著。然而，面对"互联网＋教育"的快速发展，洞头区认识到社区教育还存在师资薄弱、设备老化、经费和优质学习资源供给不足等问题。为此，洞头区开发应用了"汇学洞头"终身学习云校通系统，以促进终身学习的智能化、数字化、融合化，让"海上花园"共富实践更有内涵、更显魅力。

2. 主要目标

（1）明确任务，构建全民终身学习环境

以未来社区为核心，围绕社区居民教育服务的高频需求，通过统筹跨部门教育资源，集成跨系统学习资源，完善全民学习推进机制，积极培育富有海岛特色、可复制推广的学习型社区。构建线下、线上相结合的学习空间，完成学习资源平台的接入，满足社区居民的个性化学习需求，将已建成的优质教育内容，通过数字化手段服务于全社会，打造全民终身学习的生态。

（2）构建场景，提供学习支持与服务

结合已有基础，重点构建邻里学堂、人人网校、学习地图、热门推荐、个人中心五大应用场景，实现教育大数据融会贯通。通过拓展服务端、管理端、治理端3个端口应用，为多方提供学习服务、管理服务与决策支持。

（3）健全机制，推动终身教育迭代发展

建立健全终身学习相关制度与机制，激发社区居民的学习热情，为社区居民提供个性化资源推送、学习趋势预测、学习指数分析等多种资源与学习服务，实现线上共享信息与线下身份验证，优化督评考核，推动终身教育迭代升级、协同管理。

3. 主要做法

（1）构建场景

在数字社会"四横四纵"+"两掌系统"的架构基础上，围绕邻里学堂、人人网校、学习地图、热门推荐、个人中心五大应用场景进行相关子场景细化架构。"汇学洞头"终身学习云

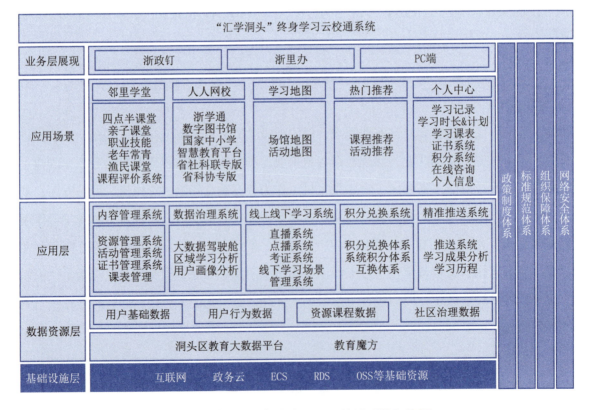

图10 "汇学洞头"终身学习云校通系统架构图

校通系统架构图如图 10 所示。

一是邻里学堂。设有青少年四点半课堂、亲子课堂、渔民课堂、职业技能课堂、老年常青课堂、品质生活课堂等子场景，基本涵盖各个年龄段的社区居民个性化学习需求。

二是人人网校。对接国家中小学智慧教育、之江汇教育广场、"浙学通"、省学分银行、省社科联专版、省科协专版、"好学温州"、百岛洞头、音频书籍等平台资源，实现跨系统资源融通。

三是学习地图。设有场馆地图和活动地图等。用户可查看洞头所有学习场馆及开展的活动，线下活动、线上报名，实现线下与线上学习空间的融通。

四是热门推荐。设有推荐课程与推荐活动。平台基于千人千面的大数据精准推送系统，通过用户标签和视频标签等，为学习者推荐相关的课程与活动。

五是个人中心。设有学习记录、学习时长、证书系统、积分系统、个人信息等子场景。学习者可制订个人学习计划与课表，可参与线上、线下咨询与学习积分兑换。

（2）多跨协同

一是对接"浙里办""学在浙江"。系统可关注"未来社区教育"公众号并进行注册和学习。计划与浙里办、学在浙江模块打通，获得面向全省超 6 000 万居民的直接入口，同时居民学习数据也会反向共享给"学在浙江"数据库。

二是对接"浙学通"、省学分银行。系统与"浙学通"、省学分银行进行数据贯通，除了"两本证书"模块外，学员获得学习积分，还可按照"长学时兑换课程，短学时兑换资源"的形式与浙江开放大学的学历教育进行成果转换，同时将个人学习积分计入学分银行终身学习账户。

三是对接资源供应单位。系统课程资源由开放（社区）学院、中高职院校、人力社保局、文广旅体局、农业农村局、社科联、科协等多部门提供，把各部门资源的使用情况及不同人群的兴趣点等数据呈现给各资源供应单位，从供给侧对学习资源的产生起促进作用。

四是对接社会积分服务的相关部门。积极探索系统积分除兑换学习资源和物品外其他的学习激励机制。如教育系统内部可探索入学方向的积分使用，公安、交警部门可对部分违规现象处罚进行社区学习学时的抵扣，交通运输部门可开展积分兑换出行里程，文广旅体部门可开展积分兑换景点门票，等等。社会服务的方方面面都可与积分兑换服务产生关联，进一步激发居民对参与个人学习、社会活动的兴趣。

（3）数字赋能

通过数字赋能推动服务端与治理端的流程再造，实现技术变革、系统重塑、高效协同。具体做法如下：

一是技术变革。建立数据开放标准、应用接入标准；建立基于高德地图的教育资源动态分布地图；建立基于数据的个性化资源推荐系统。

二是系统重塑。重塑居民获取区域教育资源的渠道，从线上线下脱离变为线上线下相融通；重塑教育资源的管理方式，包括资源的来源、资源的分类；重塑学习鼓励方式，利用积分系统、证书系统等激发居民的学习热情。

三是高效协同。突破数据壁垒，实现跨部门、跨系统、跨层级的数据协同，建立基于数据分析反馈的协同工作机制。

（4）技术运用

一是实现个人数据打通。系统设计有一个终身学习码，将学习码与"浙学码"打通，实现浙江省范围内各年龄段的学习者统一一个"教育身份证"，实现线上跨平台信息共享，校内外场所的学习经历都能得到完整记录，并形成可跨区域的学习档案。

二是实现全区数据协同管理。系统治理端接入"浙政钉"数字社会洞头门户，面向教育局、人力社保局、文体旅广局、农业农村局、民政局、工会、妇联、团委等多部门协同参与，以数据驾驶舱的形式呈现，如图11所示，为政府主要部门提供精准的数据分析和行政决策。

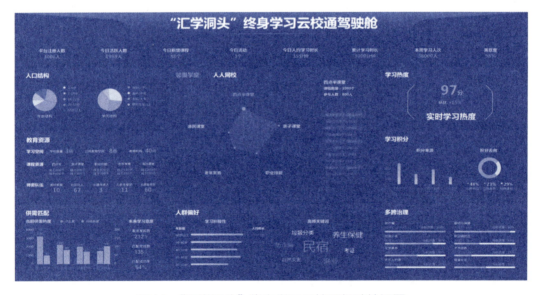

图11 "汇学洞头"终身学习云校通驾驶舱视图

4. 成效与成果

（1）架构系统，推动场景应用

迭代升级"互联网＋教育"，打造"学在浙江"终身学习云校通应用，有力支撑全生命周期教育公共服务跨部门协同。完善全民终身学习推进机制，推动教育场景与未来社区其他场景资源叠加融合，积极培育学习型社区。

（2）出台制度，实现多跨协同

出台区域社区（老年）教育发展实施意见。制定居民终身学习码、终身学习币管理规程。汇聚线上线下学习资源，融合各部门、场馆、机构参与基层社区治理服务，实现多跨协同。

5. 发展计划

经过前期调查、方案设计、技术对接，初步完成系统应用场景基本架构。下一步，将着力解决资源汇聚、部门协同、师资、办学能力等方面的问题，完成"浙里办""浙政钉"、PC端等入口上线及运营工作，并争取纳入省、市重大改革（重大应用）"一本账"梳理清单。

二、形成区域推进智慧校园 2.0 建设的行动模式

（一）发展综述

对于智慧校园的定义，多位学者做了相关阐述。谢幼如等人[①]认为智慧校园将物理空间与虚拟空间有机融合，将学习环境场景化、学习过程数字化，使任何人在任何时间、任何地点都能便捷地获取资源和服务。王珂等人[②]提出智慧校园就是综合运用新的信息技术，全面感知校园物理环境，智慧识别师生群体的学习、工作状况和个人特征，将学校物理空间与数字空间有机连接起来，为师生建立智慧开放的教育教学环境和便捷舒适的生活环境，实现以人为本的个性化创新服务。胡钦太等人[③]提出智慧校园强调"以服务为核心，以管理为支撑"的理念，智能感知、资源组织、信息交换、管理逻辑与科学决策等，其最终目的指向为用户提供更好的服务。此外，杨霞等人[④]基于已有研究，提出智慧校园是新一代信息技术与教育深度融合的产物，是"智"与"慧"的结合体，要实现技术与文化的双向融合。

国家政策文件的持续发布与现代信息技术的不断发展，加快了智慧校园的发展进程，也促进了区域智慧教育整体推进。《教育信息化 2.0 行动计划》提出"以人工智能、大数据、物联网等新兴技术为基础，依托各类智能设备及网络，积极开展智慧教育创新研究和示范，推动新技

---

① 谢幼如，黎佳，邱艺，等.教育信息化 2.0 时代智慧校园建设与研究新发展［J］.中国电化教育，2019（5）：63-69.

② 王珂，王小军，郝喆，等.基于数据治理的智慧校园建设路径［J］.信息技术与信息化，2021（9）：127-130.

③ 胡钦太，郑凯，林南晖.教育信息化的发展转型：从"数字校园"到"智慧校园"［J］.中国电化教育，2014（1）：35-39.

④ 杨霞，范蔚.技术与文化双向融合：智慧校园建设的价值选择与行动路向［J］.电化教育研究，2022，43（11）：45-52.

术支持下教育的模式变革和生态重构"。《中国教育现代化 2035》强调"加快信息化时代教育变革""建设智能化校园"。《加快推进教育现代化实施方案（2018—2022 年）》指出要"加快推进智慧教育创新发展，设立'智慧教育示范区'"。《关于推进教育新型基础设施建设 构建高质量教育支撑体系的指导意见》要求"以新发展理念为引领，以信息化为主导，面向教育高质量发展需要，聚焦信息网络、平台体系、数字资源、智慧校园、创新应用、可信安全等方面的新型基础设施体系"。

目前，对于智慧校园内容框架的研究相对丰富，但对于如何整体推进区域智慧校园建设工作，实现区域共建共享的研究相对匮乏，还处在局部实践探索中。如：上海浦东新区统一构建教育数据中台，探索区、校两级建设智慧校园的数字基座的路径和做法，按照统一标准、要求和接口，建设一个区级数据融合平台，其中，每所学校需要在区统一数据融合平台上，打通校内各系统和软件数据，汇总形成每校特有的数据融合平台[①]；湖南岳阳市阳楼区提出"智慧督导"建设思路，创新区域推进智慧校园建设"4+1"模式，从高位驱动、标准驱动、市场驱动、平台驱动四个维度，围绕"战略导向"，全面有效地推进智慧校园的建设[②]；合肥市积极探索如何从区域层面整体推进智慧校园建设，形成了区域整体推进智慧校园的建设模型，即由政府大力支持与指导，以智慧校园示范校为中心，向外辐射形成智慧校园建设生态圈，并以智慧校园项目研讨、评比等活动形式，促进区域各学校智慧校园的建设，从而联通整个区域的数据、应用、资源等，体现出整体性、统一性、先进性与融合性[③]。

本节围绕区域整体推进智慧校园建设的方案与举措，探索在区域层面如何更好地建设智慧校园，以点带面推动区域智慧教育发展。鹿城区优先普及智慧教育思维理念，引导学校立足实际，挖掘应用场景，形成"区域统建 + 学校自建"的智慧校园建设模式，最后打造系列区级应用，建立学校共性应用框架。苍南县全力研发基于"教育魔方"底座，结合触控一体机开发班级智慧大屏软件平台，集成智慧安防、备授课系统、巡课、学生德育评价、家校互动、AI 教学行为分析等功能，并实现多端互连，为智慧校园建设提供可复制、可推广的"苍南"模式。龙湾区推动全区智慧校园建设，持续丰富校园场景、创新学校应用，坚持"生态第一""应用为王""数据至上"，推动形成生态、应用、数据"三驾马车"同向驱动的智慧校园建设新格局。

① 潘晨聪，徐倩.区域统一构建教育数据中台 推进智慧校园转型升级［J］.上海教育，2022：51.
② 万江波，万纤荷."智慧督导"创新区域推进智慧校园建设"4+1"模式［J］.中国教育信息化，2018（13）：86-88.
③ 陈良生，王益华，周顺.智慧校园建设探索与区域推进模式研究——以合肥市市属高中智慧校园统筹建设为例［J］.中国教育信息化，2018（13）：71-75.

（二）案例：抢抓先机　多措并举探索"智慧校园建设"鹿城路径

（鹿城区教育局）

1. 背景介绍

鹿城区作为温州中心城区，历来崇文重教，在历届党委、政府的领导和支持下，鹿城教育以办好人民满意的教育为目标，创新引领、多措并举，深入实施"未来教育"高质量发展七大工程，持续擦亮"学在鹿城"品牌，不断提升鹿城教育的首位度和美誉度。同时，作为改革开放和"温州模式"的起源地，创新和改革的因子一直流淌在鹿城教育人的血液中，鹿城的集团化办学、"思政小课堂、社会大课堂""双减""智慧教育"等工作在全省示范引领。

2. 主要目标

（1）构建智慧教育应用场景，促进精准教与智慧学

聚焦场景化应用，积极构建智慧教育下的应用场景，解决教育痛点问题。推进信息技术与教育教学的深度融合，以实现精准化教育和智慧化学习为目标，引导学校立足实际，挖掘多种应用场景。

（2）构建共性应用框架，推进智慧校园体系建设

聚焦区域智慧教育整体推进，聚焦应用研发与场景孵化，着力构建系列区级系统应用，构建共性应用框架，加快推进智慧校园体系建设，帮助学校建设智慧校园。

3. 主要做法

（1）观念先导，构建智慧教育新思维

鹿城区以智慧教育建设为抓手，促进信息技术与教育教学的深度融合，让教育真正"看见"每一个孩子、关注每一个孩子，实现精准化教育和智慧化学习。2017 年，鹿城区启动区域教育大数据项目，入选"全国互联网 + 十佳民生工程"项目，被《人民日报》专题推介；2019年，在原先试点基础上，鹿城区率先提出"可感知校园"智慧校园建设方案，着力探索具有鹿城特色的智慧校园建设模式。目前，"可感知校园"智慧校园技术已发展至第三代，全区已建成智慧校园 20 所。

此外，鹿城区以"人工智能教育"为切口，加快推进中小学人工智能教育培育校、智能研修平台应用试点校、人工智能实验校等创建工作。

（2）探索先行，构建智慧应用新场景

坚持"以校为本、聚焦场景、培育典型、辐射全区"，引导各学校立足实际，挖掘应用场景，形成"区域统建 + 学校自建"的智慧校园建设模式，避免重复建设，减少经费开支，培育出学校的特色项目。

一是温州市实验中学的"评价可见，育见明媚少年"项目。通过建立学情分析系统，让评价可见。在九年的使用过程中不断迭代更新，自主开发设计了学生、教师、班级、备课组、行政等多类学情报告单，推动多维度地分析每一个学生并据此开展精准教学，实现减负提质促素养，助力学生与教师的个性化、自主化发展。

二是温州市第二实验中学的"数据驱动教师课堂教学行为改进，助力青年教师提升"项目。基于智能 AI 技术开展深度实践，借助常态化录播设备和中央电教馆智能研修平台，在 4 个试点班级进行课堂实时追踪、自动导播，稳步推进以数据为基础的教学改革。平台针对课堂中学生的五种行为（即听讲、读写、举手、应答、生生互动）和教师的四种行为（即讲授、板书、巡视、师生互动），采集数据并分析师生行为在课堂中的时间占比，判断教师课堂类型，形成课堂学生表现曲线，供青年教师研讨分析，从而改进其课堂行为，提升数字素养。

三是温州市广场路小学的"数据循迹，落实双减"项目。通过收集、分析学生练习过程数据，改进教师教学与学校管理；教师通过"高速扫描仪 + 留痕打印机"实现课后练习的全量数据的采集与智能批改，在不改变学生习惯的前提下，实现过程常态化学情的智能采集与精准分析，并生成每个学生专属错题集，为每个学生智能推荐变式练习，形成靶向作业。同时，通过对作业数据结果分析，指向教师备课有效性的改进，从而实现减负提质。

四是温州市蒲鞋市小学的"教师信息化 2.0 提升工程打造智慧校园新样态"项目。通过建设全新的信息化教室、电子班牌、人脸识别进出门闸等智慧环境，搭建学生"'五育'并举"线上评价系统、云课堂、线上微论坛、线上晨会等智慧平台，全方位打造具有蒲小特色的智慧校园体系。

此外，持续迭代更新区域教育大数据平台，为各个智慧校园搭建数据底座，协助学校生成各类画像，铸就"校园智脑"。

一是温州市南浦实验中学"可感校园，智脑精准育人"项目。以"璞实智脑"为抓手，坚持数字化改革方向，依据第三代可感知校园技术，实时采集师生数据，打造学校画像、教师画像、学生画像、班级画像、年级画像、党员画像的"六像"多维数据。通过数据新场景的打造，形成数据融通、预警、诊断、分析、决策、迭代的闭环管理，让数据赋能助推学校高质量发展。"璞实智脑"跨校区、跨安全与廉政、智慧评价、家校合作等应用相连，切实解决学校教育教学的痛点难点，全面构建教育数据汇聚及开放新模式，满足未来教育数字化改革发展的新需求。

二是温州市黄龙第一小学"教学评一体化"项目。借助区域教育大数据平台，实现了省级优秀教学空间"葵园·学习吧"、"三三云学堂"网络学习系统、"点亮太阳花"素养评价系统等自主研发的多场景应用融合，学校"漫教育，成就最棒的自己"的办学理念，在智脑的赋能下得以落地生根。

（3）区域统建，构建智慧校园新体系

在区域层面，集中优质师资力量和技术骨干，围绕教育教学实际需求，实施应用研发和场景孵化，先后研发了智慧后勤、线上社会大课堂、入园入学、美好教师智治、教师研修资源平台、微课资源库、普教"三朵云"（云阅卷、云教研、云评比）等一系列区级应用，帮助学校建立共性应用框架。

一是"鹿成长"学生综合评价系统。通过共享智能终端，伴随式采集学生学业、运动、德育、劳动、研学等过程性评价数据，实现"育评一体化"，完善以政府为主导、学校为主体、家庭尽责、社会参与、专业支撑、家校社多方协同育人新机制，在原有基础上细化评价颗粒，拓宽评价途径。

二是"美好教师数字画像"平台，为教师提供职业生涯精准画像，为选人用人提供精准培养依据。如2022年特级教师推荐对象的选拔，就是借助该平台提供拟推荐对象的精准画像，锁定最符合条件的教师人选，共有8位教师获评省特级教师，区域获评人数位列全省第二。

4. 成效与成果

鹿城区创建了3所全国中小学人工智能教育培育校、1所国家级智能研修平台应用试点校、2个全国青少年人工智能活动特色单位、11所省级人工智能教育示范校和40所市级人工智能实验校。2021年，鹿城区入选全国首批"人工智能促进未来教育发展研究实验区域"。鹿城区智慧校园建设案例，也连续三年入选教育部"互联网学习白皮书"。

此外，鹿城区持续加强场景化应用的经验总结和理论提炼，不仅培育出多个学校特色项目，还立项了多个省级课题。截至2022年，鹿城区省级智慧教育课题立项数量均位列全市第一。如：承担的省级课题"基于可感知校园技术的教育大数据平台建设实践研究"获评优秀课题；省级课题"基于新型教学空间的区域云教研平台建设实践研究"立项；"'双减'背景下数字化赋能作业管理"被推荐参选国家级优秀案例；"美好教师数字画像"项目被列为第二批省教育数字化改革揭榜挂帅项目。

5. 发展计划

鹿城区的教育将按照国家"智慧教育示范区"创建的要求，以未来教育研究为方向，以智慧校园建设为基点，积极推进区域智慧教育建设，打造更多创新应用场景，大力发展优质均衡教育，把智慧教育的变革力量贯穿到教育共同富裕的全过程。下一步，将从以下三方面予以推进：

一要加强与新体系、新样态的高位同步，推进智慧教育体系化建设，构建鹿城区"智慧教育"新样态。自2022年起，计划用三年的时间，投入8 000万，打造一批契合"未来教育"样态的智慧校园，实现智慧校园全覆盖。

二要加强与新理念、新导向的全面融合。围绕智慧校园建设，全学科推进，跨学科融合，推进精准化教学和个性化教育。发挥未来教育研究院的作用，带动引领更多师生、更多家长、更多团体主动参与、深入推进。

三要加强与新技术、新趋势的无缝衔接。当前，人工智能、大数据、云计算、可穿戴设备正在开启智慧教育的新时代，要积极引导学校在建设智慧校园的过程中，主动拥抱新技术，提高智慧校园的前瞻性和含金量。

（三）案例：基于班级智慧大屏的区域智慧校园建设

（苍南县教育局　杨宗畅　何升润　林书盛　兰小平　陈德泼）

1. 背景意义

在物联网、云计算、大数据、移动通信等新一代信息技术的推动下，国家与地区将智慧教育作为未来教育发展的重大战略，基于国家教育信息化发展与温州市教育信息化工作要求，有必要借助资源优势与系统互联，推动解决校园的痛点，要立足智能环境、智慧教育主旨，加强智慧教育基础环境建设、云应用服务平台建设、教育教学智慧服务体系建设，力图在系统整合与大数据建设方面有所突破。

基于以上思考，苍南县研发基于"教育魔方"底座，结合触控一体机开发班级智慧大屏软件平台，集成智慧安防、备授课系统、巡课、学生德育评价、家校互动、AI教学行为分析等功能，实现班级触控一体机、PC端和教师端、家长端等多端互连，为智慧校园建设提供可复制、可推广的"苍南"模式。

2. 主要目标

一是通过研究，构建基于大数据、物联网、AI等新技术，以班级触控一体机为载体的班级智慧大屏软件平台。

二是通过研究，重点打造智慧安防、学生德育、智慧教学、家校共育等四大场景，实现"一屏多端"全互联。

三是通过研究，依托班级智慧大屏改善校园数据孤岛、数据碎片化现状，营造万物互联环境，搭建可视化数据分析平台，让决策数据化、可视化，实现校园智能感知、智慧预警。

四是通过研究，根据学校特色的学生素养评价体系，构建出一套能够从各个维度全面描述学生综合素质的大数据标签体系，形成学生成长中心，帮助学生自主激励发展，家长更好地开展家庭教育，学校有针对性地动态调整管理模式。

五是通过研究，逐步形成推进智慧校园建设的可复制、可推广的"苍南"模式，为其他学校建设智慧校园提供参考经验。

3. 研究内容

苍南县立足智慧校园、精准教学应用、智慧教研、全国家校共育数字化等项目，贯通各学段、覆盖各治理场景的教育大数据，将所有数据汇集到"教育魔方"数据中枢，为师生"画像"，为教育决策者、校长、教师提供信息，基本具备数字化、空间化、一体化的智慧教育治理能力。智慧校园基础平台架构如图 12 所示。

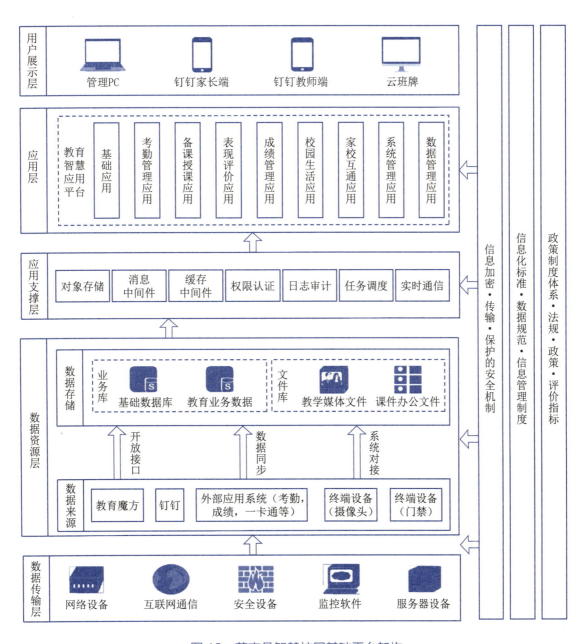

图 12 苍南县智慧校园基础平台架构

（1）硬件建设标准化

坚持规划引导、资源共享、规范管理、满足需求，开展智慧校园的信息基础设施建设，增强信息网络综合承载能力和信息通信集聚辐射能力，提升信息基础设施的服务水平和服务能力，满足学校对网络信息服务质量和容量的要求。通过智慧校园硬件建设，实现教学、教研、校务、社会服务的智能化，提高工作效率，为促进师生发展、家校联动搭建了广阔的平台。

（2）学校管理平台化

依托班级智慧大屏实施更有效更科学的管理、办学、评估，实现集成智慧安防、备授课系统、巡课、学生德育评价、家校互动、AI 教学行为分析等功能，生成、建构大数据，实施智慧化管理和办学，推动管理举措在平台运用中落地见效，有效决策，提高效率，提升学校教育治理水平。如，考勤管理者可针对不同的使用对象提供有针对性的帮助——班级学生管理数据会汇总给教师进行查看，如有异常情况也会及时向家长预警；学校会了解各班学生到校人数、请假人数、缺勤人数等；教育局则会了解到各校师生到校人数、请假人数、缺勤人数等。根据数据能够及时反馈处理，帮助师生减负，减少学校和教师上报数据的负担。

（3）教育教学数字化

建立学校教师信息化应用激励机制，结合学校实际情况实施不同层次的应用培训与引领，深入学科、深入课堂，提升教师数字资源创作和教学应用水平，从而实现学校触控一体机、录播教室等教学设备与网络空间、教学平台、数字资源的高效整合应用。依托班级智慧大屏"备授课系统"，实现备授课一体化，赋能教师发展，用统一平台的方式实现优质教育资源共享互惠，形成"课堂用、经常用、普遍用"的资源应用新常态，促进课堂变革，提高教学质量。如，"备授课系统"可对接教师个人工作室，通过智能推送，教师可以调用丰富的备课资源，助力教育教学。教师还可以把课程资源推送给学生家长，学校可以针对教师教学进行常规检查，包括教学设计、PPT、课堂录像等。此外，学校可以直接进行在线巡课，方便上课常规检查、在线听评课等。

（4）家校服务智慧化

实现班级管理、资源分享、作业交流、评价参与等家校服务功能，班主任、教师应用班级智慧大屏实施班级管理，科任教师通过平台分享家校资源，帮助家长辅导自己的孩子，教师、家长参与学校办学评价，推动家校在统一平台上的沟通协作，相互学习，取长补短，促进学校与家庭、教师与家长的时时互联互动，凝聚教育合力，真正做到让信息化成果惠及全县所有学校、师生、家长。如，借助"家校互动"功能，家长与学校、教师、学生可以及时沟通互动，家长留言、今日作业、今日值日等情况会展示在班级智慧大屏上。"家校互动"功能界面如图 13 所示。

图 13 "家校互动"功能界面

4. 研究方法与步骤

按照"调查筛选—课题论证—制订方案—实践研究—交流总结—申请结题"的程序，采取调查研究法、行动研究法、比较研究法、案例研究法、经验总结法和文献研究法等进行研究。研究步骤如表 1 所示。

表 1 项目研究步骤

项目阶段	开始时间	结束时间	研究内容
阶段 1 前期准备	2023 年 3 月	2023 年 7 月	1. 做好课题的选题、论证及申报等工作。 2. 制定课题具体研究方案。 3. 开展理论学习，进行课题研究人员培训。
阶段 2 实践完善	2023 年 8 月	2024 年 1 月	1. 完善课题研究方案，按课题研究方案组织开展研究。 2. 召开课题组研讨会议，交流汇总，并根据提出的建议适时开展实践活动。 3. 开展依托班级智慧大屏辅助智慧校园的实践研究。 4. 结合研究活动，讨论研究中出现的问题与收获，收集研究资料，做好课题阶段总结，完成有关论文和报告。 5. 进行阶段性成果总结验收，召开课题研究经验交流研讨会。
阶段 3 整改收尾	2024 年 2 月	2024 年 8 月	1. 根据研究内容，收集、整理、归档各类材料，对课题进行全面、科学的总结。 2. 收集整理课题研究的数据资料，并进行统计分析，提交研究报告。 3. 撰写课题研究报告，做好课题结题工作，并对研究成果进行终结性测评。

5. 预期成果

（1）预期理论成果

一是产生"依托班级智慧大屏构建区域智慧校园实践研究"课题研究报告；二是制作班级智慧大屏的使用指南；三是制作班级智慧大屏的区域智慧校园建设实践手册；四是撰写发表课题的相关论文；五是形成学校信息技术应用推进的方法与策略。

（2）预期实践成效

班级智慧大屏充分利用现有资源优势和已建系统的互联互通，促进形成基于教育大数据的教育管理与教育教学模式，打通教育局、学校、班级各层面之间的数据壁垒，使学校数据舱做到数据源精准、实时、有效。

（3）创新优势

一是基于课表的底层数据逻辑思维，定位区域、学校、班级应用开发的架构；二是融入课表维度，以班级为核心，实现班级网格化，达到闭环管理；三是区域全面普及，数据真实有效，助力学生成长、教师发展、校园治理；四是基于真实教学场景产生的数据助力师生减负，实现班级教育共同富裕。

6. 发展计划

在原有的智安校园和数字校园基础上，苍南县已启动基于班级智慧大屏区域智慧校园建设项目。下一步，苍南县要继续进行实践完善，定期召开课题组研讨会议，进行汇报交流，指导实践活动的开展，及时进行问题汇总和阶段性总结，积累实践经验与收获，完成相关论文与报告，并对研究成果进行系统梳理，形成可复制、可推广的实践范式。

（四）案例：打造"三驾马车" 赋能智慧校园

（龙湾区教育局 张作尧 徐腾跃）

1. 背景介绍

龙湾古属瓯越，文化厚重，人杰地灵。龙湾区2013年被认定为全国首批义务教育发展基本均衡区，2016年通过省级教育基本现代化区验收，2022年通过全国义务教育优质均衡发展区省级评估，目前正奔走在"两创两新"（两创：全国义务教育优质均衡发展区创建、全国学前教育普及普惠区创建；两新：温州东部教育新高地、未来教育创新区）的路途上。龙湾区深耕智慧教育，赋能创新发展，以国家"智慧教育示范区"创建工作为契机，推动智慧校园建设，构筑区域智慧教育新样态。

2. 主要目标

借助区域统一部署，龙湾区推动全区智慧校园建设，以丰富校园场景，创新学校应用，推动形成生态、应用、数据"三驾马车"同向驱动的智慧校园建设新格局为目标，加速构建智慧校园建设的"龙湾样式"。

3. 主要做法

（1）坚持"生态第一"，让智慧校园更具活力

龙湾区教育局围绕钉钉建设数字化生长底座，组织局—校—家的完整钉钉在线，完善1 492个班级家校通讯录，链接了6 230位教职工、95 000个家庭、159 700名家长，全部学校启用钉钉家校通讯录，实现家校沟通、习惯打卡、作业布置等场景的数字化应用。依托钉钉基础功能，学校基本实现组织在线、沟通在线、协同在线、业务在线、生态在线。

（2）坚持"应用为王"，让智慧教育更接地气

龙湾区在推进智慧校园建设的进程中，坚决落实技术创新与业务提升双向推进，重构四大体系，推动区域智慧教育成果实体化、品牌化。

一是管理体系重塑，实现技术支持下的精准管理。龙湾区与钉钉最大的教育行业生态公司杭州轻松教育科技有限公司实现合作，为全区80余所学校提供了智慧校园整体解决方案，五大板块40余款管理模块供学校选择使用。教务管理方面有智能排课、课程表、调代课、选课、考务管理、好成绩等；德育评价方面有班级德育、学生综合素质评价、学生成长档案、运动会管理等；行政办公方面有校行事历、公文流转、校园资讯、教师档案、分班管理、后勤报修、库存管理等；智能硬件有电子班牌和学生评价一体机，能实现数据互通。

二是教研体系重塑，打破教研的时空边界。利用希沃信鸽平台，搭建龙湾区中小学教学教研管理平台。学校通过数字教研模块，将教学准备、教学实施、备课检查等各个教学环节有机组织起来，开展打破时空限制的线上线下混合式常态协同备课与听课评课，开展课例研修、主题研讨、跨校教研等研修模式。学科组教师可以随时随地分工协作、集思广益、优化打磨对应的教案、课件，同时全过程数字化记录，支持一键生成备课报告。此外，还可以形成符合学情的校本资源库，并充分发挥校内资源共享的优势。

三是作业体系升级，引入提质减负的智能助教。建设"龙智学"高质量作业设计与管理系统，在日常作业、单元复习、阶段检测等场景提供智能助教。通过"智能题库 + 作业布置 + 质量评估 + 纸笔作答 + 智能批改 + 自动采集 + 数据分析 + 学情反馈 + 举一反三等"作业全链条闭环构建，实现作业管理和评价的数字化改造，构建以"数据采集—分析呈现—教学应用"为一体的精准教、个性学、高效管的教学模式，真正达成"提质减负"的效果。

四是家庭服务体系变革，融聚"云"端的家校共育。2021年，龙湾区通过钉钉组织上线了"龙湾云上智校"（数字家长学校），实现数字家长学校的全面覆盖，普及家长教育技巧，结合局端自主上传的特色课程为家长提供更丰富的育儿技能。按照需求导向，家长可以在手机端选择相关内容学习，开展相应的专业测评，形成多维度的家长学分积分和积分兑换管理。

（3）坚持"数据至上"，让智慧治理更进一步

龙湾区数据仓建设起步晚，却有后发优势。通过与第三方合作，研发教育数据仓，构建全区网络、计算和存储能力的统一资源池，保障教育资源的统一规划、按需调配和有效共享，推进统一门户、统一身份、统一数据、统一交换、统一管理和资源共享。从区域教学、校园安防、食品安全、学生身体健康状况、学生考勤数据、设备管理等方面搭建规范、统一、精简的大数据能力平台架构。数据仓的建设将实现全区学校数据互联，与上级数据的互通，对全区数据进行建模分析应用，实现智慧教育决策依据从经验化到数据化的转变。

4. 成效与成果

（1）引入产品，丰富了学校数字化管理生态

目前，龙湾区钉钉平台指数 900 分以上学校共有 4 所，800 分以上学校共有 57 所。近些年，结合钉钉生态市场中的产品，学校引进了魔点智能校园、怀远学生综合评价、宜搭、简道云、轻松教育智慧校园等多款应用适配于不同的校园管理场景，进一步丰富学校数字化活力生态。

（2）推动各场景应用，实现了区域智慧教育整体提升

在学校管理体系方面，龙湾区的学校已大范围使用智慧校园整体解决方案的 40 余款管理模块，月均使用人数（教师和家长）即访客数（UV）在 5.1 万左右，月均浏览量（PV）在 142.7 万人次左右。

在教研管理方面，目前已完成教师一期线下培训，数字教研平台接入学校达 64 所，全区教师 2 614 名教师常态使用，应用率超 50%；云课件及云教案数达到 12.8 万；全区学校集体备课覆盖率提升至 43.8%。

在作业管理方面，以温州市第十五中学和温州市龙湾区实验中学为例。温州市第十五中学累计网上阅卷次数达到 462 次，手阅次数 606 次，练习次数达到 8 318 次，累计校本卷 134 套；温州市龙湾区实验中学系统授课次数累计达 23 000 余次，课堂互动 26 000 多次，资源分享 19 000 多次，资源引用 1 800 次，学生预习 42 000 多次。

在家校共育方面，目前开通"龙湾云上智校"的学校有 65 所，在线家庭有 23 279 个，总积分 2 135 031 分，使用率全区近 50%，最高的学校达 99.33%。其中，"糊涂的小燕爸爸""父母要与孩子共同成长"等课程受到了家长的极大欢迎。另外，《温州日报》《温州都市报》等多家媒体报道了"双减"背景下龙湾区推进家庭教育的显著成效。

5. 未来展望

智慧校园是一个动态进步的过程，龙湾区对智慧校园的理解还处于起步阶段，需经历不断

总结和深化的过程。未来，龙湾区将持续以智慧校园建设探索教学改革的新方法、新路径，努力培养教师与学生的"智慧"思维，构建创新型、智能型的智慧教育体系。

三、推动智能技术支持的区域教育评价改革实践

（一）发展综述

陈玉琨在《教育评价学》一书中提出"教育评价是对教育活动现实的（已经取得的）或潜在的（还未取得，但有可能取得的）价值作出判断"[①]。教育评价对于教育实践活动具有极强的导向作用，是教育改革和发展的"指挥棒"和"方向盘"，科学的教育评价能够较好地支持、引导教育事业发展[②]。而在实际教育教学中，人们比较依赖传统的教育评价标准、评价方式和评价手段，不可避免地在基础教育评价改革中遭遇多方面的不适应和困难，如评价标准欠科学、评价方式传统单一等问题，无法满足智慧环境下的教育教学需求[③]。在此情形下，借助人工智能、大数据等信息技术，推动基础教育教学评价改革，是时代需求、教育发展、技术进步等多方协同作用的共同诉求[④]。

从国家层面来说，为完善立德树人体制机制，扭转不科学的教育评价导向，提高教育治理能力和水平，加快推进教育现代化，国家通过多个文件对教育评价改革提出了要求、指出了方向，表明了国家对教育评价工作的重视以及对信息技术赋能教育评价的支持。如，中共中央、国务院于 2020 年 10 月印发实施《深化新时代教育评价改革总体方案》，提出要"坚持科学有效，改进结果评价，强化过程评价，探索增值评价，健全综合评价，充分利用信息技术，提高教育评价的科学性、专业性、客观性"。2021 年 3 月，教育部等六部门制定的《义务教育质量评价指南》，从评价内容、评价方式、评价实施、评价结果运用、组织保障等方面提出了工作要求，明确了质量评价的指标体系。2022 年 3 月，教育部印发的《义务教育课程方案和课程标准（2022 年版）》中明确提出，要全面落实新时代教育评价改革要求，更新教育评价观念，创新评价方式方法。

---

① 陈玉琨.教育评价学［M］.北京：人民教育出版社，1999.
② 石中英.回归教育本体——当前我国教育评价体系改革刍议［J］.教育研究，2020，41（9）：4-15.
③ 张进良，杨苗，谈桂芬.智能技术赋能基础教育评价改革的实然困境与路径选择［J］.中国远程教育，2023，43（2）：18-27.
④ 杨宗凯.利用信息技术促进教育教学评价改革创新［J］.人民教育，2020（21）：30-32.

　　从区域治理与教育质量提升的角度来看，智能技术的引入能够推动区域教育变革，创新评价的理念、技术和路径，培养更适应社会发展的拔尖人才，实现区域教育的高质量发展。部分地区已经开展了教育评价改革实践并取得了一定成绩，如北京市海淀区为基础教育评价改革作了整体设计与全面规划，从改进结果评价、强化过程评价、探索增值评价、健全综合评价、聚焦课堂评价和加强督导评价六个方面实施评价改革[①]；内蒙古包头市按照教育质量指标体系的研制程序，制定了《包头市义务教育办学质量综合督导评估方案》，从学校管理水平、师资建设水平、资源应用水平、特色发展水平、学生发展水平六个维度设计了《包头市义务教育学校办学质量综合督导评估指标体系》，聚焦学校办学质量和内涵发展，注重学生"'五育'并举"发展，提升学生综合素养[②]。

　　本章节聚焦区域教育评价改革，从美育评价、劳育评价、课堂教学评价等方面，探索智能技术赋能教育评价的策略与路径，推动区域教育高质均衡发展。瑞安市按照"一体化"建设理念，统筹运用数字化思维和数字化技术，引进"慧美育"智慧云平台，实现美育资源共享，创新美育评价方式，推进城乡美育教育均衡发展，打造美育教研新样态。瓯海区基于大数据，打造基于"'三圈'赋能"的区域中小学劳动教育评价平台"慧实践"，并通过平台打造家校社协同劳动教育生态，推动区域劳动教育内涵式发展，形成劳动教育评估督导多元化格局。苍南县全力开展 AI 课堂行为分析系统建设项目，构建 AI 智慧录播空间，升级改造原有多媒体教室，支撑师生课堂行为数据采集，实现数据支持下的课堂教学多维度分析，为变革教学模式、提升教学质量提供了数据支撑。

（二）案例：瑞安市"慧美育"教学评一体化云平台

（瑞安市教育发展研究院　冯迎慧　程晓敏　叶魏魏　陈思思　蔡蒙祥）

1. 背景介绍

　　近年来，音乐教育中的评价问题备受关注。《国务院办公厅关于全面加强和改进学校美育工作的意见》指出，美育仍是整个教育事业中的薄弱环节，主要表现在一些地方和学校对美育育人功能认识不到位，重应试轻素养、重少数轻全体、重比赛轻普及，并提出要开展中小学艺术素质测评，建立美育质量监测和督导制度、美育评价制度。

　　为提高学校美育教育信息化能力，为学生艺术综合素养提升赋能，弥补城乡差距，促进教育均衡发展，瑞安市按照省数字化改革总体部署，明确工作推进架构，谋划建立瑞安市美育数

① 杜荣贞.深化区域基础教育质量评价改革的六大策略［J］.中国基础教育，2022（11）：44-47.
② 周红霞，董军.创新综合评价模式，推动建立区域义务教育质量发展新生态——以内蒙古自治区包头市为例［J］.内蒙古教育，2022（13）：18-22.

字化教、学、评、管综合体系。按照"一体化"建设理念，聚焦美育教育的信息化辅助教学、素质测评、课后服务、美育进中考准备四大任务，统筹运用数字化思维和数字化技术，引进"慧美育"智慧云平台，"慧美育"集教学、评价、监管为一体，让区域全覆盖美育云平台，实现美育资源共享，构建素质测评数字档案，创新美育智能评价，让所有学校配备音乐、美术教学软件，整合区域音乐、美术课程数字资源库，推进城乡美育教育均衡发展，打造美育教研新样态。

2. 主要目标

（1）实现城乡美育资源共享

整合区域内各校音乐、美术课程数字资源库，资源丰富学校可将本校教师制作的视频课程、课件等共享，受援学校兼课老师直接使用，帮助乡村"小而优"学校开好美育课程。区域全覆盖美育云平台，实现城乡美育资源共享。

（2）创新美育智能评价手段

针对考核机制不健全、不规范，测评前后工作量大，测评数据分散、统计困难等问题，"慧美育"智慧云平台构建素质测评数字档案，及时记录学生的成长过程，形成直观高效的评价数据。

（3）助力美育课后服务开展

借助"慧美育"智慧云平台为学校配置个性化课后延时服务，设置音乐综合素养课程库，如音乐欣赏、器乐微课堂等课程，丰富学生的课后活动，促进学生身心健康发展。

3. 主要做法

（1）关注课堂教学，做实形成性评价

形成性评价是教学评价中重要的评价方式，而云档案袋评价就是实现形成性评价的有效途径。云档案袋记录了每一个学习者学习成长的轨迹，具体来说，包括从学期初到学期末、从一年级到六年级，该学习者的疑问、兴趣爱好、所想所感、体验与活动，以及互联网信息的汇总、老师与同学的建议、自己的学习小结、作品，等等。评价的结果多以等级加评语的形式来表达，学习者在这里是名副其实的"学习建构者""活动探究者"。

在课堂过程评价中，坚持以激励为原则，将学生的习惯态度（学习习惯、兴趣及参与度）融入"慧美育"云平台，用视频的形式进行录制，保证人人参与、个个展示，让音乐会成为学生展示自己的舞台，以学生成长云档案袋的方式记录学生音乐学习过程的每一个阶段，对学生在每一个阶段中的表现及进步进行评价，有针对性地做实形成性评价。"慧美育"平台首页如图14所示。

传统的评价内容相对单一，主要是知识和技能方面的因素。而"慧美育"云平台的学生电

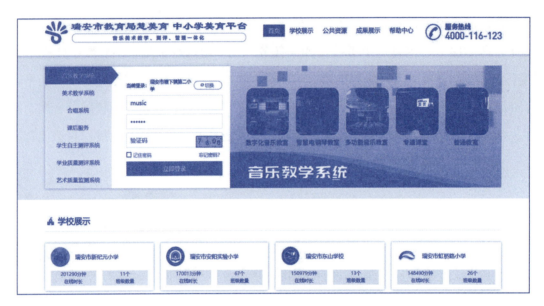

图 14 "慧美育"平台首页

子档案袋评价不仅包括知识、技能方面的内容，还包括非智力因素以及学习过程、学习方法等多方面内容。凡是能记录学生的学习过程、反映学生的学习成果、展示学生的个性发展的相关内容都可以放进云档案袋。基于大数据背景下的高效统计功能、迅速实时反馈功能，帮助师生解决了纸笔评价烦琐和冗长的问题，用直观的数据让师生体会到评价带来的效用。学生的学情能够直接在平台上显现，一对一的反馈让教师更关注全局与个体差异，直接对接学情研判，提高了课堂教学的精准性。

（2）结合期末检测，做亮终结性评价

通过实践研讨，总结出"精准测评 + 个性表现：小学音乐素养分项评价（终结性）实操模式"，如图 15 所示，年级不同项目有所不同，呈梯度上升。

依托"慧美育"智慧云平台测评系统，学生可以在课堂课后进行自主学习和自主测评，并参加学校组织的"双减"课后服务活动。学校及主管部门逐步规范测评，创新智能化评价考试模式，以减轻教师负担，促进学生的个性化精准测评，形成每个学期的艺术素质云成长档案袋。同时，与中考考试方案进行衔接，形成区域中考大数据，并通过数据集中管理和分析，掌握学生艺术素养情况，辅助分析决策，保证教育均衡发展。

（3）综合监测数据，定制个性成绩单

学生进行各项测评之后，可以在"慧美育"云平台中自行选择测评项目，并输入评价成绩，系统则会自动生成总分、总评成绩，由此延伸出来的学生个体音乐学业成绩，如图 16 所示。这样学生音乐基本能力中的各项表现一目了然，可以推动学生"评价—反馈—反思—促进"的良性循环，提升评价效果。

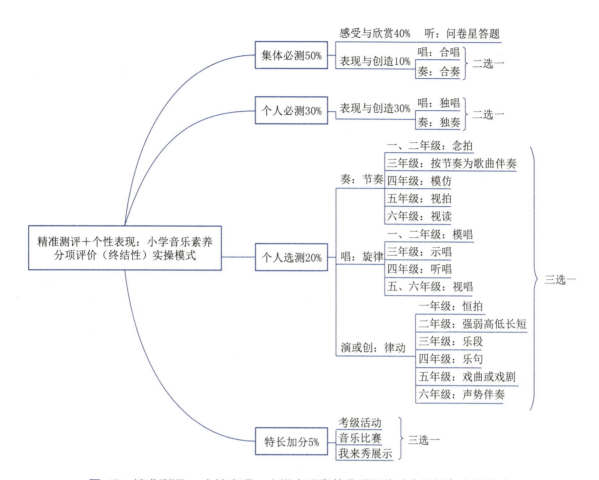

图 15　精准测评 + 个性表现：小学音乐素养分项评价（终结性）实操模式

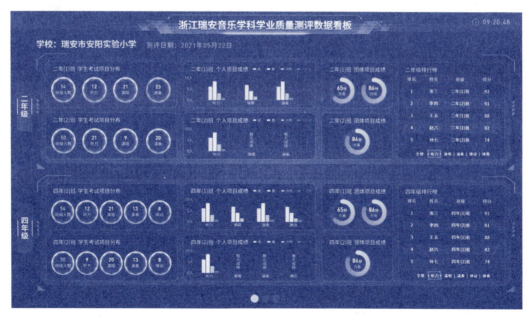

图 16　"慧美育"云平台学科学业质量测评数据看板

（4）形成以分项评价贯穿课堂的"教、学、评一致"范例

以测促教、以评导学，测评就是为了更好地学和教。借助云平台的教学和备课系统，课堂教学中，使用教学软件系统辅助教师备课、授课，提高教学效率。在此基础上，归纳了以分项评价贯穿课堂的"教、学、评一致"范例，主要分基本式和变式两种评价路径，如图17、图18所示，以促进学习的发生，提升学习效果。

在"慧美育"平台中，教师可以对学生的课堂表现进行即时评分，并通过阶段小测成绩录入、现场测评、网上考试、课外活动、活动材料、获奖证书等过程性、终结性全系数据的采集，将质性评价和量化评价相结合，使素质测评综合评价方法更科学，让很难测评的艺术素质测试与评价真正落地。

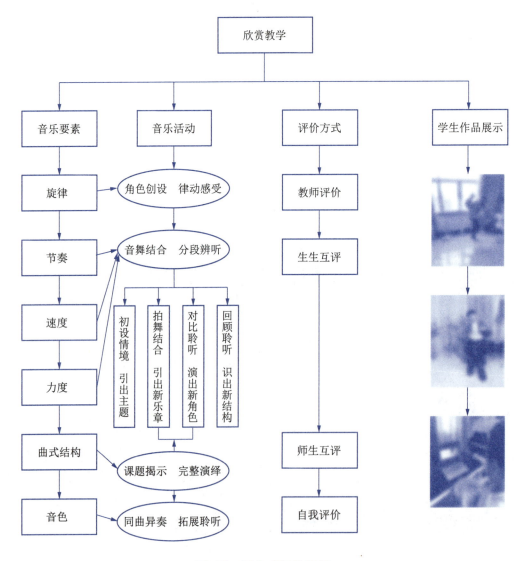

图 17　基本式评价路径

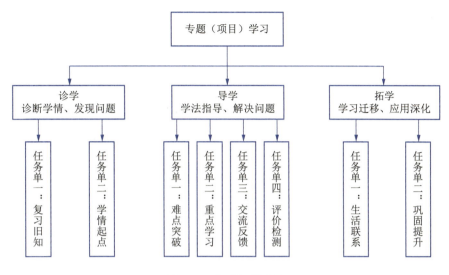

图 18　变式评价路径

4.成效与成果

（1）实现教、学、评、管真正一体化

平台覆盖音乐、美术两个学科的教学（线上＋线下）、测评、管理、课后服务等场景，通过统一部署，实现了数据互联互通，促进了"教、学、评、管"的一体化推进。在教与学上，为师生提供优质辅助工具与资源库，降低了教师开展信息化教学的难度，促进了学生的学习。在评价方面，实现了数据的全面、精准采集，同时引入网上考试，减轻了教师的工作量，做到公平公正测评，为美育进中考做好准备。

（2）实现数据集中管理，促进了教育精准决策

借助"慧美育"平台，教育主管部门可以分类管理各项教学数据和学生素养情况，并进行有效分析，极大程度地辅助了教育管理部门、学校、教师对美育课程进行针对性教学优化，促进了教学质效的提升，推动形成了持续性、正向反馈的教学测评闭环。

（3）实现优质资源共享，弥补城乡差距

借助"慧美育"平台，专业教师可以把音乐、美术课程教学变得更好，非专业教师也可以上音乐课，通过"空中飞课"解决了美育师资不足的现实问题。应用平台开展音乐、美术的专递课堂，为义务教育补足短板，有效弥补了城乡差距，推动教育优质均衡发展。此外，各学校提供的特色课后课程，融入艺术、科学、综合实践等兴趣班、社团活动，更注重学生动手能力和创新力的培养，推动了学生的全面发展与个性化成长。

5.发展计划

今后，瑞安市将继续完善音乐综合素养课程库，提供更多的资源供课后服务使用。

一是以市素养提升行动为契机，丰富课程类型。根据瑞安市中小学生艺术素养提升三年行动中"班班有合唱、人人会乐器、校校飘戏韵"的总体规划，进一步开辟平台空间，丰富课程

类型。如教育戏剧在作业展示环节的运用、班级展演类节目的互学互比活动等，均可以发挥网络学习的泛在功能，让平台资源反哺课堂，成为艺术教育的优质资源。

二是进一步探究微课程展评一体评价模式，做实学生表现性评价。"慧美育"平台微课程为学校开展课后托管服务提供了新路径，从一定程度上减轻了教师的工作量。但作为以实践性为特色的音乐学科，如何让技术赋能，让评价随时可以发生，激发学生自我反思、自我督促、自我评价的主体性学习潜能，探究展评一体评价模式是后续跟进和研究的方向。

三是让开发微课程成为音乐教师的自主需要和自觉行动。在微课程资源开发和运用过程中，教师们感受到平台微课的独特价值与特殊内涵，纷纷表示在实践探索中大幅提升了信息技术应用能力，线上线下融合的教学方式变革更是开阔了师生视野，触摸到了"未来教育"的无限可能。接下来将以点带面，引领更多教师加入微课程开发行列，数智驱动、共建共享，让开发微课程成为教师的自主需要和自觉行动。

四是继续完善教、学、评、管一体化流程。丰富评价手段和机制，优化数据收集和分析功能。

五是让区域全覆盖美育云平台，实现美育资源共享。统筹运用数字化思维和数字化技术，聚焦美育教育的信息化辅助教学、观课、考评，构建学校、教师、学生数字画像档案，融"慧美育"平台建设、赋能评价改革、实现减负增效、落实"'五育'并举"，促进学生健康全面发展。

（三）案例：基于"'三圈'赋能"的区域中小学劳动教育评价探索

（瓯海区学生实践学校 翁万林 杜丽君 林明东 潘天真 金龙雪）

1. 背景介绍

《中共中央 国务院关于全面加强新时代大中小学劳动教育的意见》指出，"把劳动教育纳入人才培养全过程"，可见劳动教育对于人才培养的重要作用。瓯海区学生实践学校是以学生全面发展为教育目标，通过各类实践项目，让学生在实践与体验中培养团队协作意识与实践能力，形成良好的生活习惯，并在劳动教育中树立正确的价值观追求。学校结合教育大数据仓以及学校周边丰富的旅游资源，特别是绿色生态资源，开设学生实践课程，充分立足现有资源，辐射周边，展现各街道特色，充分展示学生实践素养，以实现德智体美劳"'五育'融合"。为了让"'五育'融合"不缺失，学校正在将信息技术融入劳动研学实践。

2. 问题诊断

学校在实施劳动教育的过程中，发现了三个痛点：

一是和谐劳动教育生态难以形成。学校劳动教育单兵作战的现象明显，家庭与社会协同的支持政策、实施路径、过程方法都需从单一走向融合，为形成具有区域辨识度的劳动教育品牌、打造劳动教育新生态贡献合力。

二是劳动教育资源共享无延展。劳动教育资源是推进劳动教育立体化发展的基础，当前劳动教育资源不足、单一，碎片化严重，难以推动区域"以学生为中心"的教育改革，未能形成全盘共享格局，只有进一步丰富劳动教育课程资源，才能真正让家庭、学校、社会协同推进，实现资源共享、共创、共赢。

三是"'五育'融合"评价改革未实现。劳动素养是学生综合素质评价的一个部分，也是学生评优评先、毕业升学的重要参考或依据，而现阶段未见成熟的评价体系，区域劳动素养测评、劳动教育督导评估等方式亟待创新。

为解决这些痛点，作为区域层面的学生实践学校，基于大数据，打造基于"'三圈'赋能"的区域中小学劳动教育评价平台，命名"慧实践"，并将其应用与推广，为区数字化改革工程添砖加瓦。

3. 主要做法

（1）创建目标

为解决当下区域劳动教育的痛点，学校开发"慧实践"平台，从以下三方面逐步完善：

一是打造家校社协同劳动教育生态，形成劳动教育一体化平台；

二是提炼区域劳动教育内涵发展策略，构建劳动教育数字驾驶舱；

三是推动劳动教育评估督导方法研究，描绘劳动教育多元数字画像。

（2）明确主要任务

任务一：打造家校社协同劳动教育生态，形成劳动教育一体化平台

通过区域劳动教育组织管理改革研究，探索多方协同的推进机制，形成学校为主导、家庭为基础、社会为依托的共育生态，以数据为枢纽，达成区域多源、多模态数据汇聚融合与共享，形成集中化部署、一体化建设的区域劳动教育数据平台。

任务二：提炼区域劳动教育内涵发展策略，构建劳动教育数字驾驶舱

通过区域劳动教育内涵发展策略研究，以数字化、信息化为抓手，探索空间全览的劳动育人空间建设方略、共享共研共创的劳动课程开发路径、劳动教育课堂模式建构以及智慧共享的劳动教育导师培育方式，形成具有区域辨识度的劳动教育品牌。

任务三：推动劳动教育评估督导方法研究，描绘劳动教育多元数字画像

通过区域劳动教育评估督导机制研究，在智能时代，探索指向学生劳动素养的实践网络平台、指向家庭合作力的项目清单、指向学校执行力的达标册、指向部门协同力的评估表，形成基于数字画像的区域劳动教育发展性评价范式。

（3）制定具体举措

一是通过数据枢纽将家、校、社"三圈"的数据互联互通。家长（学生）端、学校端、社会（基地）端都可以实时上传和显示数据。完善"慧实践"平台细节，如学校选时间、学生选课、评价数据生成和流向等方面。同时，区教育局在每个学期会安排区域内各学校（学生）参与学生实践活动，包括家庭劳动任务、学校实践活动、社会（基地）劳动教育和研学活动等。家庭、学校和社会（基地）评价的数据会形成报表，呈现给学生、家长和教师。家、校、社"三圈"评价指标如图19所示。

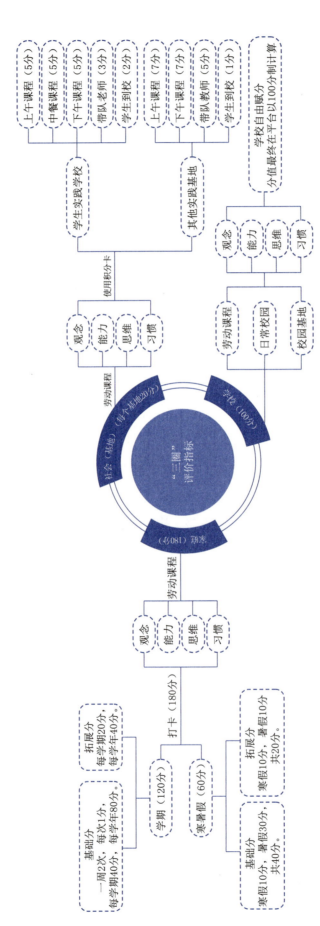

图 19 家、校、社"三圈"评价指标

二是推动学校和社会（基地）相关劳动课程的开发、实施和完善。针对家庭劳动任务的系列内容，瓯海区已经成功研制出 9 级《家庭劳动手册》，并不断开发和完善家、校、社三方面的课程内容。这些课程通过"慧实践"平台课程板块汇聚到一起，形成优秀课程资源群，从而实现区域课程共创共享。

三是家、校、社"'三圈'赋能"，推动数据联通，形成劳动教育多元数字画像，如图 20 所示。通过合理的数据分析和处理，得出有价值的结果，并呈现出来，帮助学生、家长和老师精准决策，针对性地改正或完善学生的综合素养，提升相应的素养指数。

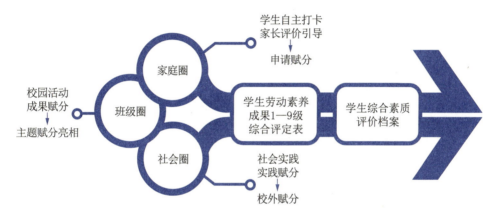

图20　家、校、社"三圈"数据互联互通

4. 成效与成果

"慧实践"平台体系由局端、基地端、学校端、教师端、学生端构成，多场景联动，操作便捷，支持多终端协作、无感互动、AI 辅助，能够容纳海量用户，同时评价可借助钉钉或学评精灵完成。预期成果如下：

一是"指向全域 + 数字问诊"，构建数字赋能劳动教育共同体实施模式。通过项目研究，各共同体单位将人工智能、大数据等技术应用于组织架构与全域实施，针对过程中发现的问题，开展基于数据的数字问诊，从而将问题和需求转换为劳动教育资源，构筑起适合共同体单位的数字赋能劳动教育实施模式。

二是"全景共享 + 数字体验"，实现数字赋能劳动教育共同体资源集成。全景共享的劳动教育资源集成，为各区域内的学校和师生提供多元数字体验空间，集劳动教育课程、课堂研究、师资培育于一体的全景化数字体验，实现多地多校数据融通，以数字化劳动教育为"双减"赋能，实现资源共享。

三是"全新育人 + 数字评价"，推动数字赋能劳动教育水平整体提高。"'五育'并举"旨在实现学生德智体美劳全面发展，需要学校为学生提供个性化、差异化、多样化的教育服务。通过该项目工作的扎实推进，各共同体将建立起一键可评、三码智享的数字评价网格，动态了解、掌握、分析家庭、学校、社会全过程纵向评价，形成劳动教育数字画像，绘制学生、班级、学校、区域四级数字画像，继而涌现出一批数字化赋能劳动教育的优质课程、案例及成果，提高共同体单位数字赋能劳动教育整体水平。

5. 发展计划

"慧实践"平台是面向区域内中小学生的劳动实践和研学活动的评价平台，为更好地服务区域中小学生，还将基于教育发展实际需求，进一步完善"慧实践"平台。一方面，要促使平台的流程更简便、操作互动性更好；另一方面，要丰富平台功能应用，根据真实需求增补功能模块。

数据驱动的劳动教育评价改革已经启航。"'三圈'赋能"的慧实践平台将助力瓯海学子在劳动实践中快乐成长。

（四）案例：基于 AI "教学行为分析链块"智能助力未来教学

（苍南县教育局　黄道奔　杨珊珊　林毓庆）

1. 背景介绍

目前，苍南县每所学校均已普及"互联网 +"教室，"互联网 +"教室解决了异地空间录播及直播课堂的问题，但在传统教学环节中还存在诸多问题。因此，苍南县依托录播教室，期望借助 AI 技术链块功能实现课堂教学行为分析，从而提高教师的教学和研究能力。

2. 问题诊断

传统课堂行为分析的方法主要是通过线下名师观摩，记录和分析课堂行为，存在分析数据信息不够全面、获取数据不智能、跨地区教学交流成本高等诸多问题，无法充分满足教师教学及研究的需求。

具体问题包括：一是传统教学行为分析以人工记录、经验分析为主，缺少数据支撑；二是传统教学观察、经验获得的学情信息有限；三是教师兼顾教学任务和学情分析的压力大、精力不足；四是教师管理班级、课堂互动评价不能够实时化、智能化。

基于以上问题，苍南县全力开展 AI 课堂行为分析系统建设项目，期望通过项目的建设与应用，助力课堂教学改革，推动教师能力提升和课堂教学质量提升。

3. 主要做法

（1）建设 AI 智慧录播空间

借助具备 AI 视频分析功能的智慧录播系统，打造常态化录播空间，实现课堂资源录制、画面自动跟踪、远程教学互动、实时教学直播、课堂视频分析等多种功能，打造集优质资源共建共享、AI 赋能精准教研等应用于一体的信息化教室环境。教室系统建设架构如图 21 所示。

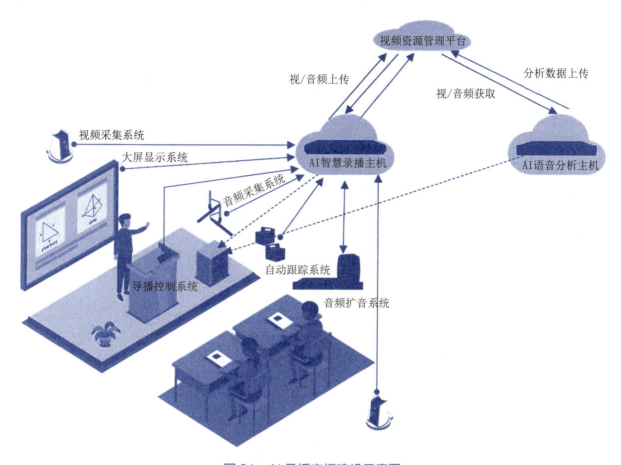

图 21　AI 录播空间建设示意图

AI 智慧录播系统主要由 AI 智慧录播主机、视频采集系统、大屏显示系统、音频系统（音频采集与音频扩音）、导播控制系统、AI 语音分析主机等软硬件产品构成。

AI 智慧录播主机（AE-A6N、AE-E3N）：具备视频 AI 分析能力，采用课堂教学应用模型进行多维度教情、学情数据分析，能够客观完整地反映真实课堂教情、学情情况，并支持摄像机、电脑等多路视频信号的接入编码，保障课堂教学过程中的教师画面、学生画面、电脑课件画面的全面接入录制，真实完整还原教师讲解、学生听课、提问等各个环节的授课情况。采用 AAC 高级音频编码格式，并内置 3A 音频处理算法（AEC 回声抑制、ANC 噪声消除、AGC 自动增益），实现对音频自动增强和噪声抑制，并能有效去除回声和啸叫，全面保障音频的高质效果。

AI 语音分析主机：通过网络采集课堂教学语音数据，实现课堂授课互动的语音、语义全面识别，面向教学教研所需，实现知识点关键字识别提取、出现频次统计、时间标记等功能，并能将教学过程中的音频全盘转换成文字记录保存，为教师的教学回顾以及教研提供客观数据支撑。

视频采集系统：视频采集系统由多组全高清摄像机组成，实现教师全景、教师特写、学生全景、学生特写等教学场景画面视频采集。1080P 高清编解码能力实现教学画面的高还原效果。同时，具备智能图像分析能力，快速定位教师、学生位置行为，完成教师、学生的自动跟踪及场景画面切换，有效聚焦教育教学核心画面并提供录播主机进行录制保存。

音频采集 / 扩音系统：话筒采集声音传送到录播主机中进行编码处理，生成标准 MP4 文件，保存在录播主机中，供后期再次编辑或上传到平台进行点播。同时配置高质量音箱，对称安装于教室侧墙，实现优质互动音源的扩声，保障教室均匀的互动扩声效果。

大屏显示系统：大屏显示系统通过部署教育交互一体机进行教师课件资料显示及课堂教学软件应用支撑，同时课件资料同步传输至录播主机发送远端，实现异地同上一节课效果。交互一体机采用高精度红外识别技术并支持多点触控，为教师还原自然的书写体验。同时采用 4K 超高清防蓝光屏幕，让学生看得更清晰、更护眼。系统配备快捷工具栏设计，实现课堂教学软件的快速调用，让教师教得更轻松、更便捷；并具备无线传屏能力，有效提高课堂教学、讨论展示效率。

导播控制系统：导播控制系统提供控制面板简易控制、网络导播的控制方式。面向授课教师采用控制面板简易控制的方式，提供设备开关机、录制启 / 停、互动连接等"一键式"操作，方便教师快速开展授课录制 / 互动应用，最大限度地保证不对教师正常授课流程造成影响。此外，面向管理员提供网络导播方式，提供完善的录课导播功能，包括教师 / 学生画面、教师电脑信号等场景切换，添加 logo 和字幕，切换特效、音量调节，云台摄像机焦距调节、多画面显示布局等功能。

（2）原教室 AI 赋能改造

面向前期已具备互动录播功能产品的教室，在实现互动录播产品利旧的基础上，通过增加 AI 分析主机产品实现赋能，实现基于课堂视音频的 AI 教情、学情数据分析，打造 AI 信息化教学空间。

保留原有教室互动录播系统不变动的情况下，通过部署 AI 视频分析主机和 AI 语音分析主机进行赋能。互动录播系统以多流录制形式，将 AI 分析所需视音频数据流单独进行记录保存，后续通过网络及平台将视音频数据传输到 AI 视频分析主机及语音分析主机实现课堂数据分析，无须改动原有设备及应用习惯，有效实现产品利旧并完整实现 AI 教情、学情分析能力赋能。

（3）视频应用云空间

视频应用云空间建设以视频资源应用云平台为核心，满足优质在线课程资源的归档应用共享及 AI 数据应用共享。视频资源应用平台建设按照用户级别架构分为校园级平台与区域级平台建设，满足学校用户信息化教学需求与区域教育局 / 电教馆用户需求，实现区域优质资源共享、促进区域教育均衡发展。图 22 为视频资源应用平台功能示意图。

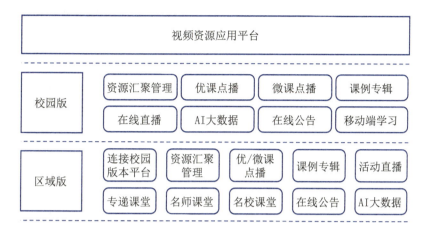

图 22　视频资源应用平台功能示意图

　　为学校打造校级资源管理应用平台，各录播教室的录播主机与视频资源应用云平台之间建立无缝对接机制，能够通过协议磋商在录播系统空闲时间自动向平台推送视频资源，平台按照视频的定义信息自动将视频按年级、科目等进行分类归档。同时平台提供优/微课点播、视频专辑等应用，服务师生在线教学/学习。

　　另外，空间对接 AI 系统，归档呈现课堂各类教情、学情分析数据，包括教师教学行为、学生行为、专注度、语音语速、关键词等各类课堂分析数据，关联课堂实录为用户提供精准客观的教学数据，辅助开展精准教研活动提升师资能力，促进教师队伍专业发展，从而提升校园教与学质量。

　　有条件的情况下，为区域教育局/电教馆建设区域级资源管理应用平台，通过区域平台连接所辖各学校平台，汇聚各校优质线上课程资源进行直播/点播共享，同时还将提供名师/名校课堂等区域级教育应用，满足推进区域教育均衡发展、提升教师教研水平的应用需要。

4. 成效与成果

　　基于系统目前所采集的数据、自动生成的课堂观察分析报告，从整体上对学校教师的课堂数据进行对比研读，也选取某一位教师的课堂观察分析报告进行解读，发现具备以下效果：

　　（1）支持多维度数据分析

　　一是教师行为分析。通过 AI 的方式分析教学行为，比如：分析教师的语态、教态、口头语等，分析教师的轨迹、语速、提问情况以及课堂关键词等。二是学生行为分析。分析学生课堂专注度、参与度、兴趣值等。三是互动行为分析。分析师生教学行为、教学互动指数、S-T 行为分析（S 表示学生，T 表示教师）、RT-CH 教学行为分析（RT 表示教师行为占有率，CH 表示行为转化率）。

　　（2）提高教师精细化教学水平，实现个性化因材施教

　　一是基于系统数据采集，可以帮助教师分析教情与学情，形成教师个人的课堂观察分析报

告和学生个人课堂分析报告，从而掌握学生的学习动态，提升教师教学能力，实现因材施教。二是随着"双减"政策的落实，各所学校开展了托管服务，借助 AI 课堂行为分析系统，可以记录和管理课后服务，通过数据收集和分析提升课后服务的质效。三是多维度的数据分析可以帮助教师改进教学，提高教学效果。如，通过观测教师个体课堂观察分析报告，结合视频，可让教师多角度反思教学设计是否合理，提升对课堂的整体把握。

此外，学校管理者可以通过观看视频，研读教师课堂观察报告，分析各学科教师的上课风格，了解教师课堂教学效果与班级氛围，便于管理者对教师队伍培养做出决策。

5. 发展计划

随着人工智能技术的不断成熟，会有更精确、更科学的功能链块应用于整个项目中，来提升教师的教学研究能力。展望未来，数据样本上云端，能够及时反馈给教师、家长、学者，让数据的分析结果真正落实于教育研究，实现教育的精细化。

下一步，计划对所采集的数据进行研究，并邀请主管领导、教研人员、教师开展多种研修模式，让教师在实际教研活动中探索、体验 AI "教学行为分析链块"支持下的精准教学应用。初步拟定三种研修方式，且三种方式均需要教师团队、专家团队共同参与，合力推进。

一是精准教研支持下的教师工作室主题研究。以观摩名师课堂的方式进行，借助 AI "教学行为分析链块"系统对教师课堂进行特征分析。其目标是促进教师协作能力和反思能力的提升，由学校组织骨干教师和年轻教师参与研修活动并进行实践。

二是线上线下相结合的课例研究。其方式为围绕实际教学中产生的问题，借助 AI "教学行为分析链块"系统对某一节课的教学设计进行协作打磨和集体反思。目标是提升团队成员的教学设计能力和信息化教学能力，打造优质课。实践方式为学校组织教研组的教师参与研修活动，通过多次协同备课、教学展示和课例研讨打造优质课。

三是"教共体"背景下直播课堂的课堂研究。通过县里组队的教学共同体直播课堂，利用 AI "教学行为分析链块"系统实现异校课堂的直播、互动和研讨。目标是构建结对学校教学共体研修机制，实施切实可行的教学反思路径，提升教师的教学技能，从而落地大规模的优质教师教育资源共享，促进教育公平和均衡发展。在县内教学共同体教研实践中，通过 AI "教学行为分析链块"系统，探索不同学校之间常态化教学研修活动。

借助以上研修方式与相关活动，可以切实促进教师提高自身的信息素养，培养教师独立研读课堂分析观察报告、改进教学设计的能力，促进教师自身发展，同时为主管领导管理决策提供客观数据支撑，促进教师队伍建设，还可通过班级整体行为分析、学生个体行为分析、学生动态成长分析为学生、家长提供个性化辅导建议。

第二部分

PART 2

助力学校教育数字化转型与高质量发展

一、创设校园数字化融合学习环境

（一）发展综述

数字化融合学习环境是基于多种智能技术，生成一种能感知学习情境、识别学习者特征、提供合适的学习资源与便利的互动工具、自动记录学习过程和评测学习成果，以促进学习者有效学习的学习场所或活动空间。这种学习场所或活动空间具备记录过程、识别情境、感知环境、联结社群等技术特征，可以为建立学习者模型、更新学习情境、更加全面而准确地评价学习者的学习效果提供依据。数字化学习环境需综合考虑不同学习情境的特征，合理配置技术及资源，为学习者提供个性化的教学策略并进行科学的学习绩效评测，促进有效学习的发生。

对于数字化融合学习环境构建，国家早有政策指导。2018 年，教育部印发《教育信息化 2.0 行动计划》，提出实施"网络学习空间覆盖行动""数字校园规范建设行动"，提升网络教学环境和数字化校园环境。2021 年，《教育部等六部门关于推进教育新型基础设施建设构建高质量教育支撑体系的指导意见》指出"形成结构优化、集约高效、安全可靠的教育新型基础设施体系"，"建设物理空间和网络空间相融合的新校园，拓展教育新空间"，"开发教育创新应用，支撑教育流程再造、模式重构"。2022 年，党的二十大报告中首次提出"推进教育数字化"，立足数字时代这一改革发展的大环境，扎根中国大地开展实践探索，不断深化教育教学改革。

温州市历来重视学习环境的建设，致力于构建数字化融合的智慧学习空间，促进教师、学生的教学活动高效进行。温州市第二十二中学基于以人为本的理念，建设了"启航科创中心"，将科创素养与国家课程、生涯教育、劳动教育及综合实践活动高度融合，创建融合 STEAM 教育、创客教育、项目化学习等新型学习方式的科创特色课程群，深受学生、教师的喜爱。温州市财税会计学校立足长远，以培养"知识融合、能力耦合、素养综合"的现代复合型财税人才为目标，打造信息化与职业教育融合的共享会计项目，实现了财会专业服务地方发展新样态，开拓了师生发展新路径。乐清市机关幼儿园以"三朵云"为支撑，打造智慧幼儿园，实现教师数字化培训，并通过智能 App 与家长云端沟通，实现教师发展的可视化，有效推进区域内学前教育的进步发展。

（二）案例：新型互联网学校

（温州市第二十二中学　金长林）

1. 背景介绍

温州市第二十二中学创办于 2002 年 9 月，是温州市教育局直属寄宿制公办普通高级中学。学校占地面积约 12 万平方米，建筑面积达 8 万平方米。学校坚持"做有温度的教育，办人民满意学校"的办学理念，以"培育学会做人、学会做事、学会求知的优秀公民"为育人目标，明确"建设高品质的现代化科技高中"为学校"十四五"规划发展目标。在这些理念的引领下，学校整体设计了"启航"课程体系，将科创素养培育与国家课程结合，尤其是与生涯教育、劳动教育以及综合实践活动高度融合，创建融合 STEAM 教育、创客教育、项目化学习等新型学习方式的科创特色课程群，"启航科创中心"因应学习方式的需求而不断得以建设和完善。

2. 主要目标

（1）实现策略性目标——构建符合学生科技特色发展的学科融合课程体系，推动学科融合，提升学生的综合素养。

（2）实现成长性目标——促进学生个性化发展，期望在"启航科创中心"的助力下，实现教与学方式的迭代完善，促进学生的个性化成长。

（3）实现发展性目标——推进学校教育教学改革，促进学校高质量发展，借"启航"课程体系促进学校理论研究与实践应用，凝练科创特色教学体系，推动学校科创教育健康发展。

3. 主要做法

（1）空间建设情况

学校的"启航科创中心"总占地面积约 1 100 平方米，主体部分为"一坊一室一廊"，分别是启航创客坊、启航 AI 实验室、启航创意廊。

"启航创客坊"总面积 230 平方米，融入美国 HTH 学校的设计理念，分为展示区、操作区、设计区和授课区四个部分，配备了 9 台 3D 打印机、2 台激光雕刻机以及录播系统、音频支持、录像机，还有其他工程技术所需的基本工具，主要用于通用技术的拓展、跨学科融合课程的开设、创客社团活动等。

"启航 AI 实验室"是"启航创客坊"的拓展，总面积 340 平方米，主要分为人工智能体验区、无人机区、智能机器人区和授课区四个主要区域。配有 4 台 VR 体验设备、1 个与智能家居相结合的机器狗"铁蛋"、1 个标准的大疆 RoboMaster 2020 机甲大师青少年挑战赛的场地与设备，还有几十台不同功能的无人机、模拟驾驶体验舱等，主要用于信息技术课程的拓展、人工智能教育课程的开设与学生竞赛训练等活动。

"启航创意长廊"占地面积约 340 平方米，以"课程与空间双向赋能"为建设理念，分为三个区域，即展示区、课程区（机械传动课程、传感器课程、芯片课程、智能应用课、前沿科技课程）和交流区，这里既是学生科技作品的展示平台，也是场景化、沉浸式的课程学习体验空间。

（2）空间建设原则

在建设"启航科创中心"时，学校不断突破固有格局的限制，通过简单又大胆的空间设计回归对于学习本质的思考，将学与教变革的基础理念渗透到空间的设计之中，真正将学习空间与学习过程联通，以空间变革去驱动和拓展学生的学习机会、学习范畴与学习共享的能力，支持学习的真实发生。

首先，在空间的建设上突出以人为本的原则。科创中心提供舒适的学习氛围，创设便利的学习条件，以学生的学习需求为核心，"启航创客坊"里多模态的设计讨论空间提高了学生项目设计与小组讨论时的舒适度和自由度，敞开式的操作空间又为学生提供了制作和研究的便捷度。

其次，在空间的建设上考虑促进学生的社会交往。真正的学习是一种社会建构的活动，整个"启航科创中心"在每一处都为学生提供了学习共享与互助的平台。如，便于小组合作的授课区布局、便于讨论和分享的"启航创意廊"以及随手可触的电脑网络硬件，都是精心设计的学习空间中不可或缺的部分。

最后，在空间建设上充分考虑技术的赋能。工程技术类科技高中的发展目标，无疑要让学生与真实世界连接，还原各类真实学习的体验，各类新兴的学习工具、虚拟现实等技术为学生学习带来无限可能。如"启航 AI 实验室"打造了先进的机甲大师比赛场景、无人机编队、无人机障碍赛等多个竞技场景，配备了与智能家居相结合的"铁蛋"机器狗、VR 全息虚拟影像等体验场景。

（3）开发项目化学习课程

在中心这个"研究场"，教师致力于开发项目化学习课程，并以"三阶塔式"课程的结构来设计项目化学习，如图 23 所示。

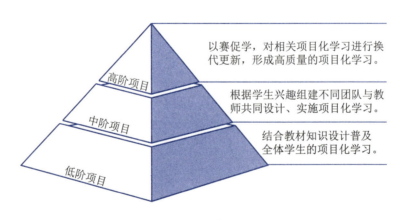

图 23 "三阶塔式"课程结构图

除了核心课程"机械传动装置的设计与制作""智能创意产品的设计与制作",目前还开发了下列课程,如表2所示。此外,在机器人与无人机课程上整合了一批企业的力量,共同为学生提供学习指导。

表2 课程清单

序号	虚拟机器人	无人机	智能机器人	数据分析	小课题研究	科学影像
低阶课程	虚拟机器人入门任务	图形化编程	机械结构	项目自选:用Excel分析数据	课内拓展实验项目	科学小影像脚本设计
中阶课程	虚拟机器人基础任务	无人机编程	机器人自动巡线、激活能量开关、抓取弹药瓶	项目自选:用SPSS分析数据	课外拓展实验项目	视频拍摄与剪辑
高阶课程	无人驾驶技能赛	无人机竞速障碍挑战、无人机群舞蹈编程	RoboMaster机甲大师挑战赛	项目自选:用Python分析大数据	研究性学习课题	科学影像作品

（4）教育教学应用

"启航科创中心"是以学生的需求为导向逐步建成的,用于培养具有创新潜质的学生。整个"启航科创中心"与学校的科创特色校本课程有机结合,应用于自然课堂、社团活动、各类竞赛以及各级各类平台。丰富的课程资源、适合师生发挥的平台、严谨的研究要求与适性的创新氛围,有效改变了学生的学习方式,为学生项目化学习、创客教育、STEAM教育活动和人工智能探索提供了有效的空间。

① 使学习走向本质的"启航科创中心"的主要亮点

一是邀约性。人类始终都在追寻生理与心理上的舒适,因此,学习空间一定是能让人感到舒适、幸福、有吸引力的,是能解放其身体和大脑而令其投身学习的空间。在这个意义上,"启航科创中心"考虑并综合运用了采光、人体工学、感官暗示、色彩与材质协调等,既有社交与共同体空间,又有私密空间、多元的信息沟通、技术工具以及电源与数据访问的便捷性等,成为学生想待的地方,而不是被要求待的地方。

二是社区性。真正的学习是一种社会建构的活动。创客中心满足了学生交往与互动的需求,变教室为全方位的学习社区,促进实质性的学习共享与互助。创客中心的"一坊一室一廊"既有室内空间又有室外空间。室内空间开放式打造,室外空间又有室内场景的布局,让学生能随时随地进行信息沟通、知识创造、自主或团队的互动。整个创客中心不仅是有助于直接教导的教学空间,也支持阅读、研究、实验、合作学习、创造学习、展示、实习、项目化,乃至面向自然世界和职业生活的学习,成为一种有机的学习工具。

三是深入性。创客中心不仅帮助学生寻找信息,更强调了创造性地应用信息来深化学习,并改变现实的过程，进而促进学习走向真实、深度的学习与实践。学生在这里获得了不同的学习体验，如教室和科目模式以外的活动场景的创意设计、跨学科的学习场景、跨年级、合作教学、游戏情景以及激发创造的学习空间的创设，日益加深学生在学校学习的知识和理论同真实世界体验的关联。

四是技术性。"启航科创中心"是"技术丰富"的数字化学习空间，也成为推进学习合作与创造的重要引擎。将软件、录播设备、音频支持、现场记录、学习支持、文件存储与传输等嵌入创客中心，联结实体空间与虚拟空间，学生不仅可以随时获取支持学习的海量资源，还可以使用与模拟真实世界的数据，把真实世界问题带入课堂。新技术也为学生扩大学习能力提供了"脚手架"，通过将难以理解的概念可视化、游戏模拟等方式，使学生参与到复杂的认识活动中。

② 使学习走向本质的"启航科创中心"的主要场景

一是学科融合课程的开发与实施。技术学科，无论是信息技术还是通用技术，一直以来是强势学科，拥有一支专业精湛的师资队伍。教师融合高中信息技术、通用技术乃至其他学科课程，基于学科大概念设计了项目化学习活动，开发了技术学科融合的校本课程。如：已经实践四年的课程"智能产品的设计与制作"，其低阶课程面向高一全体学生，每周固定课时，以项目化学习的方式开展，既是技术学科的基础拓展，也是新时代的一门劳动教育课，保证每个学生都经历一次科技制作；中阶课程则主要以兴趣为主，面向自愿报名组成创客社团的学生，这些学生来自不同的年段、不同的班级，从问题的提出到深度学习思考再到项目产品产出，都是在师生思维碰撞、同伴交流分享中创造而来的；高阶项目化学习课程则以特长为主，主要是选择在中阶课程成果中展现出项目化学习优势的学生和团队，以竞赛为载体，对项目成果进行迭代更新，逐步发展为更优秀的成果。通过各种项目的实践，学生体验了各种智能化场景，学会了智能工具的应用，理解了人工智能的原理，学到了与大学专业对接的课程与知识，从而能够深层理解大学专业尤其是新工科专业的内涵，确立自己人生的方向和目标。

二是教师创新教学的研究。对于很多教师来说，项目化学习、跨学科交流也是新方式，教师也需要一个空间去学习、感知。"启航创客坊"不仅成为不少学生每天必到的地方，也成为一部分教师爱去之地。教师在这里研究学科的融合，开发校本课程，共同研讨、设计、制作教具，参与项目化学习，与学生亦师亦友，交换思想，新的学习方式下师生角色正在实现自然的转变。如，学校通用技术教师参加浙江省优质课评比，全组教师在"启航创客坊"共同制作教具，研究教学设计，即兴开课，边实践边修改，制作了比赛课所需的教具。自由舒适的空间，加上整个环境中技术的支持，为教师的深度创造与学习革新提供了较大助力，教师在科创中心持续地开展教具制作、线上线下教研活动、磨课、项目化学习设计等，可以获得成功的喜悦和成长的幸福。

③ 使学习走向本质的"启航科创中心"的学习生态

"启航科创中心"着力支持学生的自我建构，提升学习能动性。学生越是拥有做自我决定的自主权，就会越投入，学习质量也会越高。整个创客中心一部分是完全开放的，当学生走在校园里就会不经意地在科技创新的氛围中穿行，从而不自觉地对适合自己的科创内容产生学习的兴趣；另一部分室内的空间也是一个半开放的状态，学生可以通过刷脸进出科创中心，既能保证校园安全，又能给学生时间和空间的自由。一定的开放与自由，从不同层面支持学生的学习，满足学生的学习需求。正式与非正式学习空间、常规与非常规学习空间、现实与虚拟学习空间之间的接续性、关联性和互补性，打破了原来教室空间的壁垒，真正打造了一个学习生态圈。同时，该校为"启航科创中心"建立了一套系统的配套支持，从顶层设计、学科建设、经费保障、课时保障四个方面为师生的长效发展提供保障。

4. 成效与成果

四年来，在"启航科创中心"的不断设计、不断改进、不断应用、不断完善的过程中，科技特色的校本课程群成功构建，形成了课程设计模式，归纳了典型的学习方式，尤其是学生的项目化学习有序而平稳地开展，达到了预定的目标。

（1）策略性目标的实现

首先，构建了符合学生科技特色发展的学科融合课程体系。根据融合方式的不同，分为三类：一是学科内融合课程，这类课程指向学科素养的培养，由学科教师负责实施，有"不一样的物理实验""生活中的点滴化学"等课程；二是跨学科融合课程，主要以某一学习内容为切入点进行多学科统整，不同学科用不同的学习方式表达，聚焦学生学科素养的提升，如"启航船"课程；三是超越学科的项目融合课程，主要以某一项目为切入点，可以跨科、跨班、混年级，教学中不同学科教师合作上课，用不同学科的表达方式聚焦同一项目，如STEAM课程、"智能产品的设计与制作"等。

其次，采用教师合作制的方式全面推进科创中心课程的开发、实施、评估及资源环境建设。每位教师充分发挥本学科的优势，以协同的方式解决课程融合、环境共建、资源共享等问题，形成了提升学生综合素养的合力源，使得学生的个性化学习、选择性学习、深度学习和创新学习成为可能。学校还通过利用中心开展校园科技节、参与市创客文化活动、举办线上高校夏令营，开展校企合作等多种方式，提供培养学生科学精神、创新能力的平台。

（2）成长性目标的实现

"启航科创中心"在教师和学生与日俱增的学习热情和不同教学方式的要求下，逐步迭代完善，促进了学生的个性化发展。近三年时间，学生参加了各级各类青少年科创大赛、科技节、创客节，合作组队参加了数据分析比赛、小课题研究、科学影像比赛、头脑奥林匹克竞赛等多种赛事，并在省、市乃至全国获得了可喜的成绩，已收获国家级奖项 10 项、省级奖项 39 项、市级奖项 114 项，为学生将来升学和入职打下了良好的基础。

教师在与学生共同思考、合作中成长。涌现了一批跨界的优秀教师，获得了全国青少年电子信息智能创新大赛优秀指导教师、高校科学夏令营优秀带队教师、温州市优秀科技辅导员等荣誉，同时也在各级各类教研活动中开公开课、做讲座，起到了引领示范作用。

（3）发展性目标的实现

学校高度重视创客教育、STEAM 教育、项目化学习和人工智能教育，将其体系的构建作为学校教育教学改革的切入点，通过多年的理论研究与实践探索，构建了以"全面化、多层次、分阶段"为特征的科创特色教学体系，出台了相关制度以保障科创特色教学的健康发展。

学校逐步在科创教育领域收获了上级部门和同行的认可。多次承办各级各类青少年科创大赛、创客作品大赛、STEAM 教育研讨、通用技术课程工作会议等活动，并在会议上做典型发言、开课展示；同时也接待了来自本省、市及全国其他地区的教育部门领导和兄弟学校来校参观交流。加强对科创中心的培育，势必会给学校的特色发展带来新的契机。

抓住国家推进普通高中特色发展的契机，围绕"培育学会做人、学会做事、学会求知的优秀公民"的育人目标，学校已初步形成科创特色课程体系，成为全国 STEAM 教育种子学校、科技部中小学人工智能教育实验校、全国中小学人工智能教育特色单位、2020 年度全球项目式学习国际 StarT 奖、浙江省 STEAM 教育与项目化学习基地学校、浙江省机器人协会常务理事、温州市人工智能标杆校、温州市项目化学习示范校、温州市特色项目（项目化学习）基地校等。"启航科创中心"获评浙江省 2022 年基于学习方式变革的新型教学空间典型范例，同时被团中央授予示范类"小平科技创新实验室"。

5. 发展计划

我校师生已经在科技高中的创建中逐步走出了自己的路，下一步将关注以下方面的进一步发展：

一是科创特色课程和项目的打造与完善：在已经开发的课程基础上进一步完善和开发特色校本课程，形成学生科技创新认知的闭环，帮助他们发现自己的兴趣和潜力。

二是拓展科创学习空间的内容与范围：在"一室一坊一廊"的基础上再建设启航科创体验廊、科创公园，为更多的学生提供实践和创新的场所，营造浓厚的科创氛围。

三是科创竞赛和活动的组织与激励：定期组织科创竞赛和活动，例如科技节、科创大赛、创新大赛等，激发学生的创新精神和团队合作精神，同时也可以帮助他们展示自己的成果和才华。

四是师资力量的培养与建设：通过组织教师培训、邀请专家讲座、参加相关活动、参与团队项目、制定奖励机制等方式，培养、吸引优秀的科创教师。

五是社会资源的引进与融合：与科技企业合作，建立实践基地，为学生提供实习和实践的机会，还可以为学校争取资金支持、专业指导，协助产品制作等。

（三）案例：共享会计工场

（温州市财税会计学校　戴剑锋　杨光炜　蔡璐颖　林　倩）

1. 背景介绍

近年来，教育改革呈现信息技术与教育教学加速融合的趋势。在信息技术的普及以及数字社会的背景下，面对当前职业教育教学过程中出现的人才培养与产业企业岗位需求之间的矛盾，温州市财税会计学校立足长远，借助温州市教育"数字大脑"方案，以创建智慧校园2.0示范校为抓手，打造"信息化 + 职业教育"四大共享的"共享会计工场"项目，实现信息技术与职业教育的深度融合，达成"以学习者为中心"的全新教育生态，推进教育信息化从"融合应用"向"创新发展"高阶演进。

2. 问题诊断

一是课程内容与快速变化的岗位内容不能快速匹配。近年经济发展变化不断，国家和各地方政府陆续出台的相关政策更新迭代速度较快，而学校教材却难以实时更新，课程内容相对滞后，无法跟上时代变化的脚步，使得中职学校培养的人才无法满足企业智能型财税人才的需求。

二是资源建设与企业行业不能快速融合。职业学校专业课程资源建设局限性强，实训内容仍然围绕着传统工业企业的手工记账，资源建设还是以"学会账务处理"为主线，题库大多数是由从未有过实践上岗经验的一线专业教师生成，使得资源库建设远远落后于企业行业发展，特别是与新业态不符合。

三是人才培养与不断调整的行业需求不能快速适应。传统教学理念落后，普遍以讲授法为主，未整合相关实战化、智慧化的教学场所，缺乏专业方面的实际操作和应用能力，从而难以获得能力的发展与技能的提升。而专业课程仅基于知识本位，缺失职业特色，教学过程缺失真实情境，学生无法沉浸式学习。这样"为准则而学，为规范而做"，使得学生不善于学习，不懂得变通，难以适应知识、技术迭代更新的经济社会。

四是技能评价与大数据、数字化要求不能快速响应。传统职业教育的评价方法单一，以会计实践教学为例，校内考核基本以提交的记账凭证、账簿、报表等是否完成和结果是否正确来评定成绩，或者以试卷方式考核。这种以最终试验的结果或考试成绩作为评价实践学习效果的方法，无法考核学生在信息化环境下的会计操作能力、自主学习能力、团队合作能力，不符合"大智移云"下智能财税人才的培养方案。

产生上述问题的根本原因在于：传统教育的信息化建设不适用于新时代智慧教育的发展要求，新形势下的实际教育管理、教学应用无法适应快速发展的教学技术，从而造成了校企行三方以及教学技术开发和实际应用之间的割裂。

为解决上述问题，温州市财税会计学校以《温州市教育"数字大脑"建设实施方案（2020—2025年）》中的"以促进学生全面发展和个性化发展为核心，以信息化为引领，构建以学习者为中心的教育生态"为基本原则，以"共享会计工场"为载体，推动学校、学生、企业三方的互动交流，完善校企双主体育人机制，进一步推动和创新产教融合下专业教学的管理与方式。"共享会计工场"基本架构如图24所示。

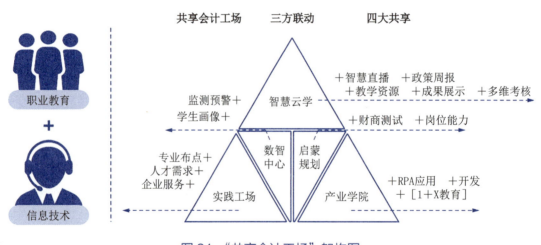

图 24 "共享会计工场"架构图

3. 主要做法

（1）构建双主体育人机制

温州市财税会计学校基于"共享会计工场"项目，创新智能时代财税类专业人才产教融合培养模式，初步实现岗、课、赛、证融合育人，为财税人才培养模式革新找到突破口。依据财税类专业的人才培养方案，对接当前财税相关岗位的人才需求，立足智能化财税的新趋势，创新地将岗、课、赛、证内容进行解构与融合，整合形成教学项目。根据行动导向，再将教学项目分为若干项难度递进的教学任务，并以"共享会计工场"为载体，实现"真数据实算、真业务实操、真岗位实践"。校企双主体育人模式如图25所示。

（2）建立多维度评价体系

通过数智中心收集大数据将学生个人信息、学业发展、综合素质、能力图谱相结合，通过

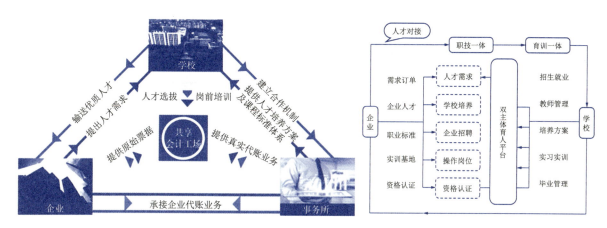

图 25　校企双主体育人模式

多元评价模块，形成学生画像，构建学生评价体系，聚焦评价核心指标，全面呈现学生优势技能、综合发展指数。破除"唯分数"评价的弊端，落实个性化教与学，分析未来可就业岗位与预警，并实现全平台共享，为企业寻求对口人才提供数据。

（3）构建信息技术与教学融合的应用场景

场景一：智慧学习应用场景

课堂教学是由教师、学生、教学内容、教学媒体者四个要素构成，学生是其中的主体，并且要由知识灌输对象、外部刺激的被动接受者转变为信息加工的主体、知识意义的主动构建者。基于此平台构建了智慧学习应用场景，并在线上导入了优质学习资源供全校学生使用。实现学科课堂教学中的信息技术与教学的深度融合。

智慧直播：为了达成以学习者为中心的全新教育生态，平台添加了"智慧直播"功能，该功能可以实现学校教室和企业场景时空互通，企业匠师带领在校学生亲历企业实际操作全过程，并进行现场连线对话与之互动，让企业匠师直接为在校学生答疑解惑，实现职业教育"一生双师"。

线上资源：平台中拥有政策周报、匠师课堂、智能财税、在线考核等丰厚的资源内容，教师引导学生通过平台检索涉税政策，收集形成周报进行内容研学，打破中职教材"用过去的知识教现在的学生去解决将来的事情"的不足，养成及时关注最新税收政策的习惯。学生还可通过"财商测试"检验自身的岗位素养；通过"在线考核"功能对标行业、企业检验标准与1+X考证要求。以赛促教、以赛促学，彰显"岗课赛证"教学模式的魅力，拓展中职学生岗位职业能力。

场景二：产教融合应用场景

职业教育的基本特征是区域及学校特色、专业、生源等方面的多样性。这种多样性有效地弥补了普通教育和高等教育无法完全满足的区域产业发展需求，所以，必须充分发挥中等职业教育在区域经济社会发展中的基础性作用。本项目促进产教深度融合，在人才培养模式上、"三教"（教师、教法、教材）改革上、校企合作课程开发上紧紧围绕着"共享会计工场"，实现"情境、实境、职境""三境"育人，构建全要素、多维度、高效益的智能化育人模式。产教协调技术路线如图 26 所示。

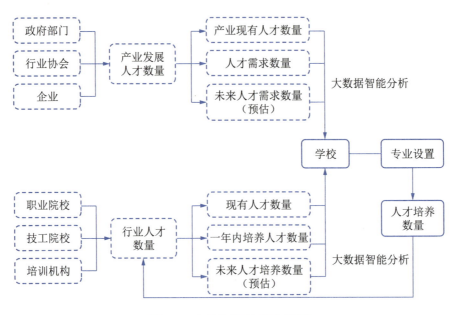

图 26 产教协调技术路线图

实践工场：为了让学生能够更加真实地感受会计的实际工作内容，平台打造了专门服务企业、对接人才的应用模块——"实践工场"。学生可以在上面通过接触企业实际业务（包括代理记账、纳税申报等），将知识技能转化为服务企业的能力，实现"真实学习、真实成长、真实服务"，从而培养适应小微企业需求的财税应用型人才。目前该校已经与四家会计师事务所合作，为一个行业协会服务，并承担了多家企业的代理记账。

4. 成效与成果

基于"共享会计工场"，构建财税专业人才产教融合培养模式，初步实现商科实践项目化落地，服务地方经济发展，推动师生多元化协同发展。

（1）创新商科技能教学项目化落地新模式

依托"共享会计工场"项目，以"真数据实算、真业务实操、真岗位实践"促进学生沉浸式学习，打造 18 个典型工作域、91 个典型业务，从企业成立到破产清算，联动智慧教学手段，有效将传统专业教学转为真实岗位教学，推动商科技能教学项目化实践成功落地。

（2）打造财会专业服务地方经济发展新样态

RPA 财务机器人和实践工场，提升了学生的技能水平。同时，学生还可以通过为机器人编制程序，让其为不同类型的企业进行记账服务，既提高了处理实践业务的效率，又生成了财税智能化时代的社会服务新样态。该校发挥职业教育优势，通过代理记账、办讲座、组织技能培训等形式服务于小微企业和乡村振兴，降低企业运营成本，助力共富。

（3）开拓师生多元化协同发展新途径

基于"共享会计工场"，教师团队通过项目化教学实践，特别是"一课多师"，促进了"核心互补式"教学团队中教师的共同成长。教师将理论与实践紧密结合，成为"上了讲台能当老师、进了企业能做财务"，富于"工匠精神"和创新能力的新一代教师。"共享会计工场"丰富的教学资源和智能教学手段又让学生综合素养全面提升，学生学业评测结果显示，学生政策解读和汇算申报的精准度明显增长。1+X证书考核的通过率和优秀率均居全国前20%。师生技能大赛全面开花，成绩斐然，特别是2022年8月份，该校学生拿到了"一带一路"暨金砖国家技能发展与技术创新大赛的一等奖，已走在新业态前端。

5. 未来展望

《教育信息化2.0行动计划》提出了教育信息化发展的三个主要方向，分别是"从教育专用资源向教育大资源转变、从提升师生信息技术应用向全面提升其信息素养转变、从融合应用向创新发展转变"。而产教融合信息化发展过程中，教育资源的共享、校企联合培养以及校企创新融合发展，正是"教育信息化2.0"的具体体现。温州市财税会计学校将继续以深化产教融合和智慧教学环境为目标，以服务学生终身可持续发展、服务地方经济发展为特色，继续完善"共享会计工场"项目的建设，努力打造一个"理性、开放、温暖、未来"的财经商贸专业"数字大脑"。

（四）案例：向未来打造的智慧幼儿园

（乐清市机关幼儿园　张新琴　万婉倩　陈慧慧　阮茜茜　陈浩茹）

1. 背景介绍

乐清市机关幼儿园（以下简称"机幼"），创办于1956年，先后获得了浙江省一级幼儿园、浙江省现代化学校、浙江省绿色学校、浙江省卫生先进单位等20多项荣誉。幼儿园本着"做阳光智慧和谐的幼儿教育"的教育理念，培养"健康阳光、自信友善、伶俐智慧、审美创造"的自主儿童。

2020年9月，机幼加入温州"三朵云"（云管家、云慧玩、云呵护）智慧幼儿园这一队伍。与此同时，机幼也是温州市"三朵云"前期平台筛选与考察小组的成员。因此，在实践中，机幼秉承"先行、突破与创新"理念，通过"头脑风暴共探策略""创用平台抱团成长"的双轨道行进方式，从"个别班级、人员实践"到"专人负责园区实践"再到"集团园推进"，最后

"依托平台创造性开发使用"来不断完善与循序推进"三朵云"的全面应用。

通过近两年的智慧行，机幼在保健工作、保育实施、保教资源、后勤保障等方面都实现了智能化管理，同时也为未来教育窗口园的打造助力。

2. 主要目标

（1）借助"三朵云"实现智慧幼儿园

基于大数据背景，以"保、教、管"等核心任务为主线，旨在形成以数据呈现幼儿健康数字画像、教师专业发展数字画像、校园智能管理数字画像和以"一网平台、'三朵云'多应用"为基础的信息化格局。

（2）借助 PDCA 闭环管理实现数字化培训

以 PDCA［计划（plan）、执行（do）、检查（check）、处理（act）］的闭环管理方式实施，借助"'三朵云'＋大数据"完整体系的技术，发展机幼教师个性化培训，真正实现因数而准、因数而变、因数而驱。

（3）借助智能 App 实现云端沟通

以教师、家长、幼儿三方体系生成纵向路径实施手段，教师、家长云端强强联手，双机合璧，促进幼儿智慧成长。

3. 主要做法

（1）云管家——模块统整电子档案

在"云管家"中，机幼以云果平台为依托建立省一级电子档案，将机幼等级评估工作和日常档案管理相结合，助推档案管理高效化、智能化。通过模块式统整，将电子档案云总管与云果平台一起架构，作为温州市首家整体档案的模板，为其他幼儿园的使用提供参考。

除此之外，机幼利用平台创建每位教师的个性化电子成长档案。教师按照"个人中心"目录对相关材料进行组档。通过平台记录教师过程性、个性化成长过程，从而更好地助推、支持每位教师的个性化发展。这一项目也是机幼基于自己的思考，依托现有平台的一项创新做法，让教师的成长可视可感，实现数据化管理。

（2）云慧玩——助推家园同频共育

在"云慧玩"中，教师、家长将幼儿的日常观察进行记录、评价，如图 27 所示，教师还会定期根据孩子的个体差异，发放徽章，逐步形成教师、幼儿、家长多主体评价格局。

①幼儿数字画像，多感官呈现

每个月，园所依托"云慧玩"平台的大数据统计，通过了解一位教师的观察记录总数、评价报告以及徽章发放量，可以直观地了解到各个园区、班级的评价现状。需要注意的是，园所

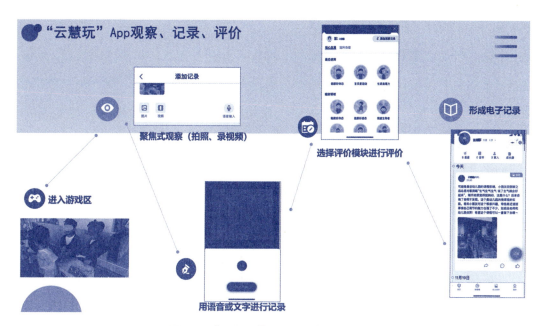

图 27 "云慧玩"App 观察记录评价

不能单纯追求评价的数量，而应真正实现以评价促进教师发展、课程发展、幼儿发展。以往的成长档案依托纸质材料做汇总，但是现在教师只要通过观察记录与评价，在"云慧玩"上可以直接形成电子成长档案，和传统的纸质档案相比，电子档案充分展示出了视、听、动多感官直观呈现的优势。图 28 为幼儿数字画像。

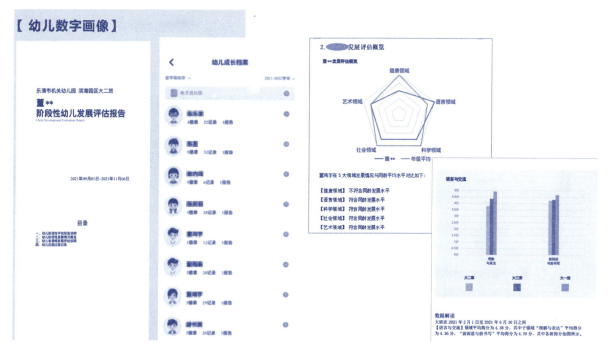

图 28 幼儿数字画像

② 五格分层教师，个性化培训

除了学生，机幼还结合自己园所教师的结构特点，有了信息化赋能团队建设的创新想法，为此组建了五格教师分层团队，试图打造符合教师个性化发展的"准、变、驱"数字化培训。构建满足不同风格教师的个性化"自选菜单"培训的新场景，打造出机幼教师个性化成长的OMO 模式（Online Merge Offline，即线上线下相融合的模式）。这样的模式在一定程度上能够实现因数而准、因数而变、因数而驱。

③ 家园云端互联，数字化沟通

疫情期间，家长和教师之间的交流大大减少，家长不能全面了解孩子的在园情况，家园链接出现断裂。基于这样的家长需求，园所教师不禁思考：对于现阶段的家园沟通形式是否需要调整和优化？于是，机幼提出了三个关键点：打破时空限制、转变合作模式、定期互动交流。

教师借助"云慧玩"中的家园联系栏，发布幼儿园活动通知，让家长有所准备；收集和提取家长上传的信息，让教师方便汇总；利用空间赋能，将教学资源进行家园共享，从而达到家园互动的目的。"云慧玩"平台将班级活动延伸到家园，让园区活动有了更大的展示空间，如图 29 所示。

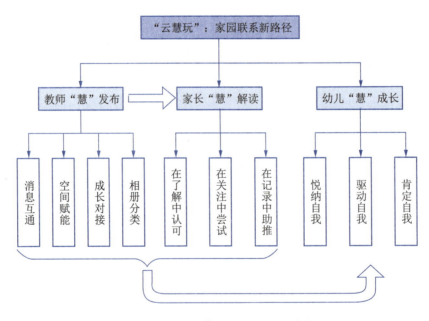

图 29 "云慧玩"：家园联系新路径

（3）云呵护——家校一体数据联动

"云呵护"是指在教育活动实施过程中，教师更聚焦如何用循数循证的视角科学开展各项活动，促进幼儿健康成长。例如，在机幼 145 名幼儿的体检报告中，有 44 位幼儿存在龋齿问题，也是本次体检中人数最多的问题，占体检总人数的 30.34%。这个数据让教师有些惊讶，也更加引发了教师深度思考，在课程审议中将"保护牙齿"作为重要的主题来开展，从班级保教、保健宣讲、幼儿饮食、家园共育等全方位进行干预活动。基于这样科学的大数据背景，教师可以更快速清晰地了解情况，更准确地发现问题，及时和科学地进行教育跟进。

4.成效与成果

机幼带着实践者敢做、敢想、敢闯的品质且行且思且长，本着自我成长与引领共享并进，不断将自己的成果与经验和幼教同行们进行分享交流。在智慧幼儿园的创建过程中，也收获满满。

（1）物化成果：创新培训模式的个性化

基于数字化教育背景，研究者遵循教师专业发展的阶段理论，着力研究信息化资源库培训模式的创建，实现了教师个性化"自选菜单"培训的选择，形成了五格教师分层递进的培训样态，构建了教师个性化培训体系，为教师架设可持续的专业支持与引领。研究者还运用二维码等信息化手段出版了《智慧口袋书》，并成功申请了专利。

（2）教师硕果：实现教师发展的可视化

配合温州市贯彻、实施"未来教师"的要求，机幼以"德才双优型"教师为发展方向，践行"为未来而教"的培训理念，着力研究解决"教师培训个性化、培训选择自主化"，促进不同层次教师的个性化成长。通过两年的培训，研究初见成效，机幼教师在各个方面均取得了可视化的进步与发展：相关课题获得浙江省一等奖，《智慧口袋书》获得国家专利，相关的其他课题、案例也先后在省、市级立项、参评。

（3）辐射效果：应用推广模式的生态化

基于教育生态和学习共同体建设理论，机幼着力研究"发展共同体与平台建设"，构建"三朵云"交互的智能网络与平台，创建培训生态系统，改善教师专业成长的生态土壤，为成为具有职业幸福感和使命感的教师铺路搭桥。同时，积极推广研究成果，多次开展分享讲座，加快实现区域教师培训个性化、"三朵云"智慧幼儿园创建的共同发展愿景。

5.发展计划

借助"三朵云"实现"向未来打造"的智慧幼儿园，按照园所管理、保教实施、卫生保健、家园社区四个方面的工作需求，建立云呵护、云慧玩、云管家"三朵云"大数据。接下来，机幼将逐步完善园所独有的"智慧教室"项目——打造集教育、教学、数据大中心、录播直播于一体的现代化教室。基于互联网技术，集智慧教学、环境智慧调节、资源搜索、录播直播等于一体的新型现代化智慧教室系统正在逐步推广运用，从而让现代化教育手段真正为孩子们服务。

二、探索智慧化创新型课堂教学模式

（一）发展综述

智慧课堂是当下研究的热词，它是一种基于多智能体系统范式的流行课堂。智慧课堂将环境智能引入教育过程，运用了算法、增强现实和虚拟现实的优势，帮助分析学生的学习过程，使课堂更加智能化。随着智慧教育的普及，与之相匹配的课堂教学模式应运而生。智慧化课堂教学模式将智慧课堂中的人（教师、学生）与技术有机关联，它区别于传统课堂教学模式，以学生智慧发展为旨趣，关注智能化技术对学生智慧发展的促进与增强作用，致力于构建理想形态的智慧课堂[①]，用智慧推动教学模式创新。实现教学决策数据化、评价反馈即时化、交流互动立体化、资源推送智能化，创设有利于协作交流和意义建构的学习环境，通过智慧的教与学，促进全体学生实现符合个性化成长规律的智慧发展。

早在 2001 年，教育智慧与智慧教育已经成为热点，推动了以教学系统为主导的智慧课堂的发展[②]，从教学的视角关注到了教学设计、教学活动、教学实践的实施。2018 年教育部印发的《教育信息化 2.0 行动计划》，正式提出"智慧教育创新发展行动"，由此可看出智慧教育发展的基础是智能化的系统与设备，要在新技术的支持下积极开展智慧课堂创新教学模式的研究和示范[③]。当下各学者积极投入智慧化创新型课堂教学模式的研究，在智能技术支持下实现线上与线下、课内与课外、虚拟与现实的全过程、全场景教学应用，形成了智慧课堂教学的生态体系[④]。

温州市历来重视智慧化课堂教学模式的构建，这不仅体现在教学资源，还包括教学目标、教学活动、教学资源、教学评价等模块。在探索智慧化创新型课堂教学模式方面，温州市也进行了深入的探索与实践，在构建智慧化的课堂教学模式上取得了显著的成效。温州市学生实践学校作为国家级综合实践示范性教育基地，自 2020 年初以来，就开始实施构建"融·创"劳动教育数据课堂实践与研究，现已形成了具有"5 个新"（新认识、新载体、新方法、新技术、新融合）特色的课程基本体系，形成了信息化劳动教育课堂新样态，打造了具有温州文化辨识

① 于颖，陈文文. 智慧课堂教学模式的进阶式发展探析［J］. 中国电化教育，2018（11）：126-132.
② 刘军. 智慧课堂："互联网+"时代未来学校课堂发展新路向［J］. 中国电化教育，2017（7）：14-19.
③ 王兴宇. 活动理论视角下的智慧课堂教学模式研究［J］. 中国电化教育，2020（4）：118-124.
④ 刘邦奇，李新义，袁婷婷，等. 基于智慧课堂的学科教学模式创新与应用研究［J］. 电化教育研究，2019，40（4）：85-91.

度、展现瓯越特色的劳动教育新版本。温州市机关第二幼儿园针对智慧幼儿园创建过程中的教育困点、痛点和难点，破除一校多平台，将"三朵云"（云呵护、云慧玩、云管家）串联融合，打造幼儿园一体化智慧共育平台——"家园掌中宝"，探索多元化的应用场景，实现资源平台、管理平台等数据库的互联互通、衔接和开放，有效助力数据驱动的教育管理机制，助推教育治理水平提升。瓯海区实验小学集团学校，针对如何促进信息技术与课堂教学深度融合、改进教学模式、提高教学效率的问题，从软硬件入手，开发了云学堂平台，构建了两种稳定的教学网络组网方式，形成了基于云学堂的小学数学精准化教学基本参考模式，设计了 6 条项目推进措施。温州市龙湾区第二外国语小学在钉钉云校园、三三云学堂、向上网三个平台的基础上，将新知、检测、旧知连成一体，形成"'三平台'融合式"在线复习模式，推动优缺点互补，共筑学习金字塔，开展小学毕业班的科学复习。温州市第十四中学为解决传统课堂观察难以对智慧课堂进行全面精准的教研分析的问题，运用视频分析法，对语文项目化学习"访学东欧"视频进行编码和分析，探究在智慧课堂中初中语文课堂教学交互行为特征，运用大数据促进学校项目教学改进与变革。

（二）案例：实践基地劳动教育"融·创"数据课堂构建方案

（温州市学生实践学校　叶超程　周晓远　张孙海）

1. 背景介绍

温州市学生实践学校作为国家级综合实践示范性教育基地，自 2020 年初以来，就开始实施构建"融·创"劳动教育数据课堂实践与研究。如今，该项目经过改革创新、迭代升级，已形成了具有"5 个新"（新认识、新载体、新方法、新技术、新融合）特色的课程基本体系，提高了教学效率，促进了教学评价，让即时性、个性化的劳动实践教育评价成为可能，形成信息化劳动教育课堂新样态，打造了具有温州文化辨识度、展现瓯越特色的劳动教育新版本，教育教学影响面辐射全省大中小学生。这些努力不仅给综合实践活动交了一份与时俱进的"育人答卷"，也为新时代实施新样态劳动教育提供了参考案例。

2. 主要目标

温州市学生实践学校"融·创"课程目标靶向是借助信息化手段，探寻不同学科间的内在联系，以"问题"发现为探索起点，以"问题"解决为主要目标。学生积极借用信息化手段在"自我探索、自我管理、自我展示"中认识自我；在"文化理解、社会参与、人际沟通"中感受人文教育，从文本中来到生活中去，融入社会；在"环境保护、安全防护、珍爱生命"中关注自然，尊重自然；在"提出问题、分析问题、解决问题"过程中将学科内容、学科思维与现实问题有机结合，从而打破多学科内容壁垒，将知识学习融入问题解决的情景，最终开辟学科

"内连外通"的道路。

3. 主要做法

温州市学生实践学校认为，当下的中小学劳动教育中普遍存在着四个痛点：选课问题、体验问题、评价问题和课堂的延伸问题。实践基地劳动教育课程要围绕解决这四个痛点开展、实施。

第一，补齐学生到基地参加劳动实践教育时不能自主选课的短板，重视学习自主性。以往的实践劳动教育都是以原有的行政班级为单位上课，不管学生意愿如何，都是一个分配式、既定的课堂模式与内容。温州市学生实践学校启用了自己研发的数据平台，包含了劳动唤醒和自我认识、生涯决策和生涯管理、认识教育与学科及职业探索三个课程群，赋予了学生劳动教育的选择权和自主权，即"我的课堂我做主，我的学习我选择"。课程自应用以来，得到了广大学生、教师、家长的欢迎。众多的实践场景也证明，学生只有选择自己喜欢的课程，才会在劳动实践具体项目中投入和专注。学校创新改革成功，主要是因为尊重学生的兴趣与选择，体现自主性。

第二，补齐学生的体验感不足的短板，强调课堂深度融合。以往学生完成一个劳动实践项目的目标任务之后，仅对其外观、形状等进行简要分析、说明、评价。而以"智慧农场"为例进行分析、改进后，在整个劳动实践的过程中，配备了大量的温度、湿度等传感器，使得真实数据能够及时、有效地生成，促进学生在课堂演示、探究过程中，不再只关注外观形象或外在因素，而是进行实在的、真实情境下的数据化分析，数量性的体验，以及基于数字的分析评价（包括但不限于自我评价、同伴评价、教师评价等）。改进后的课例是多类型的基于数据分析条件下的沉浸式劳动教育的一种样式，学生可以独具个性地对包括传感器、无线投屏、计算机编程的综合实践数据进行采集、分析和应用。

第三，补齐评价不全的短板，重视过程性评价。传统教育模式中，虽然学校占地面积较大，仅自然园区就有约10万平方米（150亩）林地与绿地，但学生的劳动教育体验还是基于原来的直观感受与纸质数据的记录。而现在是数字化、自动化的数据记录和分析应用，主要是基于信息技术和过程性评价的多维、深度整合，从而达成了对学生劳动教育个体的个性化、发展性评价。以"未来农场"劳动实践教育为例，一旦有物联网数据生成，不同的学生就有了多样化的比对和分析结果。教育实践中就会自然出现基于不同学生个体、不同学习小组和针对不同劳动过程的生成性数据，当然也会有不同的分析与评价结果。这些不同的评价对授课教师来讲，也是生成性的全新课程资源。教师基于这些生成性课程资源，可以做评价基础之上的再评价等深层教育教学活动，能有效提升劳动教育个性化运作的内涵与价值。

第四，补齐劳动教育实施如何有效延伸的短板，强调教与学的创新。主要破解之道是利用信息化的手段，打造"无边界"课堂。在劳动教育系列项目当中，持续优化植被智能管理系统、鱼缸智能管理系统、远程控制系统、鱼菜共生系统等多种数字化、信息化的智能教育设备与场域。在以往的三天两夜、四天三夜、两天一夜的研学劳动实践教育活动中，一旦学生劳动结束返家之后，其实践、活动、体验、交流就随之结束了。但现在，通过信息媒体终端、手机 App 等信息化技术媒介，学生即使回家以后，其制作的、运用的、体验的劳动运作系统与成果，仍然能够通过手机终端进行远程实践监控，如加水施肥、增加补给，乃至同伴交流等。所以这种智能化的初步探索，可以打造开阔的"无边界"课堂，体现了大数据课堂的智慧特色。

4. 成效与成果

（1）让学生感受"数据说话"，脱离往昔"单调说教"

自"融·创"劳动教育数据课堂实施以来，学生乐于借助信息化手段沉浸式地参与学习。2021 年，共有 9.2 万名学生进入了温州市学生实践学校的"融·创"劳动教育数据课堂。在"融·创"劳动教育数据课堂上，学生更加重视在课堂中自身知识的积累和实践操作能力的提升，学会应用技术手段对学习过程进行有效的评价，提高了自身创新性和批判性思维能力。以校内航天航空馆的飞机风洞实验室的活动场景为例：学生可以通过制作飞机模型、现场检测等活动，借助实验室电脑现场生成的很多速度、加速度、平衡性、协调性之类的评价数据，随机开展纠偏或优化科技劳动，避免教师表面的、单一的说教指导，近距离培养"小科学家、小工程师"的主人翁意识与探索意识，提升成就感。

（2）让教师打造"智慧空间"，推进全新"馆课变革"

第一，打造"融·创"特色的劳动实践场馆，推动学生成长。近年来，教师积极投身打造了 40 个现代化、智慧化的教学功能室，15 个 300—800 平方米的功能场馆。如"未来农场"教室，该空间是融教学实践区、多媒体运用区、农场展示区、辅助工具区、辅助编程区、分享交流区为一体的综合性、立体化交互空间。在这种智慧化的实践空间中，教师的教学流程更加便捷、教学交互更加充分、教学容量更加充足、学生个体更易被覆盖，真正达成"课程场馆化、场馆课程化"的良性互动效果。在这种学生的学习主体地位得以凸显、活动积极性得以激发，活动便利性触手可及的场景中，学生在实践教育中的动手意识、参与意识、主体意识、合作意识等各类主观能动性乃至高阶思维，都可不断得以培养和优化。

第二，打造"融·创"特色的劳动实践课程，促进教师发展。在劳动教育智慧空间的建设中，借助信息化教育技术手段的辅佐与便利，研究"融·创"背景下的课程开发成为大多数教师的一种文化自觉。近两年，教师共开发了 60 多个"融·创"劳动教育系列课程，由相关出版社正式出版了《中小学综合实践活动课程精编》和《温州劳动实践教育课程之基地样本》两本课程教材。在开发课程的过程中，实践学校教师更加主动地学习信息化教学技能，研究信息化教育课题，交流研磨信息技术融于劳动教育课堂成为学校教研常态，促使学校教师走在温州实践基地"一岗多能""专兼结合""跨科融合"等特色教师团队打造的前列，提升了教师的专业素养，促进了教师的专业发展，展现了基地教师特有的专业风采。

（3）让学校创设"领航模式"，打开示范"创新格局"

在构建"融·创"劳动教育数据课堂的发展道路上，学校教师积极参与案例深化、研教同步、总结经验、精选典型、推广课堂等活动，将学校教育数据化和管理信息化方式、方法有机整合，有效地推进了"智慧校园"的建设，让学校在全国中小学劳动实践教育界具有了一定知名度。学校教师在全国、省、市三级各类教育教学、素养评比、典型交流和学术讲座等活动中，获奖和认证人次均位于浙江省同类单位的前列。由于学校对科创与教育技术应用于劳动教育的重视以及实绩突出，被评定为"全国科普教育基地"等教育样板，为劳动实践教育教学改革创新提供了温州智慧和样本。

5. 发展计划

"融·创"劳动教育数据课堂的构建既是教育理念的转变，也是教育行为的变革。学校要重视挖掘劳动自身所蕴含的教育价值，要将技术与创新融合于劳动教育领域，丰富劳动教育和个性化教育资源，拓宽融合空间，引导学生积极投入各类劳动实践，将劳动行为转化为技能、将劳动意识转化为态度、将劳动实践转化为习惯。为每个孩子的生命绽放赋能，引领每一位学子成长为最好的自己，让基地学校成为星光灿烂的地方。

下一阶段，学校将聚焦"共建、共享、共进"的核心目标，确定一个联盟中心，共建两个教育空间，共享三项技术措施，通过资源融合 + 在线教育、"点对点 + 面对面"线上教科研、"一师一优课，一课一名师""一库一码一屏"劳育数字大脑、"1+X+Y"联盟模式等创新工作举措，持续打造、引领温州相关县（市、区）中心基地成立数字课程资源开发联盟，打造全国有影响力、有示范价值，能够凝聚共识、统筹管理、分类指导、合作交流、资源共享的新时代劳动教育信息化领航学校共同体，并将具有瓯越文化特色标识的劳动实践教育样本创设成范本。

（三）案例："家园掌中宝"——幼儿园一体化智慧共育平台的开发和应用

（温州市机关第二幼儿园　朱俏俏　黄薇君　黄瑶熙　颜　妍　叶思丹）

1. 背景介绍

互联网技术的高速发展，使校园信息化工作成为服务教师、服务教学、服务家长、服务管理的重要途径。随着幼儿园信息化工作的不断推进，智慧幼儿园创建的诸多问题开始呈现。针对智慧幼儿园创建过程中的教育困点、痛点和难点，温州市机关第二幼儿园积极响应温州市学前教育中心数字化改革"三朵云"课改项目，破除一校多平台，将"三朵云"（云呵护、云慧玩、云管家）串联融合，打造幼儿园一体化智慧共育平台——"家园掌中宝"，探索多元化的应用场景，实现资源平台、管理平台等数据库的互联互通、衔接和开放，有效助力数据驱动的教育管理机制，助推教育治理水平提升。其实践图景如图 30 所示。

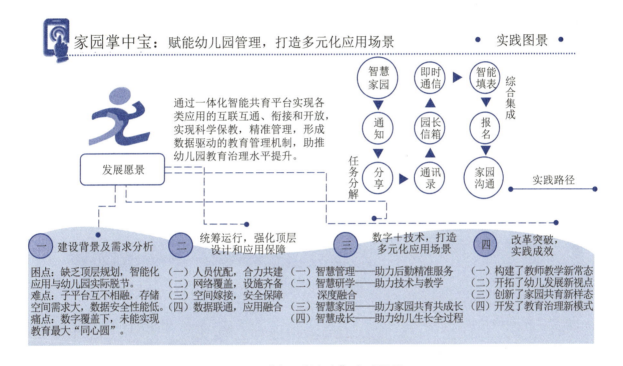

图30 "家园掌中宝"实践图景

2. 主要目标

（1）信息整合化：打造融各类服务为一体的幼儿园智慧共育平台，实现各类子平台的互联互通、衔接和开放，为教师、幼儿、家长提供智能开放的教育教学环境，形成高效率的信息化管理应用和机制。

（2）场景可视化：以幼儿园"保、教、管"等核心任务为主线，开发智慧管理、智慧研学、智慧家园、智慧成长等多元化应用场景，满足保教实施和教师行为的调整改进，提高保教质量。

（3）管理联动化：探索数据驱动的幼儿园管理新模式，提升管理层对数字技术的判断、调整、应用、服务等能力，提升教师数字素养，促进幼儿园教育治理能力的提升。

3. 主要做法

（1）统筹运行，强化顶层设计和应用保障

第一，人员优配，合力共建。智慧幼儿园创建需要合理规划顶层设计，将信息技术与幼儿园管理、教育深度融合。温州市机关第二幼儿园加强信息化意识和创新意识，加大资金投入，优配人员。幼儿园管理层、上级行政部门、技术公司等多方协商讨论，全面负责幼儿园智慧创建工作及重要环节节点，共同规划制定行动方案。

第二，网络覆盖，设施齐备。网络基础设施是幼儿园设备能够接入互联网和常态化教育教学与管理的保障。目前以 5G 网络基础设施辅助增强园所获取信息与服务的能力。此外，温州市机关第二幼儿园还配备了相应的终端设备，包括一体机、电子白板、电脑、晨检机器人、运动手环等基础设施设备，其网络拓扑图如图 31 所示。

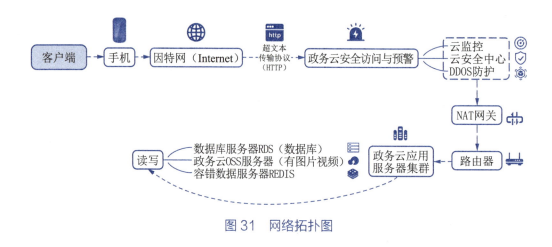

图 31　网络拓扑图

第三，空间嫁接，安全保障。政府主导建设的公共服务体系，能对各类应用继续监督和管理，同时可以吸纳更多的满足幼儿园需求的服务应用。温州市机关第二幼儿园将智慧幼儿园建设平台嫁接政府公共服务体系，有可靠的安全保障，又有超强的网络学习空间，实现各应用间的互联互通、共享服务、网络安全监督。

第四，数据联通，应用融合。智慧幼儿园不是单独建设一个平台，而是能实现所有系统的统一调度和控制，温州市机关第二幼儿园借助专业技术公司，统一应用主平台——"家园掌中宝"，所有子平台可随时链接到主平台的共享数据库，共享数据库实现分散在各平台系统数据库中的数据的整合、交换、共享，实现平台各应用之间以及外围系统的统一数据及信息交换。主平台融合各种子平台应用，收集所有教育数据、管理数据、科研数据、教学数据并进行分析，形成高效率的信息化管理应用和机制。

（2）数字 + 技术，打造多元化应用场景

第一，智慧管理——助力后勤精准服务。智慧管理模块包含电子档案馆、考勤、后勤、安防卫生四个场景。主要实现对幼儿园持续的原始档案资料的巡数管理，全程全面记录幼儿园的发展过程，以及实现当下幼儿园管理中的智慧安防、智能巡检、考评管理、物资管理、维修管理和巡班管理等内容的全面监测、分析、统计和掌控。智慧管理使整个幼儿园管理更加透明，

服务更加便捷化、精准化。

第二，智慧研学——助力技术与教学深度融合。智慧研学模块包含观察评价、教师支持、教师成长导航、云资源库四个应用子场景。通过导航工具人智能提取教师发展的实际需求，实现教师对各个阶段自我成长的精准规划和管理，助推教师可持续发展；通过智能化的观察评估工具，精准识别幼儿的行为，优化教育过程，同时，联合课程版权方、学前教育领域专家共同创设专家库，为教师的专业能力提升赋能。

第三，智慧家园——助力家园共育共成长。智慧家园模块包含家园沟通、家庭时光、育儿支持三个场景。实现家园信息有效互通和家园深度合作，支持与园长、教师一对一或一对 N 的多边沟通，生成良好的家园互通的"班级生态圈"，同时，平台定期智能推送分龄分月的科学育儿理念，卫生保健知识，绘本推荐等，打破了家园沟通壁垒，更便捷、深层次助力后疫情时代的家园共育和家园合作，幼儿、教师、家长共学共成长。

第四，智慧成长——助力幼儿生长全过程。智慧成长模块包含智慧晨检、体制管理、特殊关爱、幼儿成长档案。实现教师、家长和保健医生对幼儿在园时光和家庭时光的记录整合，按照时间或主题脉络的顺序，智能排版记录，自动生成文字、图片、语音、视频等形式的成长档案，呈现幼儿阶段性的成长轨迹，完整记录、跟踪、回溯每一位幼儿的基本资料、身体状况、行为表现、健康状态，生成学期综合评价和幼儿健康生长图，让幼儿的成长与发展看得见。

4. 成效与成果

（1）构建了教师教学新常态

数字改革下的教师教学从传统线下教学走向了"线上 + 线下"的融合教学，智能化的幼儿观察评价、双向多边的家园零距离沟通、信息赋能的专业成长，成为教育教学中的新常态，助推教师成为新型的教育工作者。

（2）开拓了幼儿发展新视点

一体化平台融合了幼儿生长过程的全方位数据，纵向、横向地展现幼儿的发展情况，将幼儿发展进程可视化，为教师、家长、幼儿园提供了幼儿全面发展的新支架和新视点。同时，平台为家长和教师提供了科学生动的建议、策略和理论支撑，为幼儿全面发展和持续教育过程提供了科学、全面的理论依据和保障。

（3）创新了家园共育新样态

一体化平台创新了家园互动方式，清晰、透明的幼儿园管理以及全方位的呈现方式，打破了幼儿园和家长的沟通壁垒，幼儿园的课程、教师教育过程、幼儿深度发展的可视化呈现，满足了家长的深度情感诉求，让家长积极主动参与到幼儿的成长过程中，参与到幼儿园课程共建当中，形成了积极、有活力、有韧性的家园共育新样态。

（4）开发了教育治理新模式

一体化平台的创建，促进了教育信息化从融合应用向创新发展的演进，推动了改进教学、优化管理、提升绩效，增强了幼儿园领导和中层干部基于数字技术的综合判断、高效调整、灵活应用、精细服务等方面的能力，完善了学校教育治理体系，提升了学校教育综合治理能力。

5. 发展计划

（1）多方协同，保证智慧创建稳定、科学、可持续地推进

智慧幼儿园的创建不是一蹴而就的，需要分阶段推进，更需要大量人力、物力、财力的投入。幼儿园应与上级行政部门、教育部门等多部门协同商议，统筹安排规划，保证幼儿园智慧创建稳定、科学、可持续地推进。

（2）立足园所文化，创新应用，助推幼儿园个性化发展

基于幼儿园文化和教师、家长的需求创新应用，智慧呈现幼儿园特色，解决本园教育教学的痛点和难点，开发个性化智慧创建项目，让幼儿园智慧创建呈现多样化场景，助推幼儿园全方位、个性化发展。

（四）案例：每一个孩子都会被看见——基于云学堂的小学数学精准化教学实践与研究

（瓯海区实验小学集团学校　张　兵　赵成木　陈建云　蔡徐漪　王　矛）

1. 背景介绍

（1）教育信息化正从 1.0 时代走向 2.0 时代

《教育信息化 2.0 行动计划》明确提出要"持续推动信息技术与教育深度融合"，"促进教育信息化从融合应用向创新发展的高阶演进，信息技术和智能技术深度融入教育全过程，推动改进教学、优化管理、提升绩效"。2019 年，中共中央、国务院发布《中国教育现代化 2035》，进一步要求"加快信息化时代教育变革"。

（2）新课标下的数学课堂凸显学生主体地位

在传统数学课堂中，教师凭借已有的感觉和经验来分析学情和开展教学，不能准确地把握每一位学生的情况，造成部分学生重复学习相同的内容，影响了课堂教学效率。而新课标下的数学课堂以学生为中心，有较大的开放性和自主性。在这一背景下，学生带着自己已有的知识、经验参与课堂教学活动，使课堂变得更加丰富、多变。这也需要教师精确把握学生的学情，进行精准化教学。

（3）云学堂平台（随身课堂 2.0）教学项目纳入区级重点推进项目

云学堂平台是区级部署，并在瓯海区实验小学集团学校重点推进的教学应用平台。在项目

推进过程中，享受资源适当倾斜，利于平台的落地生根。

（4）线下 iPad 课堂的教学研究成果初有成效

经过几年的线下 iPad 课堂（随身课堂 1.0）的教学实践研究，学校搭建了用于 iPad 教学的硬件环境和软件平台，完成各学科微课 600 多节，其中数学微课 150 多节，线下教学初有成效。但随身课堂 1.0 缺少对数据的分析教学，因此瓯海区实验小学集团学校借助云学堂平台，在小学数学组中，开展基于大数据的小学数学精准教学。

2. 主要目标

学校期望借助云学堂平台，开展基于大数据分析的小学精准教学实践，推进信息技术与课堂教学的深度融合，实现全方位数据采集和精准应用，推动数据驱动的精准教学和评价，培养教师数字素养与能力，大幅提升学校教育教学质量。

3. 主要做法

如何使技术与课堂深度融合，采集学生数据，用好数据，让数据说话，达到精准定位每一个孩子，让每一个孩子都会被看见呢？

（1）开发云学堂平台，搭建课堂教学网络环境，打造精准化教学稳定环境

第一，升级软件平台——数据的收集与处理中心。云学堂平台是区级部署引进的平台，具有共性，学校的个性化使用需求无法满足。因此，在原有基础上，根据学校需求，对平台进行了升级改进，从学生端、教师端、管理端分别提出了不同的要求。平台经过升级改造，基本能满足学校开展各个项目的需求，实现对课前、课中、课后等学生数据的统计分析。

第二，改善硬件环境——数据收集的基本保障。基于网络的课堂教学，网络环境至关重要，网络的稳定性直接影响课堂教学的效率。云学堂平台是基于教师电脑和学生平板在同一个网段下实现的交互式教学活动，根据这一硬性要求，学校在现有教室一体机和网络的基础上，从网络数据交换路线入手，或添加设备，或改变线路，先后经历多种组网方式，最终确定了以下两种比较稳定的组网方式：

一是主机有线（千兆）+ 独立内部 IP 方式。教师电脑、学生平板分别以有线和无线方式连接网件 510AP，数据交换都在 510AP 上完成，缩短数据交换路径，形成稳定环境。

二是主机有线（千兆）+ 开放不认证双 AP 不同信号方式 + 单独使用 POE 交换机。通过两个不同的 Wi-Fi 信号，确保两个 AP 分别负责班级一半的 iPad，减轻 AP 负载压力，数据直接通过专用 POE 交换机与教师主机进行交换，快速直接。

（2）应用云学堂平台，开展课堂教学研究，形成数学精准化教学基本参考模式

课堂是云学堂的主阵地，从某种程度上说，课堂教学的状况决定着学校的教学质量和教育品位。为了切实提高课堂教学的有效性，推动精准化教学的实施落地，瓯海区实验小学集团学校分两个层面实践跟进。

层面一：精准应用，构建数学精准化教学基本参考模式

从数学学科出发，形成基于课前、课中、课后的数学学科基本参考模式，如图 32 所示。从课前、课中、课后三个部分采集学生学习的数据，并进行分析、汇总，形成学生个性能力分析图、学生错题本等。教师根据数据分析结果，进行教学设计，改进教学策略，分层布置推送作业。学生根据个人数据分析情况，选择性进行复习与自我提升。具体来说，课前：学生学习微课，进行新知测试，形成前测数据分析图，教学根据分析图进行教学设计；课中：借助云学堂平台直接截图出题，现场反馈，错题入错题本。同时录制重难点微课，并上传到平台；课后：观看课中录制微课，解决错题本中的错题，再进行课后试题巩固测验，根据测验结果反馈，自主选择是否需要教师参考指导。

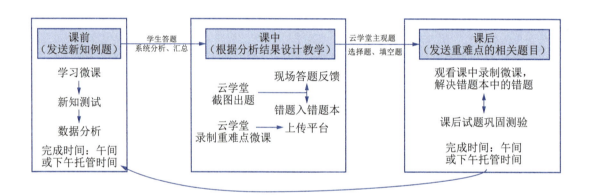

图 32　数学精准化教学基本参考模式

一是精准反馈，统计每一个学生的答题结果。在课堂中，通过平台教师将题目截图，根据题目类型，按选择题、填空题、是非题、主观题等形式直接发送，或者课前编辑好电子题发送给学生。客观题类型系统会自动统计学生答题情况，教师根据学生的回答进行现场点评、反馈。如，在数学四年级下册第四单元复习课中，教师将第四单元知识点以多个单选题形式发给学生，学生端答题完成并提交后，平台会自动形成学生练习的反馈图，清楚显示各个答案所占的比例，哪些学生选择了什么答案。

二是精准收集，记录每一个学生的思维过程。知其然，知其所以然，理解才会真正发生。学习结果固然很重要，但学习过程中恰恰深藏着学习的精髓。然而，学习过程中的思维活动具有很强的隐蔽性，教师通过学习结果的反推与学生的事后自我审查，都不一定能准确反映思维过程。云学堂智慧教学在这方面做了较好突破。如，在数学二年级下册"推理2——填数游戏"学生练习环节，传统课堂上，教师只能看到学生答题的结果，无法清晰地让学生明白为什么做错了；而通过慧课平台，每一个学生的操作过程都会被记录下来，教师在解决问题时，直接回放，展现学生答题的整个过程，让学生明白为什么做错了。

三是精准交流，激发每一个学生的学习动力。通过云学堂平台收集的数据，教师将存在问题的作品以笔记形式推送给学生。有则改之，无则加勉。学生只需选择课堂笔记进行查看，并将自己的想法直接记录在上面。这使得所有学生都获得了教授他人学习的机会。如，在数学二年级下册"万以内数的大小比较"学生纠错环节，教师在对万以内数做大小比较时，课件展示了四台不同价格的电视机，让学生随机挑选其中两台电视机价格进行比较。首先教师将题目以主观题形式发送给学生，待平台收集学生的答题情况。教师随机挑选了一位答错的学生，通常做法是请学生起来改正，这样只能展示一个或几个学生。而现在教师再将该错题以笔记形式发还给学生，让每一个学生都能改一改，答错的学生会想着怎么去改正，会的学生会直接改正。改完后，教师通过实时点评功能将学生答题情况一一展示，这样使每一个学生都有机会去展示自己的成果。

四是精准评价，形成每一个学生的数字画像。基于数据提供可视化的评价信息服务，实现多维度的学业成绩分析、个人成长分析，以清晰、直观的图表形式显示统计结果。

层面二：实践研究，推进云学堂项目的落地

一是厉兵秣马，培训先行。常言道："兵马未动，粮草先行。"云学堂项目的教师培训之路开始于课堂教学实践之前。瓯海区实验小学集团学校教师工作量大，新知识的培训需要一定的时间，必然会增加教师的工作量，同时还要保证问题解决的快速有效性。为此，采用公司培训、学校培训相结合，以网络培训、小组培训、录制视频自学的形式进行，既保证了培训的有效性，也保证了培训的及时性。

二是多科并举，数学为主。云学堂的课堂是以数据为基础的，纵观各个学科，在课堂教学中，数学学科对数据的采集、分析最为频繁，因此，首选数学学科作为试点学科，以试点教师所在班级为试点班级，同班级其他学科教师自愿加入试点教学。

三是每周一课，常态开展。一种新技术、一个新平台的使用，往往需要一个熟悉的过程，只留在层面上的熟悉，而没有实践的积累，往往在课堂中会措手不及，平台的介入成为课堂的累赘。每周一课，常态开展，引导教师自觉主动地设计融入平台的教学，在使用中积累平台使用的经验，弱化平台的存在感，突出平台给课堂教学带来的便利、高效。

四是融合实施，借力共长。"云学堂的使用如何才能发挥最大的效能？""从学科专业角度应该如何设计教学？"……基于这些思考，在常态实施的基础上，与行政听课日、名优开放周和"美好杯"教师创新大赛、教研组活动以及各级各类的教研等活动相结合，集大家的智慧共研一课。既有信息技术的支撑，又有教学的深入，这是信息技术与课堂的深度融合。在这个过程中，信息技术的优势得到发挥，精准化教学得以真正落地实践。

五是导师跟进，专业引领。目前，随身课堂2.0项目已经在语文、数学、英语、科学等学科开展试点，为保证专业引领、专业导向、少走弯路，特为每一个学科聘任了专任导师，为项目推进做及时引领。

六是考核挂钩，制度保障。云学堂项目是一项需要长期推行的课堂变革项目，需要教师花费大量的精力去实践研究。为保障项目顺利落地实施，学校将云学堂项目作为单独考核项目纳入期末考核，从制度上落实保障，同时也能给其他教师一点激励，其信息技术考核细则如图33所示。

4. 成效与成果

（1）关注到每一个学生，无形中提升了教学质量

借助云学堂平台，实施了iPad教学，有效提升了班级教学质量。如，瓯海区实验小学集团学校慈湖校区四（1）、四（2）班是iPad实验班，由同一位英语教师任教，四（2）班开展基于课前、课中、课后的分析教学，四（1）班只进行课中部分教学。根据2021学年四年级英语的成绩分析，两个班级的平均分名列前茅，其中，四（2）班要优于四（1）班。通过数据比较发现，下学期实验班与其他班级的差距明显拉大，其中四（2）班与四（1）班的差距也在拉大，而在一年前四（1）班的成绩要好于四（2）班。

（2）质量监测"云阅卷"，让"阅卷"变"悦卷"

云学堂平台自身具有"云阅卷"功能，教师在质量监测前将试卷提交给专门管理人员，由专门人员负责录题，生成的试题全年段都可以通用。教师只需负责组卷，发送给学生即可。学生完成后，教师可以选择不同终端如手机、平板、电脑，怎么方便怎么阅；客观题系统自动评阅，免去手工批改环节；主观题多种模式打分，系统自动累积加分；阅卷结束一键合成成绩，省去录分、统分繁杂环节，大大减轻了教师的阅卷负担，让阅卷工作事半功倍。

（3）关注教师的个人成长，提升教师的数智素养

项目的研究是以课题的形式开展，通过课题研究来推动项目的发展，促进教师个人的成长。2019年以来，项目相关论文、课题、公开课等获区级奖项20项、市级奖项6项、省级及以上奖项4项。其中，项目组作品"美丽的小兴安岭"入选"2021年新媒体新技术教学应用研讨会暨第十四届全国中小学创新课堂教学实践观摩活动"研讨课例，课题"基于云学堂的小学数学课堂教学实践观摩活动研讨课例""基于云学堂的小学数学精准化教学实践与研究"获市三等奖，学校"基于云学堂的小学精准化教学创新项目"获区首届教育领域"美好杯"数字化改革应用创新大赛一等奖。

5. 发展计划

基于云学堂的平台教学，目前主要收集学生课前、课中、课后评测的数据并进行分析，形成学生学情分析报告，基本上能满足学科教师精准化教学的需求。下一步，学校要进一步充实对学生课堂学习行为数据的收集和记录，完善学生的学情分析报告，提升数据分析的精准性，对教学改进起到更好的效果。

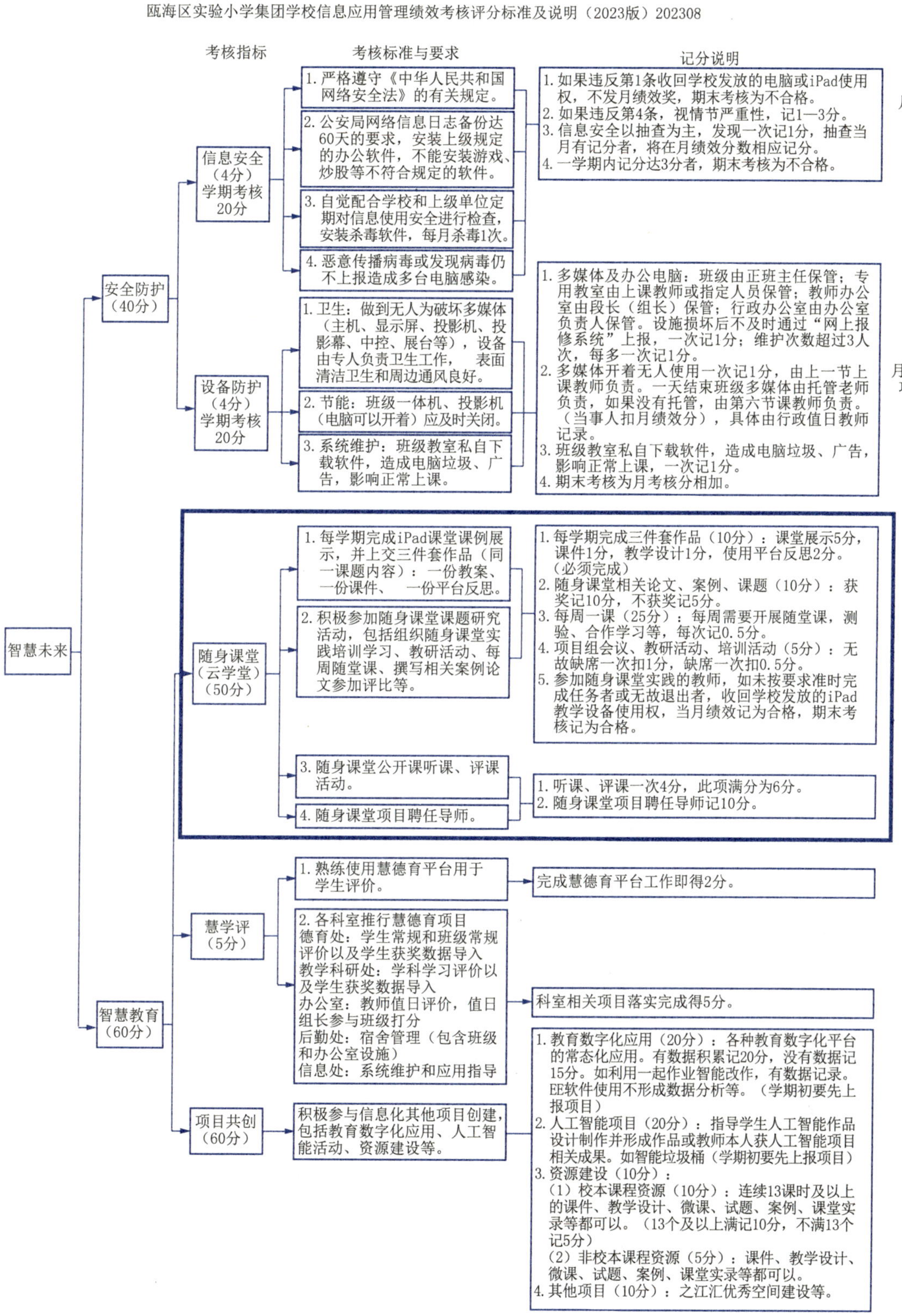

瓯海区实验小学集团学校信息应用管理绩效考核评分标准及说明（2023版）202308

考核指标	考核标准与要求	记分说明

安全防护（40分）

信息安全（4分）学期考核 20分

1. 严格遵守《中华人民共和国网络安全法》的有关规定。

2. 公安局网络信息日志备份达60天的要求，安装上级规定的办公软件，不能安装游戏、炒股等不符合规定的软件。

3. 自觉配合学校和上级单位定期对信息使用安全进行检查，安装杀毒软件，每月杀毒1次。

4. 恶意传播病毒或发现病毒仍不上报造成多台电脑感染。

记分说明：
1. 如果违反第1条收回学校发放的电脑或iPad使用权，不发月绩效奖，期末考核为不合格。
2. 如果违反第4条，视情节严重性，记1—3分。
3. 信息安全以抽查为主，发现一次记1分，抽查当月有记分者，将在月绩效分数相应记分。
4. 一学期内记分达3分者，期末考核为不合格。

月考核项目

设备防护（4分）学期考核 20分

1. 卫生：做到无人为破坏多媒体（主机、显示屏、投影机、投影幕、中控、展台等），设备由专人负责卫生工作，表面清洁卫生和周边通风良好。

2. 节能：班级一体机、投影机（电脑可以开着）应及时关闭。

3. 系统维护：班级教室私自下载软件，造成电脑垃圾、广告，影响正常上课。

记分说明：
1. 多媒体及办公电脑：班级由正班主任保管；专用教室由上课教师或指定人员保管；教师办公室由段长（组长）保管；行政办公室由办公室负责人保管。设施损坏后不及时通过"网上报修系统"上报，一次记1分；维护次数超过3人次，每多一次记1分。
2. 多媒体开着无人使用一次记1分，由上一节上课教师负责。一天结束班级多媒体由托管老师负责，如果没有托管，由第六节课教师负责。（当事人扣月绩效分），具体由行政值日教师记录。
3. 班级教室私自下载软件，造成电脑垃圾、广告，影响正常上课，一次记1分。
4. 期末考核为月考核分相加。

月考核项目

智慧未来

随身课堂（云学堂）（50分）

1. 每学期完成iPad课堂课例展示，并上交三件套作品（同一课题内容）：一份教案、一份课件、一份平台反思。

2. 积极参加随身课堂课题研究活动，包括组织随身课堂实践培训学习、教研活动、每周随堂课、撰写相关案例论文参加评比等。

记分说明：
1. 每学期完成三件套作品（10分）：课堂展示5分，课件1分，教学设计1分，使用平台反思2分。（必须完成）
2. 随身课堂相关论文、案例、课题（10分）：获奖记10分，不获奖记5分。
3. 每周一习（25分）：每周需要开展随堂课，测验、合作学习等，每次记0.5分。
4. 项目组会议、教研活动、培训活动（5分）：无故缺席一次扣1分，缺席一次扣0.5分。
5. 参加随身课堂实践的教师，如未按要求准时完成任务或无故退出者，收回学校发放的iPad教学设备使用权，当月绩效记为合格，期末考核记为合格。

3. 随身课堂公开课听课、评课活动。

4. 随身课堂项目聘任导师。

记分说明：
1. 听课、评课一次4分，此项满分为6分。
2. 随身课堂项目聘任导师记10分。

智慧教育（60分）

慧学评（5分）

1. 熟练使用慧德育平台用于学生评价。

完成慧德育平台工作即得2分。

2. 各科室推行慧德育项目
德育处：学生常规和班级常规评价以及学生获奖数据导入
教学科研处：学科学习评价以及学生获奖数据导入
办公室：教师值日评价，值日组长参与班级打分
后勤：宿舍管理（包含班级和办公室设施）
信息处：系统维护和应用指导

科室相关项目落实完成得5分。

项目共创（60分）

积极参与信息化其他项目创建，包括教育数字化应用、人工智能活动、资源建设等。

1. 教育数字化应用（20分）：各种教育数字化平台的常态化应用。有数据积累记20分，没有数据记15分。如利用一起作业智能改作，有数据记录。EE软件使用不形成数据分析等。（学期初要先上报项目）
2. 人工智能项目（20分）：指导学生人工智能作品设计制作并形成作品或教师本人获人工智能项目相关成果。如智能垃圾桶（学期初要先上报项目）
3. 资源建设（10分）：
（1）校本课程资源（10分）：连续13课时及以上的课件、教学设计、微课、试题、案例、课堂实录等都可以。（13个及以上满记10分，不满13个记5分）
（2）非校本课程资源（5分）：课件、教学设计、微课、试题、案例、课堂实录等都可以。
4. 其他项目（10分）：之江汇优秀空间建设等。

说明：

智慧未来考核总分100分，如遇同分，按之江汇分值排名。最后标记为"月考核项目"是每月还需考核的项目。
月绩效考核为8分。合格：6（含）—7分（不含）；良好：7（含）—8分（不含）；优：8分。

图33 学校信息技术考核细则

（五）案例："'三平台'融合式"在线复习模式在小学科学学习中的实践应用

（温州市龙湾区第二外国语小学　陈晓霞）

1. 背景介绍

新冠病毒的来临，使得大部分学生不能正常返校，各地各校"停课不停学"，纷纷开展了网络教学。如何开展有效教学？如何有效地复习三到六年级的科学知识？在这种特殊情况下，面对层出不穷的教育现代化平台，如何选择平台，改革教学方式，让现代化教学比传统教学更胜一筹？教师思想和教授方式该如何变革？学生的学习方式、方法该如何改变？这些是温州市龙湾区第二外国语小学思考的问题。通过实践摸索，学校有效利用"钉钉云校园""三三云学堂"以及"向上网"平台，将新知、检测、旧知连成一体，形成了"'三平台'融合式"在线复习模式（如图34所示），让三平台优缺点互补，共筑学习金字塔，开展小学毕业班的科学复习。

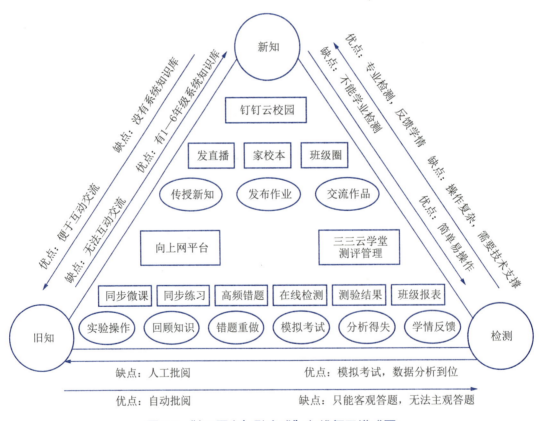

图 34　"'三平台'融合式"在线复习模式图

2. 主要目标

打造"'三平台'融合式"在线复习模式，形成三角形学习金字塔，稳定性强，让知识掌握得更为扎实。其中，"钉钉云校园"通过发直播传授新知、家校本发布作业、班级圈交流作品，及时反馈新知识掌握情况；"三三云学堂"利用其中的测评管理，进行阶段性在线检测、查看测验结果、形成班级报表，反思学生的自我学习，调整教师的课堂教学；"向上网"平台利用同步练习、同步微课、高频错题来复习旧知。运用不同平台的强项，发挥各自作用，解决学习形式单一等问题。

3. 主要做法

下面以"健康生活与环境"这一知识为例，进行有效复习。

（1）新知归位初步检测

建构主义理论认为，知识的学习需要建立在学习者已有经验的基础之上。因此，教师需要不断帮助学生把新知与旧知结合起来，形成新的知识体系。

钉钉直播授新课，暂停回放学新知

由于疫情，延迟开学。为响应教育部"停课不停学"的号召，温州市及各个县（市、区）开展"停课不停学，线上学习"行动。课上，笔者通过钉钉软件发起六年级下册第四单元"环境和我们"课堂直播，选择专业模式或者屏幕分享模式、摄像模式，或讲解或播放视频，开启连麦功能与学生互动，让学生把自己的课堂记录、实验过程以拍视频或者拍照的形式发到钉钉群对话框。连麦、互动正是科学课堂中互动交流的变式，通过查看课堂记录单、倾听学生的实验汇报，教师及时发现学生在学习过程中的问题，从而调整教学策略，一定程度上还原了线下课堂。钉钉直播还可以看回放，学生可以在暂停、前进、后退中自主学习、反复学习，直到弄懂为止。

钉钉家校本交作业，新知带动旧知复习

六年级下册第四单元"环境和我们"属于毕业总复习生命世界专题四中的"健康生活与环境"板块。"健康生活与环境"中包含如四年级上册"我们的身体"、四年级下册"食物"单元的旧知，以及如"环境和我们"单元的新知。"环境和我们"新知后的作业，常常是实验操作作业，学生可以上传图片、视频、录音或者文件。多样的作业布置、提交形式，让教师看到了学生丰富多彩的作业，发现了学生原来如此喜欢科学、热爱科学。例如，在设计并实验污水处理装置时，学生纷纷用身边的材料如毛巾、湿巾、口罩、布条等代替滤纸进行过滤实验。教师在学生学完第四单元"环境和我们"之后，找出了"我们的身体""食物"的相关练习，并在"钉钉云校园"的家校本上布置了作业，让学生自主复习。学生打印纸质稿，手写后拍照上传，或者直接将电子稿上传，最后校对答案。

家校本作业批改可以模拟传统作业批改形式，打钩、圈画或做文字批注。"钉钉云校园"家校本作业批改优点一：教师可以看到未提交作业的学生名单，可以用语音或短信联系家长，提醒上交作业、订正作业。优点二：教师还可以录音进行作业指导，甚至可以拍视频纠正，给学生提供个性化学习参考资料。这样的作业批改与评价方式完全可以照顾到学生的个性化差异，给学生提供个性化指导。"钉钉云校园"家校本提供的评价方式还有快捷评语、个性化评语，作业推优，分享到全班等，有助于实现多方面、多层次评价。对于作业不合格的学生，教师可以在写上需要修改的评语之后发还给学生，让学生订正后重新提交作业，并进行二次批改。

云平台在线检测，模拟阶段考试

在"钉钉云校园"平台布置"我们的身体""食物"练习之后，在"三三云学堂"进行"我们的身体""食物"知识点在线测评，查看复习情况。"三三云学堂"的在线测试，题型与传统纸质的完全相同，可以设置单选题、判断题、选择题、连线题、简答题、综合探究题等题型。客观答题可以采用选择答案。主观答题可以文字录入，可以拍照上传，也可以利用工具作答。此外，答题时，教师可以控制答题时间，或者不限制交卷时间。

（2）数据分析复习回顾

对于学生来说，云平台检测结束，可以查看自己的答题情况和各方面的分析数据，从而分析自己失分的原因。与教师自身的经验相比较，通过"三三云学堂"的检测，收集数据、展开学情分析，数据客观、明显，可以更清楚地呈现学生的知识掌握情况，反映学生知识和学科能力的薄弱点。依托数据进行学情分析，发现问题，采取有针对性的复习，比起盲目复习，效果要明显。

云平台测验结果，学生查看正确答案

测验结束，教师阅卷完毕，学生可以查阅自己的测验结果。电脑版绿色打钩的，即为正确答题，没有打钩的是错题，本人答题结果在左边，右边显示正确答案。手机 App 版界面更为清晰，可以看到学生答案、得分、参考答案，学生查看测验结果，就可知失分原因。对照个人知识检测指针图，可以看到个人与班级的差距。学生通过个人能力强弱指标，可以看到自己哪一项学习能力还有待提高；通过个人考试能力曲线表，可以看到自己多次考试中各项能力上升、下降的情况。

云平台班级报表，教师看到细致学情

"三三云学堂"中有数据统计的功能，对于教师的工作有很大帮助。教师可以进入测评管理中的报表里查看班级报表、年级报表、研究报告，了解相关数据。测评总体情况表包括总分、平均分、优秀率、及格率、最高分、最低分。知识点饼图、雷达图，能力强弱饼图、雷达图，可以看到教师出卷的知识点分布和要考查的能力分布情况，有助于教师反思命题范围。查看试卷作答详析表，客观题可以看到学生各选项所占比例，主观题可以看到通过与不通过所占比例，通过这些数据教师就可以了解学生知识的掌握情况。

学生初步检测之后，教师进行批阅，根据生成的数据，发现学生对"食物的营养""一天的食物""运动起来会怎样"这几课的知识点掌握得特别不扎实，错误率占 77%、48%、65%。

向上网同步练习，学生重温已学旧知

有了云平台检测的数据，教师在"向上网"平台布置了"食物的营养""一天的食物""运动起来会怎样"这几课的练习并督促学生进行错题订正。对于不按时完成的学生，给家长私发练习报告。让家长看到表现优秀，被评为学习之星、积极之星的学生名单，以及表现不足未完成练习的学生名单，让家长督促孩子认真、积极地完成作业。

"向上网"同步练习，学生完成 1 课时平均用时 5 分钟以内，大部分学生完成用时 3 分钟左右，短时间内能够把每一课的知识点回顾一遍，还可以订正错题。同步练习还配有单元练习、期末复习。教师可以根据自己的需要选择布置，也可以从中选做几题，达到回顾旧知的效果。为了不加重学生的学习负担，教师选题时要考虑完成的时间，相同内容的教材同步微课和同步练习尽量不同时布置。

（3）再次检测知识重构

云平台再次检测，数据分析

经过检测、反复练习、订正，根据遗忘规律，选择一个月后，在学生没有任何准备的情况下，再次将旧知和新知混在一起，在云平台进行"健康生活与环境"知识点检测，包括四年级上册"我们的身体"、四年级下册"食物"单元的旧知，以及"环境和我们"的新知。通过数据比较和分析，"运动起来会怎样"这一课的一道填空题，第一次检测通过率为 42%，第二次检测通过率为 75%；"运动起来会怎样"这一课的一道简答题，第一检测通过率为 50%，第二次为 80%。比较两次某一知识点的检测数据，发现学生的知识掌握得更扎实了。这样把新课教授与系统复习有机结合，为促进新旧知识融会贯通，加速知识运用过渡和智能迁移起到了积极作用，能够建构起比较系统的知识体系，达到复习效果。

"向上网"平台观看同步微课，练习高频错题

再次检测之后，发现原来难以掌握的知识点巩固了，但还会发现一些新的、掌握得不理想的知识点，这个时候，就需要继续利用"向上网"平台来复习突破。例如，原来通过率达不到 65% 的有"营养要均衡""环境问题和我们的行动""食物包装上的信息"。通过采用观看同步微课"营养要均衡"探索实践活动和"营养要均衡"知识点讲解，或者进行高频错题练习来巩固提高。同步微课现在借用小学科学教学网资源建设团队开发的教学微课，基本上以实验操作为主，微课中会介绍实验时的器材准备、注意事项，清晰地展示实验现象，仿佛重回线下课堂，重温课堂实验；有时也会给学生提供一些远离学生生活实际的视频资料。视频播放完毕后，下面有配套练习，教师可以有选择性地布置题目。最近几年，教师和学生都在搜集错题、重做错题，要知道，错题的背后往往隐藏着学习过程中易被忽视的问题。很多时候失分就是因为这些一错再错的题，不重视错题就会在同样的地方跌倒。"向上网"平台会根据全班学生的答题情况，自动生成高频错题。

钉钉班级圈思维导图交流，知识重构

经过不断地练习与检测、复习之后，应该让学生梳理知识，画一画思维导图或者手抄报、复习提纲等，进行知识重构。这时可以利用"钉钉云校园"的班级圈，班级圈的优点在于上传的内容所有学生可见，可以互相点赞、写评语。学生可以照片或者视频形式进行单元梳理、作品展示，互相学习各自的长处。复习完"健康生活与环境"后，教师在班级圈布置了"健康生活与环境"知识梳理的任务，从"我们的身体""食物""环境和我们"三个主题中选择一个，可以做成思维导图、手抄报或是列表格等各种形式进行复习整理，重构知识。大家看到形式各样的方式，如写评语点赞等，无形中是在不断复习，重构知识体系。

4. 成效与成果

（1）学生的知识建构更加稳固了

抽取班级尖子生、中等生、后进生各2名，选取10次作业，对其使用平台复习情况进行汇总，将上学期期末成绩与毕业复习成绩进行比较，第一次云平台检测成绩、答题情况与最后一次云平台毕业考试模拟测试成绩及答题情况进行比较，可以看到学生在"'三平台'融合式"在线复习模式中的学业成长轨迹。

对比6名学生的上学期期末成绩和毕业考成绩，发现学生成绩都进步了。搜集和汇总学生使用平台进行复习的数据，发现同为尖子生、中等生、后进生，使用平台的次数多，知识掌握得更扎实，学业成绩提高明显。特别是选择题、填空题、判断题，通过三个平台交互使用进行复习，正确率有所提高。

（2）教师教学方式发生变革

传统的毕业复习是以教师为主，教师根据历年的出题方式，猜测学生的知识难点，从而梳理知识点，引导学生复习，让学生跟着教师的复习步子走。"'三平台'融合式"在线复习模式把主权还给学生，给学生材料，让学生自主学习，通过"三三云学堂"数据反馈，以评价为导向，指挥学生进行学习。教师引导学生自己查看"三三云学堂"在线测验结果，引导学生根据自己的薄弱知识点进行自主学习。引导和鼓励学生单独与教师沟通，教师单独布置"向上网"作业，学生进行有针对性的练习。在这个"'三平台'融合式"在线复习模式中，教师的教学方式发生了变革，不再以自己为主，做到了因材施教，大部分学生的学习方式也悄悄发生了变化，从"要我学"变成了"我要学"。

5. 发展计划

这三个平台存在各自的优缺点，我们要充分发挥三个平台的优点，进行有效复习。利用"钉钉云校园"传授新知；利用"三三云学堂"模拟考试，专业检测；利用"向上网"提供专项练习、错题分析、微课录制、在线课堂等功能，自动批阅，利用系统的错题分析功能，把握学生学情、科学反思教学结果。我们的实践虽然取得了一些成效，但是这些平台的运用需要软硬件支持，学校要更新平板电脑，搭建智慧教室及智慧教室专用网络，增加更加合适的设备设施。教师团队还需要不断学习新软件、新技术，挖掘每一个平台的优势，提升教育教学能力，努力将科学学科的复习策略推广到其他学科，助力学生成长。

（六）案例：数据驱动：单线编码，双向成长——基于 iFIAS 的语文项目化课堂教学师生互动优化研究

（温州市第十四中学　胡曼琪）

1. 背景介绍

信息技术对教育发展有革命性影响，《教育信息化 2.0 行动计划》指出，要"持续推动信息技术与教育教学深度融合"。2021 年，鹿城区教育研究院出台了《鹿城区中小学"学习新常规"实施方案（试行）》重视有效发挥引导、诊断、改进、激励功能，深化教与学方式的变革，促进学校教育质量持续发展。

然而，传统的课堂观察难以对智慧课堂进行全面精准的教研分析。如图 35 所示，在对12 位一线教师的听评课访谈结果进行整理后发现：42% 的教师听课中仅将课堂教学内容简单罗列概括；33% 的教师仅能够关注到课堂教师学生互动情况；17% 的教师的评课反思中会涉及教师技术的运用；仅有 8% 的教师会根据课堂情况观察表的要求进行全面评价反思。为此，学校研究运用视频分析法，对语文项目化学习"访学东欧"视频进行编码和分析，探究在智慧课堂中，初中语文课堂教学交互行为特征，以期运用大数据促进学校项目教学改进与变革。

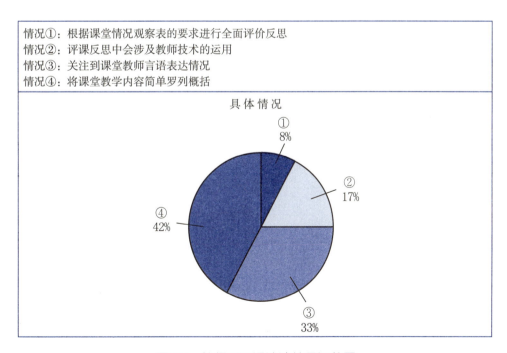

图 35　教师听评课访谈结果汇总图

2. 主要目标

（1）利用数据科学研判教学实情

研究首先着眼于教育数据的采集，利用数据做到科学研判教学实情，通过对语文项目化学习三次课堂视频的迭代分析，不仅做到课堂评价的科学性和有效性，而且依托教育数据，使课堂师生互动情况可视化。

（2）改变既定统一的教学模式

其次，通过挖掘和分析教育数据，深化教与学方式的变革，改进课堂教学的既定统一模式；通过构建基于弗兰德斯互动分析系统（Flanders Interaction Analysis System, FIAS）的"设计—教学—评价"互动体系模型，实现教学模式的个性化、精准化。图36为改进型弗兰德斯互动分析系统（iFIAS）。

教师语言	间接影响	1		教师接受情感	
		2		教师表扬或鼓励	
		3		教师采纳学生观点	
		4	教师提问	4.1	提问开放性问题
				4.2	提问封闭性问题
	直接影响	5		教师讲授	
		6		教师指令	
		7		教师批评或维护教师权威	
学生语言		8		学生被动应答	
		9	学生主动说话	9.1	学生主动应答
				9.2	学生主动提问
		10		学生与同伴讨论	
沉寂		11		无助于教学的混乱	
		12		有益于教学的沉寂	
技术使用		13		教师操作技术	
		14		学生操作技术	

图 36　改进型弗兰德斯互动分析系统

3. 主要做法

（1）样本选取

为评测课题"大概念下语文学科作业设计与路径研究"中"作业路径设计"模型的有效性，研究以课题的三次课堂视频为研究样本（如表3所示）。三次课程教学环境相似，均在多媒体网络教室上课，该班级共37名学生，教学手段一致，均采用电子白板课堂授课、iFIAS工具分析课堂数据的形式，且均由相同的教研团队进行课堂教学的指导分析。

表 3　研究对象基本信息

案例序号	课堂名称	时　长	课堂类型
一	访学计划制订	41:03	综合性学习类
二	访学抒情写作	39:53	写作类
三	访学体验分享	42:11	口语交际类

（2）数据搜集

研究者事先在教室中架设三脚架，采用一个位于教室后方的机位，能够收录全班学生以及教师画面，利用遥控器进行 30—80 分钟的课堂教学录制。为保证编码的可信度，编码工作由两位研究者独立进行。两位研究者的教学视频样例评判信度为 85.2%，视频分析的信度系数范围在 85%—99%，说明信度较好，符合标准。

首先，将视频原始编码——配对组成的新编码序对计数导入 iFLAS 分析程序，根据各单元格的频数、不同序列对与总序列对的占比关系及其在矩阵中的分布情况，利用形成的互动分析迁移矩阵来分析课堂教学结构、技术使用情况等内容。

其次，根据矩阵图分别计算教师语言、学生语言、技术使用及沉寂四大类别在课堂行为中所占的比例，形成教学交互行为比例表。

最后，将编码以一分钟为单位进行统计，横坐标表示课堂教学时间，纵坐标表示四种不同维度的行为发生的频数，通过比较教学互动行为比例的动态折线图，整体分析三个案例的课堂互动行为结构特点和实际情况。

（3）数据分析

根据收集到的数据，分析发现：技术使用以教师操作多媒体为主，学生缺乏操作技术的机会且课堂整体使用技术频次少，说明教师操作技术行为占主导地位，而学生操作技术行为有待激发；课堂情感气氛轻松愉快，但学生主动性还有待提高；教师提问语言有待丰富，课堂提问频次有待提高。

（4）措施改进

针对发现的问题，课题组进行了深度分析探讨，提出师生交互行为的改善策略：

第一，信息技术与教学深度融合。增加学生操作技术环节，通过使用辅助教与学，提升信息技术应用的熟练度。教师与学生通过使用各种教学辅助工具（各种教学媒体、设备、应用软件等工具）完成教学内容的传授与学习，以实现与教学活动客体（教学内容与目标等）间的连接，达成教学目标。

第二，作业设计与学习行为融合。基于大概念构建作业设计路径，设计与选择有针对性的教学环节与教学方法，减少教师课堂掌控，为学生提供多样化的内容表征、表达方式和参与机会，设置生动、活泼、有趣的教学环节，促进学生潜能开发，提高学生自主意识。

第三，提问类型和教学评价融合，通过开放式提问、采纳、接受学生的意见，避免形成无意义的口头禅，同时要留给学生思考和想象的时间，注意课堂提问的梯度性、连贯性与多样性，提高课堂教学质量。

4. 成效与成果

（1）成效价值

结合课题组总结的改进措施，进行了第三次授课，下文将从师生技术应用、教学风格和倾向、课堂结构与氛围三个方面进行详细分析。

第一，师生技术应用方面。在改进前，技术应用比例为8.11%—14.61%，其中教师操作技术比例为81.54%—93.16%，学生操作技术比例为6.84%—18.46%。在改进后，技术应用比例为32.83%，其中教师操作技术比例为30.42%，学生操作技术比例为69.58%。结合对视频的质性分析，发现教师在教学设计时更加注重借助技术手段辅助教学内容的讲解，让学生自己调取媒体资源进行活动讲解和感悟体会；教师在实施教学时并不局限于课本教材内容，而是通过多样化的教学媒体资源及工具吸引和调动学生的兴趣，支持与协助学生开展项目化探究。

第二，教学风格和倾向方面。教师语言中对学生的间接影响与直接影响比为325%，且积极整合格与缺陷格的比值处于3140%，说明改进后课堂整体氛围和谐轻松，且教师语言对学生的积极强化效果也明显增强，教师通过教研反思后更加注重及时积极的反馈和多样化的激励语言，该教师在改进后更注重情感接受及表扬、鼓励类言语的表达。

第三，课堂结构与氛围方面。改进后案例中，教师语言中提问占比为25.16%。改进后的案例中，教师更善于在问题设计上遵循小步子的原则，通过向学生提问的方式进行教学，逐步引导学生从复杂的情境中收集和提炼有用的语文信息。改进后案例中，学生语言中学生主动说话占比为91.77%，说明学生在课堂上表现出更高参与度。该教师在视频分析后，在改进课例中积极通过各项学习任务、教学游戏以及真实的教学实践驱动学生自主学习。

（2）创新成果

本文通过迭代项目化设计研究，结合国家"双减"政策，探索构建指向核心素养的中学语文项目化作业设计路径模型，搭建科学优化的"设计—教学—评价"三面互动体系，实现教师教研与学生学习的双向成长，如图37所示。

5. 发展计划

总的来看，通过教研活动的改进和教学设计的优化，课堂教学氛围更加和谐，极大地提高了课堂效率，已显示出较为明显的"创新探究型"教学模式特点和倾向。但通过二级编码的细化分析，发现仍需加强学生的信息技术与教学的深度融合，提高技术在课堂中的应用比例。另外，要注重培养学生的实践能力，进一步优化实验教学，以帮助学生更加形象化、立体化地理解教学中的重难点。

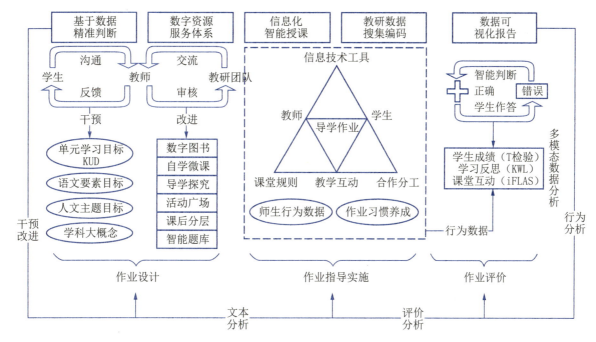

图 37　数据驱动下语文项目化作业设计路径

三、提升智慧校园建设整体治理水平

（一）发展综述

　　智慧校园实现了物理和信息空间的紧密结合，使所有人在任何场合和时间都能轻松高效地获取资源。这种校园是教育信息化的高级表现形式，是数字校园的进一步拓展和升级。其主要特征包括：全面感知学校环境、智能分析数据、提供个性化和便捷服务、高速网络普及等。它综合运用了众多尖端技术，如虚拟化、云计算、大数据、人工智能、数据挖掘等，并以数据科学管理和智能决策分析为主导，推动高校内外各类人员、业务和流程实现智能化、深度融合。智慧校园能全面深入地发现和感知师生个性化需求，智能地整合丰富多样的校务应用，科学地辅助可持续创新决策。[①]

　　党的十八届三中全会确立了推进国家治理体系和治理能力现代化的总体目标。高等教育治理现代化是国家治理现代化的关键部分，涉及通过现代化的教育理念和治理技术手段，实现对

①　饶玮娟，张牧，宋明虎，等．高校治理现代化视域下的智慧校园建设研究［J］．网络安全技术与应用，2022（8）：86-88.

管理者和管理对象的现代化，最终达到培养人才的现代化，以适应时代发展和社会需求。国家相关部门颁布实施的《中国教育现代化 2035》[①]《深化新时代教育评价改革总体方案》[②]《关于加强新时代教育管理信息化工作的通知》[③] 等政策，强调了信息化在推动教育治理体系和治理能力现代化、加速教育现代化进程中的重要作用，为教育治理现代化发展指引了方向。在新的历史阶段，信息化建设的核心价值已不仅限于技术层面，而是成为加快我国治理现代化进程的关键手段，为教育治理现代化提供支持和基础。智慧校园作为学校信息化发展的高级阶段，是衡量学校信息化水平的有效指标，是提高学校教育管理水平的关键途径，是实施教育现代化发展行动的具体措施，其建设成果直接影响学校治理现代化水平。因此，在教育治理现代化背景下，以智慧校园建设为切入点和突破口，研究智慧校园建设理念和实践应用，进而推动学校治理能力和治理水平的提升，具有重大的理论意义和实践参考价值。

温州市近年来也逐渐重视智慧校园建设，积极推动教育治理现代化。为了解决智慧校园建设中的问题，温州市采取了一系列措施，包括：加强顶层设计，明确智慧校园建设的目标和路径；强化数据治理，实现数据资源的整合和共享；推动技术创新，引入先进的信息技术和人工智能技术；加强人才培养，提高教职工的信息素养和技能水平。本章节案例围绕智慧校园建设，从顶层设计、模式创新、平台搭建、数据应用、制度保障等多个方面推动数字化改革，提升教育治理水平。温州市南浦实验中学打造"璞实智脑"全方位闭环服务与管理数字化平台，以更好地实现学生个体的成长和发展；温州市第八中学在学校智慧校园 2.0 创建顶层设计框架下生成了智慧安防具体应用"校安行"，通过数字赋能，实现家校共育；龙湾区永昌第一小学在"互联网 +"背景下，融合大数据分析，借助钉钉、简道云等平台，成功搭建了各种教育、教学、管理设备或系统，实现智慧校园全覆盖；温州市第二外国语学校成立了 CIO 团队来推动智慧校园建设；温州市瓯海职业中专集团学校通过数字化改革，形成了具有中职特色的智慧校园建设新模式——"一核六横三纵五端"模式（简称"1635"模式）；永嘉县第二职业学校出台了一系列相关制度，为智慧校园的建设和运行提供了良好的保障和指导。

① 国务院 . 中共中央、国务院印发《中国教育现代化 2035》［OL］.（2019-02-23）［2023-05-12］. http://www.gov.cn/zhengce/2019-02/23/content_5367987.htm.

② 国务院 . 中共中央、国务院印发《深化新时代教育评价改革总体方案》［OL］.（2020-10-13）［2023-05-12］. http://www.gov.cn/gongbao/content/2020/content_5554488.htm.

③ 教育部 . 教育部关于加强新时代教育管理信息化工作的通知［OL］.（2021-03-15）［2023-05-12］. http://www.moe.gov.cn/srcsite/A16/s3342/202103/t20210322_521669.html.

（二）案例："璞实智脑"通数据 融智慧

（温州市南浦实验中学 彭来桂 杨 伟 刘 荃 陈 波）

1. 背景介绍

2022 年发布的《温州市教育事业发展"十四五"规划》全面擘画温州教育未来五年蓝图，"未来教育"成为教育事业发展任务中的重点。温州市南浦实验中学作为"未来教育"的先行学校，为更好地实现学生个体的成长和发展，刻画数据驱动视角的未来学校样态，依托鹿城区教育大数据平台的共享能力，启动了智慧校园 2.0 建设。坚持数字化改革方向，指向"1 库 1 平台 1 屏 N 应用"的目标，打造建设"平台 + 大脑"的支撑体系，借助数字画像的多维数据进行问题诊断、分析决策、智能 AI 推送和战略目标管理，打造"璞实智脑"全方位闭环服务与管理数字化平台。其设计框架如图 38 所示。

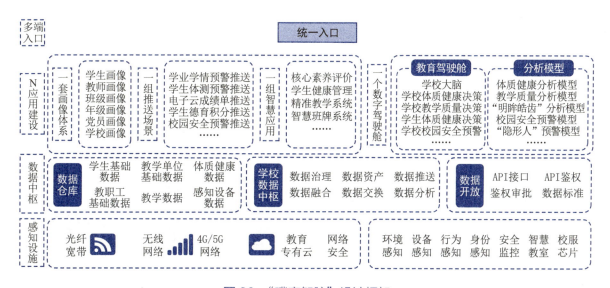

图 38 "璞实智脑"设计框架

2. 主要目标

学校坚持教育数字化改革，全力打造"1 库 1 平台 1 屏 N 应用"的"璞实智脑"，其主要目标包括三点：一是指向"未来教育"，激发数据要素，打造新型的学校样态；二是构建"智慧校园"，落实精准教学，致力每个学生的发展；三是依托"璞实智脑"，实施精准智治，推动学校高质量发展。

3. 主要做法

（1）建设学校本地数据仓库

基于浙江省中小学生学籍信息管理系统、浙江省教育厅教师培训管理平台、全国教师管理系统、温州市云阅卷系统、钉钉、精准教学系统、学校数字校园管理平台的原始数据，汇集数据至中心数据库形成数据仓库，并结合学校业务应用需求，构建一系列教育相关主题库。

（2）构建学校的数据基础平台

围绕全校教育基础数据库的建设，依托鹿城区教育大数据平台，学校建立数据基础平台，依靠智慧校服、道闸系统、电子班牌、钉钉设备等多个数据入口，建立各应用数据通路，通过数据的采集、汇聚、存储、清洗、应用等，实现学校与自建设的各类业务应用系统的数据资源整合，满足全校教育大数据统一管理、交换和共享。

同时建立智能推送平台，对大数据平台、应用的数据进行建模、分析。通过机器学习、关联分析、时间序列分析等人工智能算法，为不同角色用户提供全方位分析，形成学生精准教学智能推送、德育积分智能推送等 AI 推送模型；分析校园过程性数据，智能推送相应的信息给用户，增强用户对后数据平台的感知度。

（3）呈现"璞实智脑"六大数字画像

教育大数据应用体系中采集到的各类数据，在教育大数据平台中进行汇总、分析，呈现学校画像、学生画像、教师画像、班级画像、年级画像以及党员画像的多维数据图谱（如图 39 所示），全景化呈现数据分析，为管理者诊断问题和分析决策提供了支撑。

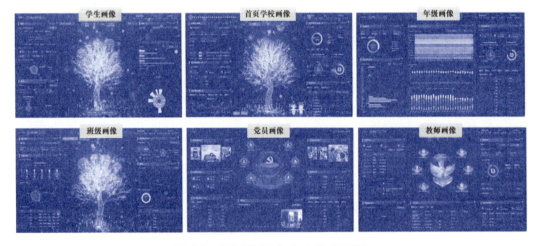

图 39 "璞实智脑"六大数字画像

（4）构建一屏决策驾驶舱

数据驾驶舱作为面向学校的数字化管理工具，不仅仅是一个简单的大屏展示，而且是真正具备"驾驶感"的指挥决策平台。通过建设"璞实智脑"数字驾驶舱，为学校管理者们提供了数据化、在线化、智能化、可视化的服务。

（5）构建一组应用系统

以学校实际教育教学功能需求为导向，根据基础应用、特色应用建设思路，重点建设精准教学系统、班牌管理系统、"五育"评价系统，逐步完善业务系统建设，更好地服务学校、学生、教师。

4. 成效与成果

（1）成效价值

学生成长性。智慧校园依托"璞实智脑"，形成多元数字画像，捕捉学生成长的关键点；在关键点着力，促进学生更多元地成长。

教师发展性。学校应用"璞实智脑"，挖掘数据深度，联动多维数据，提升教师教学增长点，推进教学精准施策。

教育生长性。智慧校园建设将进一步优化"璞实智脑"，赋能学生、教师、家庭、学校管理的数字化改革创新，抓住育人契机，把握教育发力点，焕发教育生长生命力，满足未来教育数字化改革发展的新需求。

（2）创新特点

建设模式创新：以人为本，逐步扩展，开拓学校大脑建设新思路。学校在原有自建的应用系统基础上，以人为本优化业务应用。基于前期大量的、丰富的数据底座，并结合本校实际情况逐步拓展应用，融通各个应用数据，构建"平台 + 大脑"的支撑体系。

应用生态创新：开放自主，集聚智慧，形成多元应用融合新机制。平台针对不同应用，融合智慧校服、智慧食堂、精准教学、数字德育等多元场景资源，让数据资源融会再生，衍生更多数据新场景，实现聚合应用。

数据服务创新：数据赋能，多级联动，达成数据互联共享新突破。"璞实智脑"依据学校办学特色，呈现六大数字画像的多维数据，可挖掘的数据匹配度更多元，促进数据融合，支撑智慧校园体系中的各类信息化服务综合应用和数据分析挖掘需求，形成数据融通、预警、诊断、分析、决策、迭代的闭环管理，让数据赋能助推学校高质量发展。

（三）案例：基于钉钉"1+N"智慧校园模式之"校安行"

（温州市第八中学　吴爱盛　林光第　郑　森　陈发捧　蔡南科）

1. 背景介绍

"校安行"，是在"双减"背景和学校智慧校园 2.0 创建顶层设计的框架下生成的智慧安防的具体应用。通过"校安行"实现教师考勤管理、学生出入管理，包括扫脸进出、测温、数据回传等。采集到的数据用于后续的治理工作，学校、班主任、家长可以通过钉钉信息推送或信息入口实时了解学生的出入情况。这解决了学校进出的安全问题，同时通过数字赋能，有助于实现家校共育。

2. 主要目标

学校智慧校园的建设目标为：一个中心、两大平台、两大画像、三种呈现、五向应用，如图 40 所示。

图 40　学校智慧校园的建设目标

（1）一个中心：针对智慧校园整体工作建成的集成式、统一式师生大数据中心，具备易拓展、易对接的特性，支持与新建或原有信息系统开放数据接口的对接，实现数据关联、共享互通，保障校园各业务场景中数据调用的实时性和唯一有效性。

（2）两大平台：钉钉平台和智学网平台。利用钉钉构建统一平台，实现各类应用统一认证、单点登录，支持用户角色和授权的个性化设置，形成基于钉钉"1+N"模式，全面创建智慧校园。智学网是科大讯飞面向学校日常作业考试及发展性教学评价需求推出的大数据个性化教学系统，旨在为用户提供更加简单易用的系统操作和全面完善的资源服务，通过大数据分析充分挖掘校园考试价值，通过基于云服务的 PC 端及移动终端综合方案为每一名老师和学生提供针对性教和个性化学的信息化环境与服务。

（3）两大画像：即教师画像和学生画像。

（4）三种呈现：移动端、PC 端和数据大屏端。

（5）五向应用：精准教学、智慧教务、智慧德育、智慧办公、智慧安防。

3. 主要做法

（1）问题分析

目前，学校校门安装了海康 4200 闸机，但海康 4200 不具有校园功能（如打卡信息推送给家长、班主任，家长可以查询学生的记录，等等）。"双减"背景下，学生放学迟，校园功能成必备功能，家长需要快速了解学生出入校门情况。为解决这些问题，可以将闸机更换为钉钉魔点设备和系统，但又存在经费、周期问题。

（2）解决方案

针对以上现状与问题，学校的解决方案是自行进行二次开发。利用海康4200自带的同步到第三方数据库功能，将数据同步到SQL Server数据库。科任教师、班级、班主任、学生、家长的数据直接从钉钉同步，再将海康4200里面的用户与钉钉同步的教师、学生的数据进行绑定，即可完成数据融通。将教师考勤管理、教师值日考勤管理、校园智慧安防进行业务融合。

（3）数据融通，业务融合

"校安行"主要功能服务如图41所示。不同用户可以查询到不同的数据统计结果：学校：可以清楚看到按校、段、班统计的应到、出勤、缺勤、离校、在校人数情况；班主任：可以查询应到、出勤、缺勤、离校、在校人数，以及各个学生出入校园的记录和目前在校的人员；科任教师：可以查询到个人的到勤记录；家长：可以查询到学生出入校门的记录。此外，考勤信息通过钉钉实时推送，让家长实时了解到学生出入校门情况，让家长安心，有助于推动家校共育。

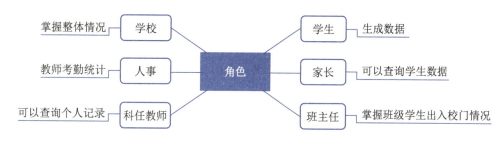

图41 "校安行"主要功能服务

4. 成效与成果

"校安行"应用后具有以下成效：

一是打通学校已有硬件，打破"数据孤岛"，实现数据融通，统一入口。二是实现学校安全智能、精准管控。"双减"背景下，家长可以实时查看学生出入数据，实现家校共育。三是打造学校数据驾驶舱，为管理层制定决策提供数据依据。四是可以形成学生和教师数字画像。五是能一键导出考勤统计数据，为管理减负提效。

此外，"校安行"具有推广价值，由于海康4200系统在其他学校也普遍被使用，存在同样的问题，该解决方案能为其他学校提供经济、实用、快速的解决路径。程序易开发，7天即可完成上线，应用虽小，但效果明显，可行性强。

5. 发展计划

智慧校园建设，温州八中一直在路上。"校安行"只是其中的一项应用，未来将秉承从实际出发、从需求出发的原则，不断探索用技术解决问题的路径，探索新技术的应用场景。将继续构建和完善基于钉钉"1+N"智慧校园建设模式，加强平台的应用与数据积累，逐步形成学校智慧校园"数据大脑"，推动教师和学生画像可视化，提升学校教育管理质效。

（四）案例：一体化智慧校园管理系统助推学校蝶变升级

（龙湾区永昌第一小学　王良升　项贤国　吴海业　曹春微　章　辉）

1. 背景介绍

龙湾区永昌第一小学（以下简称"永昌一小"），建于1904年，坐落于拥有450多年历史的全国重点文物保护单位永昌堡的东北角，校园占地面积15 020平方米，现有班级19个、学生700多人、在编在职教师44人。在龙湾区教育局信息技术处的指导下，按照温州市智慧校园创建的总体要求，以提升教育教学品质及管理效率为导向，学校在"互联网+"大背景下，融合大数据分析，经过多年部署、技术研发、软硬件改造和升级，借助钉钉、简道云等平台，成功搭建了各种教育、教学、管理系统，实现智慧校园全覆盖，极大地节省了教师在非教育教学工作上的时间成本，使其能够更专注于教育教学工作，工作幸福感指数直线上升。永昌一小智慧校园创建经验在本区域形成了一定的知名度和影响力，对周边学校起到了较好的辐射引领作用。

2. 主要目标

（1）实现精细、精准化管理

精细、精准化管理是一个老生常谈的话题，很多单位还停留在口头、书面等形式上，粗线条、非系统化地去记录、收集信息，对于信息统计、分析、决策、共享、存档等工作非常不利，工作往往事倍功半。为此，永昌一小自主研发了相应的管理系统，开始驶入精细、精准化管理的快车道。

（2）打造资源节约型示范单位

永昌一小先后荣获了区节约型示范单位、省绿色学校等称号，之前在制度实施、文化宣传、软硬件部署、师生思想内化等方面多管齐下，节约了部分资源，取得了良好效果。但是，对于纸质材料仍较为依赖，水、电等资源管控不够智能。为深化改革资源的使用现状，学校以智慧校园为抓手，搭建了自动灌溉系统、智能电表、智能物联网系统、数据采集系统等，深入推进无纸化办公以及水、电等资源的智能管控，在精减资源上下硬功夫，为碳中和目标的实现贡献一份力量。

（3）改革教学科研、教务管理方式

教学科研是学校发展的命脉，这一领域的高度决定了学校的教育教学水平。在信息技术高度发展的大背景下，通过搭建多种软硬件设备或系统，推动实现永昌一小教学科研、教务管理工作的数字化变革。

（4）构建平安校园

高楼大厦拔地起，没有扎实的地基，就不可能有雄伟的高楼大厦。地基就相当于校园安全，没有安全，一切都是虚无的，更不会有绚丽多彩的校园精神文明建设。为此，永昌一小尝试搭建了多种先进的安全系统，全面保障校园安全。

3. 主要做法与成效

（1）自主研发管理系统

① 教职工信息管理系统

通过教职工信息管理系统，教职工的信息共享于各个科室、各流程管理系统。根据原始教职工数据衍生出岗位和年龄表、岗位和学历表、岗位和党员表等，并具有工（年）龄实时更新功能。丰富且强大的报表功能，完美匹配上级各类人事填报表，让办公室的人事填报变得轻松而高效。

② 报修管理系统

该系统分为水电、多媒体、卫生间、其他等报修类别，发起人选择不同的类别，流程自动发送给对应的维修人员，如果无法维修、超 200 元或报修类别错误，维修人员会将流程转总务处，总务处审核后再转维修人员进行处理。由于总务处只处理极少数的报修单，避免了时间浪费。而且在报修类别错误时，具有先进的类别调整功能，避免发起人重报而浪费时间。维修完成后发起人会收到一条办结提醒短信。从此，烦琐的维修工作迎刃而解。

③ 办公用品管理系统

教职工通过该系统下单后，每周四仓库管理员会根据下单数据，安排学生辅助出库，送货上门。总务处根据仓库的自动预警数量进行物资的补充，有效地提升了物资采购的便捷性和科学性。学校每月根据系统数据，对仓库物品的领取情况进行分析与公示，提高物资领取的自律性和节约性。本系统有效地保障了学校的正常运转，为教育教学工作保驾护航，深受教职工青睐。

④ 器材管理系统

教职工通过该系统下单后，不同的功能室管理员会根据下单数据，安排器材的出库、出借、归还等操作。本系统的一大亮点在于：把损耗品和耐用品器材融合到一起，如肺活量吹嘴、口罩、消毒湿巾等损耗品出库损耗后无须归还，而耐用品器材出库后会生成一条归还单，归还后才会结束流程，有效防止了器材的丢失。这种功能为目前市面上的首创功能，处于领先地位。而总务处根据系统的自动预警数量进行器材的补充，有效地提升了器材采购的便捷性和科学性。特别是在疫情期间，对防控物资的管理发挥了极大的作用。

⑤ 固定资产管理系统

首先，创造性地提出单一主资产、复合主资产、预算外资产等理念，实现批量入库资产的拆分，设置资产自动折旧、计算报废时间、资产金额汇总、资产是否随人移动、人员办公位置每年自动转移等功能。其次，设置资产标签批量打印功能，利用标签打印机对全校资产实现亚银纸防水标签打印，有助于资产期初接收和期末盘点工作有序、规范开展。

⑥ 智能门禁系统

通过刷脸门禁的全覆盖，极大地提升了各用房的管理效率和后勤服务质量。首先，实现了疫情防控门把手免接触，防止疫情传播。其次，后台分级分权、临时、远程等授权功能给工作带来极大便利，比如维修时总务处可手机远程开任意门，或用于全校消防检查、接待参观、维修等。最后，开门数据可查，保障了财产安全。

（2）深入推进智能管控

① 智能物联网系统

通过智能物联网系统，引入智能插座、遥控器、温感器等物联网设备，涵盖 LED 显示屏、空调、紫外线灯、直饮机等众多设备，其定时运行功能，每年为学校节约电费数千元，其语音唤醒功能如空调唤醒、关闭等，较好地改善了用户体验，为万物互联奠定坚实基础。

② 数据收集系统

各级数据取消了原来的纸质收集方式，全面启用各类数据收集系统来完成，比如说自愿征订书、告家长书、代课单、报名表等，杜绝了纸张的浪费。

③ 知识库、资源库建设

通过知识库、资源库的建设，把教学资源、听课记录等全部用电子形式记录，不仅有利于教学资源的存档和分享，也避免了纸张的浪费。

（3）引入数字化电子评价系统

学生评价是学生成长道路上必不可少的一环，有助于学生深入地了解自己的行为、学习、思想现状，查漏补缺、引导向上。

永昌一小以往是采用星级少年评级机制，设立红卡、绿卡、黄卡，在特定情境下分发给学生，并进行月评、学期评，最终根据评价得分进行奖励或批评教育。这一评价机制的实践取得了较好的效果。但是在使用中也暴露出很多问题，比如星卡制作成本高，兑换费时费力，无精准过程性记录，数据不能实时统计、共享，等等。

为了改变这一现状，永昌一小引入了数字化的学生评价系统，让教师、学生采用手机、平板进行线上评价，记录清晰、长期保存，并能实时分享给相关的科室、班主任、家长等，为家校互动奠定坚实基础。而且评价积分能够实时统计，省略了数据统计环节，为期末进行学生综合性评价提供数据支持，最终形成了包含思想品德、学业水平、身心健康、艺术素养、实践能力等方面的维度图，让学生对自己有更全面的认识，这也是学生未来人生规划的一个参考依据。

同时，在班级三项循环竞赛中，永昌一小也引入线上评价系统，学生利用平板进行打分，评价数据实时分享给班主任、大队部，有图有真相，强化了班级管理。此外，数据智能统计功能，极大地减少了大队部此前繁重的统计工作。

（4）搭建科研、教务软硬件设备系统

① 调换课系统

通过调换课系统，教师可以在手机端进行功课的调换申请，调换课时自动显示该时间段内所有需调换课节，每节课自动筛选出有空节的本班教师，然后是其他班教师，并显示电话直接联系相关教师，极其方便。教师提交流程后再由教务处审批，审核后会在一天前和上课一小时前智能提醒相关教师。此外，对于整个学期的代换课统计也是非常方便。

② 社团报名系统

每学期期初会通知家长开放社团报名系统的时间，家长用手机报名方式进行抢课，每个社团满额后不能再报，社团指导师则有5—10个额外名额的绿色通道，最后由教务处对剩余未报学生进行分配。通过数年实践，家长、大队部都非常满意。选课工作变得轻松，当天报名，次日即可开课。

③ 巡课登记表

通过巡课登记表，捕捉教师在课堂上的点点滴滴，并采用最新的信息化手段，以文字、图片等形式进行登记，登记后自动分享给教务处、教学副校长室、校长室，让校领导及时了解教师的上课状态，并给予相应的指导，加强教师上课的常规自觉性和规范性。

④ 预约共享课

通过预约共享课，记录教师上课的情况，及时捕捉教师在课堂上的亮点和不足，方便课后教学交流反馈。

⑤ 智慧课堂

通过云架构的智慧教学系统，利用云端记录教学，实现课前导学、同步备课、互动课堂、课后作业、在线检测、课程资源的云端一体化教学研究。

⑥ "互联网 +" 录播课堂

通过录播平台的搭建，真实还原课堂教学场景，通过和苍南县新安第二小学的结对帮扶活动，实现跨区域联合教学科研活动。通过每学期数十节的精品课，每节课后两校教师针对课例进行分析，关注课堂的生成，关注学生的发展，关注教师的引领。让 "互联网 +" 的课堂教学更有实效。

（5）构建智能安防系统

① 智能访客系统

当访客来访时，通过身份证识别访客的公安局备案信息，智能识别访客的安全性指标，判断是否允许进校访问，保障全校师生的人身安全。

② 魔点校园系统

通过魔点门禁系统的人脸识别入校，家长实时接收孩子上学、放学的信息，由此能够安心。智能考勤统计每天学生考勤情况，为安保处、校长室提供数据支撑。红外线的体温测量仪器精准检测学生的体温，减少了疫情的传播风险。此外，还具备智能化的学生请假功能。学生家长提交一天内请假申请、班主任审批通过后，保安会收到一条请假抄送单，此时才会放行，避免出现安全事故。多天请假具有多级审核和抄送功能。

③ 红外线报警系统

当夜间室内有物体移动时，即可触发红外线报警器，传达室会响起警报声，保安即刻进入用房检查流程，预防入室盗窃的发生。

④ 危化品管理系统

通过这套系统，实现了危化品整个生命周期的透明化、智能化管理，强化了管理员、总务主任、校长等对危化品的监督管理，实现了数据的长期保存和分析，改变了过去的粗放型管理，学校时刻守住危化品管理的红线。

⑤ 安全检查登记表

每学期，总务处会进行众多的安全检查登记，如期初油烟机和直饮机清洗、校园消杀、菜品留样等，填报表不仅能长期存档，还能实时分享数据给相关科室，保障了学生的在校安全。

4. 未来展望

永昌一小正在使用的多个智慧校园应用模块，通过这些模块，为学校的持续、稳健、智能发展注入了新鲜、强大的血液，践行过程中既吻合绿色生态办公理念，又提升了所有教师的工作效率和工作幸福感，一举多得。在 "智慧校园" 的建设中，永昌一小全体师生正一起携起手来，让智慧领路，朝幸福出发，使本校现代化装备设施与系统发挥更大的效能，为校园蓬勃发展和更高水平的教育质量提供有力保障。

（五）案例：需求导向　数据归集——CIO 制度联动下的智慧校园建设

（温州市第二外国语学校　陈德曹　谢建寅　吴郴斌　何　媛　黄建挺）

1. 背景介绍

未来教育，智慧先行。温州市第二外国语学校（以下简称"二外"）基于制度创新，升级管理机制，深度实行首席信息官（Chief Information Officer，CIO）制度，快速推动智慧校园建设。

为更好更全面地推进学校智慧校园建设，以信息技术为手段，解决教学和管理中的痛点，成立了学校首届 CIO 团队，分别由教学校长、年级主任和技术人员三人组成，自主搭建了学校综合管理平台，妥善解决部分管理问题，并获得两项专利。现基于流程管理再创造的思考，学校对新一届 CIO 团队配置进行了优化，不再设置信息化管理部门，直接将信息化管理人员融入学部。新一届 CIO 管理团队由校长担任首席信息官，下属团队管理负责人由学部主任兼任，根据成员工作能力特点进行分工，有后勤工作经历的同志负责管理智慧校园建设硬件采购，由计算机能力较强的同志负责整个系统的优化开发，两位同志均在学部任主职，深刻体会管理中的痛点，有强烈改变管理流程意愿，被赋予优化管理流程和智慧校园建设权力。这样的 CIO 团队是在负责学校管理的同时开展信息化建设，必然会始终站在用户的视角对智慧校园建设进行谋划、搭建、反思。

2. 主要目标

构建新一届 CIO 团队，实现学校管理平台的再搭建，统一数据采集标准，建立教育数据仓，实现数据归集应用，促进学校管理流程再造，提高管理效率，进一步提升数据治理能力，借助 Edata 平台为各项管理提供智能预警、辅助决策等功能。

3. 主要做法

（1）管理平台再搭建

学校自主开发的教育教学管理平台曾获多项国家专利，在学校管理中曾经发挥了重要作用。随着浏览器升级和网络代码的不断更新，开发符合当下趋势的移动端管理平台显得尤为迫切。

基于这一真实需求，CIO 团队发挥了在一线管理教育教学的经验优势，基于学生、教师的实际需求升级开发应用。CIO 团队经过多方比较，最终选择了钉钉原生应用"宜搭"作为学校基础应用工具，原系统的功能在移动端全部得以实现，联接部分纳入了少量自编代码，努力满足实际管理的个性化要求。基于"宜搭"平台自主开发的管理应用如图 42 所示。

图 42 基于"宜搭"平台自主开发的管理应用

通过低代码平台，CIO 团队将值班管理、学生考勤、学生学业成绩、教师工作绩效评估、学生评价、学校后勤服务等纳入数字化常态管理，已经形成校园"数据舱"雏形。

数字画像数据归集。采集学生德、智、体、美、劳等过程性数据，记录学生成长轨迹，建立学生数字档案，促进学生自主成长；建设教师成长数字档案，支持教师专业发展评价。

素养模块记录学生在求学期间获得的所有奖励、荣誉等，也是学校行规记分制度实施的信息采集平台，同时还从请假系统同步了学生各类请假记录。

（2）应用数据再归集

为了解决数据迭代与更新，治理"数据孤岛"与打通数据壁垒，以钉钉工作平台为基础，设置了后勤报修、物品采购、物品领用、库存管理、会议室管理、校车管理等功能，实现了数据归集，为建设数智校园提供了技术保障。

（3）智能改作再提效

通过前期调研、试点，推进智能改作。学生在普通的练习卷上作答，客观题不需要填涂，手写字母即可，主观题照常作答。教师不需要制作专用的答题卡，在普通的试卷上正常批阅主观题。错题打印机放在公共空间，学生课间随时可以扫码打印自己的错题，打印在不干胶热敏纸上，贴在错题本上，温故知新。

（4）数据大屏再整合

基于师生的日常教育教学和管理的高频需求，通过 Edata 平台（Edata 为阿里在钉钉开发的教育智能数据中心）将数据整合展示，如图 43 所示。实时推送各班早起寝室和个人。用实时、真实的数据营造二外刻苦学习的良好学风。

4. 成效与成果

经过近两年的努力，新一届 CIO 团队对学校的管理平台进行再搭建，完成了管理流程再造，提高了管理效率；对学校数据采集标准进行统一，实现应用数据归集，初步建立数据仓；在尊重师生纸质作业与批改习惯的基础上，探索了手写答题的智能批阅，并完成了答题数据采集；通过 Edata 平台将各数据仓整合展示，为各项管理提供数据智能警示、辅助管理决策。在

图 43　学校智慧大屏

这个过程中，学校获得了首届教育创新应用大赛二等奖、两项国家计算机软件著作专利、三年教育技术工作先进集体。

5. 发展计划

从独立到融合，从部门单项功能到向学部段逐步渗透，CIO 团队很好地实现了二外智慧校园的管理导向。二外 CIO 团队时刻在寻找新的技术服务部门合作，争取减少对教师原有习惯的改变，尽量让更多教师参与信息化实践研究。未来，学校将不断努力实现接轨浙江智慧教育"教育魔方"、温州教育"数字大脑"，打造温州二外"博雅智塔"，构建基于大数据的现代化校园治理体系，构筑可生长的学校信息化生态。建设"两个中心"，即数智自主决策中心、学力生长赋能中心，整体形成"一库三屏两像"架构，即一个基本数据库、三面可视决策屏、学生与教师数字画像，实现系统化采集、精准化分析、动态化监控、可视化管理、立体化评价。

（六）案例：对接未来教育，塑造智慧教育 2.0 新格局

（温州市瓯海职业中专集团学校　陈　畅　陈莲莲　林月测）

1. 背景介绍

当前，信息化、数字化、智能化是社会发展的热点，学校要可持续发展必须在这几大方面

持续发力。温州市瓯海职业中专集团学校从中职名校到省双高校，再到国家示范校，智慧校园建设一直是学校改革发展的重中之重，也是学校发展的基石。

温州市瓯海职业中专集团学校是首批浙江省智慧教育综合试点学校、首批温州市示范数字化校园、第二批温州市未来（智慧）校园建设验收学校。学校始终坚持"围绕产业办专业，办好专业为产业"的核心思想，紧密对接温州乃至瓯海当地的支柱产业进行专业布局。随着智慧校园建设迈入 2.0 阶段，学校通过几年的数字化改革沉淀，形成了以"育人为本、深度融合、应用为王、服务至上"为核心理念的具有中职特色的智慧校园建设新模式——"一核六横三纵五端"模式，简称"1635"模式，如图 44 所示。

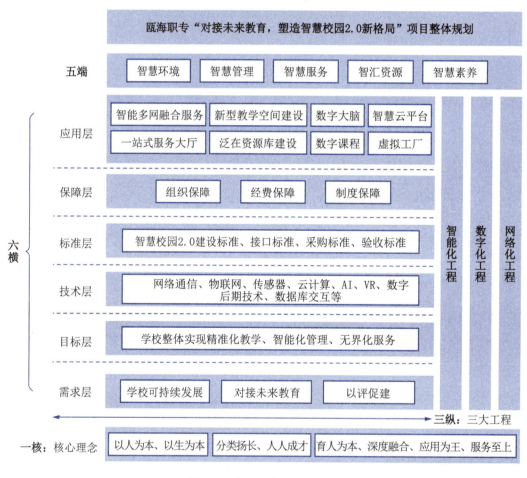

图 44 "1635"模式图解

2. 主要目标

为培养符合社会经济发展需要的人才，学校通过有机串联智慧校园 2.0 的建设理念、建设体系、工作载体、评价维度，全面升级智慧教育的主核心、主驱动、主模块、主程序，重点突出成标杆、成样板、成示范、成高地的建设效果。主要目标与内容如下：

（1）"一核"：以"以人为本、以生为本"为建设理念，确定智慧校园 2.0 主核心

"一核"指的是以"以人为本、以生为本"为建设理念，它是基于学校"分类扬长、人人成才"的办学理念，满足培养技能复合型人才、促进学校可持续发展和服务社会经济的需要，确立的智慧校园建设主核心，有利于切实提升学校信息化水平，整体实现精准化教学、智能化管理、无界化服务。特别是职业教育属于扬长教育类型，更需要强调以生为本，提倡个性化学习。

（2）"六横"：以"六大层面"为建设体系，安装智慧校园 2.0 主驱动

"六横"指学校在"需求、目标、技术、标准、保障、应用"六大层面为智慧校园 2.0 建设提供有效支撑。学校成立智慧校园 2.0 建设领导小组，做好整体统筹规划布局，并引入政府、行业、企业、高校等力量，依托多方联盟共同参与中职学校智慧校园建设。主要做法是基于学校需求提出建设整体目标；根据温州市智慧校园 2.0 评价标准细化分解应用需求，形成成体系、可操作的建设方案；做好智慧校园建设专项资金和激励机制保障，确保建设方案分步实施落地。

（3）"三纵"：以"三大工程"为工作载体，启动智慧校园 2.0 主模块

为了加快推进基于智慧校园 2.0 版的中职学校信息化能力提升项目落地，推动学校管理和服务方式变革，实现智能化、信息化教学应用覆盖全校教师、学习应用覆盖全校学生、数字技术覆盖全校管理，助力学校治理体系现代化、智能化、智慧化，教育信息化总体水平位列浙江省中职学校前茅，学校通过三大工程（智能工程、数字工程、网络工程）实施智慧校园 2.0 建设主模块。

（4）"五端"：以"'五智'提升"为评价维度，升级智慧校园 2.0 主程序

学校从智慧环境、智慧管理、智慧服务、智汇资源、智慧素养五个维度，做好三大工程的应用推进程序。主要做法有：依托五个维度选定创新点，升级智慧校园建设程序，推动智慧校园全面升级，如 VR＋汽修、"工业机器人＋眼镜"黑灯工厂等集群化智能实训环境建设；基于智慧云平台升级学校"数字大脑"驾驶舱，提高教育教学管理效率，打通钉钉移动端与智慧云平台，开展一站式数字化服务；依托"智能监控、智能一卡通、智能采集"，实现多网融合智慧感知服务；建成泛在资源库，汇聚沉淀报送系统、慧课堂等自建应用优质资源，系统可自动归类形成优质资源推送；基于整体的智慧校园 2.0 环境，开展基于教育技术的教与学变革，践行智慧教育，提升师生智慧素养。

3. 主要做法

（1）智能工程

一是夯实智能应用基础，建成多网融合平台。完善有线、无线一体化的学校网络体系，利

用先进的网关技术，整合和打通学校网络、一卡通、物联网、智能监控等应用网络，建成共性承载、统一管理、立体的通信环境，实现个性化智慧服务。利用 NB-IoT、5G 等通信技术，构建集智慧安防、智慧用电、智慧教室、智慧服务为一体的"智慧感知"校园环境。

二是引入智能高新技术，打造新型教学空间。加快教学场所的智能化改造，布点建设具有互动教学功能的智慧教室 47 间；利用混合云技术，构建集课堂教学、教师教研、学生学习、教学管理和评价、家校沟通等功能于一体的数据共享平台，支持中职课堂信息化教学创新。引入 5G、人工智能、VR 等新技术，重点围绕六大新兴专业，即眼镜设计与工艺、新能源汽车维修、物联网智能锁、工业机器人、数媒 VR、跨境电商，集群化打造智能化实训基地，推进专业融智，建设智能化实训室以及虚拟仿真实训室，推动"智能化 +"教学模式的变革，推动 VR+、交互式教学平台等学习空间的开发应用，构建中职特色智慧课堂，创设"理实虚一体化"混合式的中职未来教学环境。

三是开展智慧教育实践，提升师生智慧素养。开展未来（智慧）教育新形态实践探索，先行谋划创建"基于教育技术的教与学变革试点""人工智能实验学校"等智慧校园 2.0 版本教育信息化示范项目，形成一批省、市级智慧教育优秀典型案例；鼓励教师在教学中都能充分运用信息化教学手段，如将"三微"——微平台、微任务、微视频——应用到中职专业课堂教学，新能源汽修专业和数字媒体专业采用虚拟现实技术突破场地限制，眼镜与工业机器人协作完成虚拟工厂等学习空间的开发应用；中职学生在智慧教育新型教学空间中开展做中学、学中思、思中悟，有效提升全校师生的智慧素养。

（2）数字工程

一是架构全量数据中心，实现数据互联互通。架构全量数据中心，通过教务管理、学生评价、生活服务、教师成长、社会服务等源头实时采集，形成中职特色全量化数据仓库。对标治理，同步共享，多跨协同，实现互联互通，打通"信息孤岛"，为学校发展决策、教学诊改提供数据依据，为"数字大脑"全面实施打下坚实基础，同时利用人工智能和大数据技术，实现大数据挖掘和智能分析功能，实时反映学校综合运行，重点开展学生综合评价、教师成长档案、中职教学质量分析等特色数字化应用服务，为师生全方位发展提供便捷服务。

二是构建公共服务系统，设立网上服务大厅。鼓励学校依托"1+X"模式搭建智慧云平台，基于 1 个底层数据中心实现 X 个应用辐射，涵盖学校师生成长全生命周期服务，通过提供接入服务、统一门户、统一认证、基础服务等平台级服务，使得业务系统的管理、集成和互通更加灵活高效，更能适应教学服务、管理服务、师生评价、学习资源等需求快速变化的大环境，并保障业务系统的可靠运行。打通学校钉钉应用与智慧云平台管理应用，构建个性化、全面化、移动化的"一站式"网上服务大厅，推动"最多跑一次"改革，将服务功能统一集中到钉钉端公共服务系统上，实现统一风格、统一界面和一门化、一表化、一次性完成，并可根据用户需要提供个性化定制服务。

三是开展"数字大脑"建设，提升校园治理能力。学校要建成1个数字化新型展示空间，体现"以人为本、以生为本"的智慧校园理念。通过顶层设计，分步实施，实现"1库+N应用+N场景数据看板"，将各应用数据进行可视化展示分析，打造校级"数字驾驶舱"，形成集综合指挥、动态展示、综合应用等功能于一体的学校教育决策可视屏，实现教育感知智能化、态势监测可视化、事件预警可控化、应急处置高效化，助力教育治理现代化。学校"数字大脑"试点工作通过经验提炼，形成成果案例，以此为载体积极参与上级部门组织的数字化应用创新大赛，助力学校知名度不断提升。

（3）网络工程

一是应用在线交互平台，创新精准教学方法。升级学校网络教学平台，推广应用慧课堂、之江汇、蓝墨云班课教学互动平台，优化网络学习环境，专业课程采用线上线下混合式教学模式，线上线下比例超50%，积极开展"翻转课堂"等基于网络学习空间的特色教育教学活动，鼓励教师开展在线备课、网上授课。构建基于大数据的智能评价环境，积极开发符合智能时代育人需求的专业诊断工具、资源开发工具、教学交互工具、监测评价工具、管理决策工具等，推进人工智能与教育的深度融合和创新发展，实现"精细诊断、精准教研、精准教学、个性学习"。

二是建设优秀数字资源，打造泛在资源中心。鼓励教师积极参与"之江汇"同步课程建设，建成并推广使用教学报送系统，积累常态化数字化资源，完善数字化资源建设激励机制，鼓励教师参与在线精品课程等数字化资源建设。通过分批次遴选方案、建设实施、上线推广，建成一批高质量在线精品课程。建成1个校本资源中心，汇集资源报送、资源推送、教学交互等功能，资源选优沉淀形成精品泛在资源库。

4. 成效与成果

（1）智慧校园新篇章，信息化创建成标杆

学校携手"智能化+"，践行智慧教育，迅速提升师生智慧素养，开启信息化创建新篇章。2021年6月，项目负责人作为职业学校唯一代表在全省教育信息化示范项目交流大会做主题发言，赢得好评。2021年12月，学校成为首批省级智慧教育综合试点、全市唯一提前通过验收单位。2022年3月，学校获评首批市级人工智能教育标杆校，成为温州中职唯一荣获此殊荣的学校。

（2）数字改革创先锋，数字化资源成样板

学校重视优质数字化资源的建设，提倡线上线下混合式教学，建设优质数字化课程资源，助力在校学生与企业学员个性化学习、终身学习。如2021年9月，帅学华等老师负责的"联合国青少年素养与技能提升案例库"获得教育部全国行业职业教育教学指导委员会（简称行指委）结项证书，成为国际数字化资源的新样板；另外有4门在线课程被国家职业教育智慧教育平台收录，并全部被推荐参加省级评比，其中课程"商品拍摄与图片处理"被推荐参加国家级评比。

（3）"数字大脑"强应用，数字化创新成示范

学校先行试点职教"数字大脑"创建，依托学校"1+X"智慧云平台开展"数字大脑"驾驶舱建设，对中职学校建设应用"数字大脑"有很好的示范作用，成为可复制、可推广的数字化创新应用典型案例。

（4）智慧教育有内涵，信息化应用成高地

学校积极践行智慧教育，形成一批优秀案例成果，2022年，6篇入围省级典型案例，2篇入围国家级典型案例。信息化教学方面，有3个多彩课堂项目获省级奖项，3支队伍获得信息化教学能力大赛省级奖项，获奖数量领跑全市。学校师生连续三年获省级以上奖项数量名列全市中职学校第一。

（七）案例：让校园更智慧，促育人更高效

（永嘉县第二职业学校　赵瑜珍　杜林周　陈振威　潘非凡　赵小秋）

1. 背景介绍

一直以来，永嘉县第二职业学校都非常重视信息化建设工作。创建前，学校基础设施完备，校园网全面覆盖；2013年完成温州市示范数字化校园创建；2017年完成市创客基地创建。2015年以来，立足学校实际需求，组建"校本信息化平台"开发团队，专门研发日常教学和管理中经常用到的"小微软件"，服务教学与管理。但是，随着"互联网+"的普及和建设，学校信息化工作存在这样一些问题，包括：信息化设备缺乏系统规划、管理不够到位；信息平台局限于PC端，不方便使用且存在"数据孤岛"；教师信息化应用水平不高，智慧教学能力亟须提升；等等。

2. 主要目标

围绕"学生"这个中心点，以教师成长和学生学习旅程为链条，以信息技术对学校的教学科研、管理等各项工作进行现代化改造，构建资源数字化、应用集成化、传播智能化的信息环境，全面提升师生的信息素养和应用水平，最终建成优质、安全、绿色、人本的智慧校园。主要目标细化为下面四个方面：

（1）构建智慧环境

在现有基础上继续统筹规划，分步实施，有计划地引进先进设备，为师生的教学构建便捷、健康、智能、智慧的硬件环境，全面推进以学生为中心的信息化教学环境建设，满足学生

自主、便捷、个性化的学习需求，为师生提供有效的智慧教学环境。

（2）推进智慧管理

基于问题，解决问题，校内组建研发团队，构建基于钉钉的、覆盖全校工作流程的、协同管理的信息体系，共生共享数据，提高办公效率、提升管理水平，打造一个符合学校实际需求的智慧校园平台。

（3）变革智慧教学

有效应用网络学习空间，建设校本数字资源库，加快各学科专业资源的数字化改造。每年开出省平台同步课程 8 门以上，积极探索线上线下混合式教学模式，开展"以学生为中心"的新型课堂教学模式，提升教师信息素养，提高学生学习积极性，深入推进"教与学"的方式变革。

（4）提供智慧保障

加大经费投入，为智慧校园创建提供经费保障。由分管校长负责，成立 CIO 微团队，研究项目推进机制，落实信息安全责任制，确保网络健康、安全运行。完善智慧校园相关管理制度，建立教育信息化检查评估机制。

3. 主要做法

（1）统一认识，制度到位

自智慧校园项目立项以来，学校成立智慧校园项目建设领导小组，由校长任组长，在组织、资金、制度和技术等方面采取各项保障措施，确保智慧校园建设项目稳步推进。同时，出台相关制度，如《智慧·云教室使用管理办法》《省之江汇平台同步课程奖励方案》《创客空间考核办法》《名师工作室（创客空间）实施意见》等，为智慧校园的建设和运行提供保障和指导。

（2）统筹规划，硬件配套

硬件设施是智慧校园创建的物质前提。为解决创建前"设备添置缺乏长远规划、管理不到位"的问题，近几年，学校对智慧校园信息化设备建设、管理制定总体规划，先后投入 1 000 多万的资金创建了创客工作室、智慧教室、云教室、VR 中心、"云渡"新型教学空间等创新空间。做到设备建设有规划、管理有保障、使用有指导，解决教师对设备使用的后顾之忧。

（3）学校 + 互联网：依托网络学习空间提升教师智慧教学能力

教师智慧教学能力是智慧校园创建的核心，学校针对存在的问题，依托"之江汇"平台，组建网络学习空间应用团队，采取一系列有效的措施，如名师引领、关键少数、团队合作、制度保障等项目化的推动手段，实现教师空间学习提升全覆盖，助推教师专业成长。

（4）互联网 + 学校：基于钉钉平台的智慧校园平台架构

众所周知，市场上智慧校园的管理软件虽然品类繁多，但真正适用于学校管理的却很少，如果定制的话，不仅费用高，而且耗时长且修改不便。为全方位解决各项管理痛点，学校立足本校智慧校园实际需求，成立智慧校园平台研发团队。由各部门针对日常工作中碰到的问题，提出方案，研发团队对方案的可行性进行分析、预测，最后做决定，方案通过后即时开发，有问题随时修改。经过几年努力，"需求驱动，敏捷管理"，基于钉钉平台构建了三层管理数据场景圈，实现校园日常管理的大部分工作事项"上云"，管理效率得到了大幅提高。

4. 成效与成果

（1）智慧教学：整体推进，重在"应用"

目前，学校教师已能得心应手地将"之江汇"平台、钉钉智慧校园平台应用于日常的学生管理、教学管理、后勤管理中。特别是教学功能中的互动课堂、移动讲台、课前课后作业发布和在线批阅等功能，方便实用，操作简单，一线教师都已能熟练使用。同时，因此平台的带动，教师纷纷去关注更多的其他教学平台（如 UMU、希沃等），学习更多的其他教学手段，进而使学校的信息化教学呈现百花齐放的喜人景象。

① 强化流程规范

为适应职业教育发展新形势、新要求，践行《国家职业教育改革实施方案》有关精神，学校以"三教"改革理念为指导，积极探索空间备授课创新课堂模式，形成了"三二一"的教学法，如图45所示。

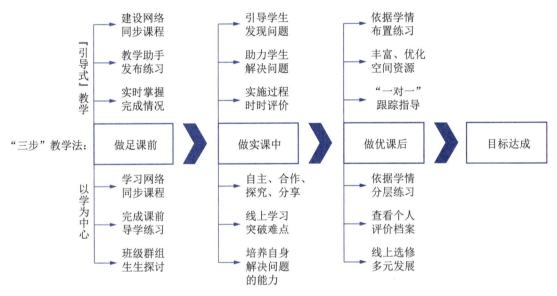

"三步"：做足课前、做实课中、做优课后。
"二线"：线上、线下教学融合，以线下教学为主，以线上空间教学为辅。
"一变"：传统教师"独白式"教学转变为以问题引导的"引导式"教学。

图 45 "三二一"教学法

在这种教学模式下，学习方式也发生了很大转变。以学生为中心，学生通过线上学习，相互间合作探究，分层学习等养成自主学习的能力。在课前、课中、课外以及教学评价中应用网络学习空间，使教学有痕、学习有迹。

② 强化课堂应用

为解决"教师信息化水平不高，智慧教学能力有待提升"的问题，学校有计划地按信息化发展趋势来开展新技术培训，强化应用。如：基于学校创客中心的建立，开展"王教授带你玩转 3D 打印"系列讲座；智慧教室的全员过关使用培训；针对智慧教学手段技术提升，邀请专家开展省"之江汇"平台使用培训，并鼓励本校教师开展互动课堂教学实践系列专题分享。

同时，定期开展各类信息化教学研讨活动，如智慧课堂开放周、多彩课堂研讨课、"互动课堂"展示课、新教师智慧课堂汇报课、同步课程线上线下选修课等，聚焦空间应用的技术和经验，以关键少数、同伴互助的各类活动，发挥示范引领作用，推进网络空间以点带面的研学应用，使得信息化平台在教学实践中酷炫精彩。

③ 强化课程融合

学校重视各类在线课程的开发与建设，鼓励教师积极参与在线课程建设，利用在线课程促进信息技术与教育教学的深度融合，促进优质网络课程共享。

学校有多年的选修课程开发经验，积累了一大批选修课资源，包含 30 多个校本教材资源，如"VR 入门实例开发""楠溪江研学旅行手册""永不落地系列"等。因此，校级精品在线课程建设具有很好的基础。省"之江汇"平台同步课程的建设采用"众筹"方式，大家参与建设，也能分享资源。短短三年时间，师生共建、校企合作上线了同步课程 70 多门，招收全省互联网学员达 6 000 人次，在全省产生广泛影响，课程数量位居全省之首。

同时，将开发的课程应用到本校的选修课常规教学中，对本校选修的学生安排线下教学活动，及时了解同步课程中的共性问题，并在线上教学中落实。致力探索线上碎片化学习与线下精准教学相结合的双线模式，实现跨界自学，很好地促进了信息技术与教育教学的深度融合。

（2）智慧管理：务实高效，重在"敏捷"

① 唤醒沉睡数据

"数字化"的关键在于"化"，客观上来说，传统的学校管理数据大多停留在纸面上，并没有得到有效的利用。有调查显示，一般学校只有 10% 的数据得到采集，90% 的物理世界数据尚处于"沉睡"中。如何唤醒 90% 的沉睡数据，是数字化管理必须解决的问题。基于此，学校提出了"场景圈"数据管理模型，尽可能对学校管理的每一个端口形成的数据"应采尽采"，实现教育数据"应联尽联"，从而有效构建以教师和学生为中心的"数据场景圈"，实现"人"的层面和"数据"层面的系统融合，最大程度提高治理效能。

② 简化繁琐流程

以教职工发票报销为例，传统的线下报销流程是教师经常吐槽的事，一层层找领导签字，一次次来回奔走，时间被大量消耗，情绪时有起伏。当运用互联网技术去解决这一问题时，"跑腿签字"的活可以全部由平台"代办"，教师只需要负责在网上提交即可等待费用到账。教师不仅不需要与任何领导见面，还能随时看到流程进度并可以提醒层级领导及时审核批复。

诸如发票报销、请购单审批、请假此类烦琐的传统管理行为在学校出现频次较高，数字化管理的任务就是针对这些问题进行"技术攻关"。学校通过人脸识别考勤系统实现对学生到校、就寝情况的准确统计，并根据需要及时发送至关联管理人员；通过"家校互通"模块实现了家长远程签署告家长书及相关承诺书；通过"魔点门禁""智能会议室"模块解决了学校多功能场所申报使用和管理难题，教师网络申报、申报成功且获授权后可刷脸开门，学校可通过后台监测最后使用者并对场所维护情况进行责任追踪；通过"云打印"模块实现全校数百打印机云联接，教师轻点手机或电脑可在任何地点实现校园内文件直接传输打印。若资料报送多部门，可在线选择相关部门打印机，一次点击完成多部门资料报送。

③ 统一数据输出

学校智慧校园平台管理，很大程度上消除学校各部门数据的不一致性，实现数据统一并能够广泛共享。可以说，学校管理产生的数据是海量的，任何一个管理者都难以凭记忆对所有数据谙熟于心，但互联网技术可以让各类数据始终动态在线，管理者凭移动手机终端对数据随时准确熟知。学校通过"德育管理"模块，可随时查看 67 个班级每天班级管理六项竞赛的各班得分及扣分明细；通过"数字宿舍"模块，可随时查询全校 3 335 个床位的入住人员及动态变化；通过"平安校园"模块，可熟知全校 336 个灭火器的具体位置及使用期限，并随时查验每天各场所消毒情况；通过"数字餐厅"模块，可清晰知晓每天入库的食材数量及新鲜程度。因疫情防控需要，"校内就诊"模块可以清楚显示每天到校医室就诊的学生名单，以及学生的症状和校医诊断，对病假学生尤其是发热学生全程跟踪到健康返校。

④ 实现数据决策

智慧校园管理不仅仅是目前看到的数据可视化，数据可视化仅仅只是智慧校园管理的一种呈现形式。如何处理已经采集到的数据，打通各部门采集的数据并加以联动分析，最终在"数字信息"的基础上实现"数字赋能"和自动化的"数字决策"，这是数字化管理的进阶方向。

在学校的管理中，正在逐步实现数据决策，如：通过每月电费数据的对比、分析、查找出管理漏洞，从而实现月用电量下降近 10%；通过分析各部门纸张领取和使用数量的情况，发现教研组间教学科研的失衡问题……学校从数字化入门，一步步向数字化转型，数字化管理的探索已经让学校的管理上了一个台阶，希望通过数字化管理最终能自动实现对教师和学生的全周期科学评价，实现学校保障体系的高速自转，实现学校与师生和家长的在线连接，从而达到人与组织、组织与组织的一体化融合。

（3）智慧成果：特色显著，重在"辐射"

学校被评为教育部"2020 年度网络学习空间应用普及活动优秀学校"，是浙江省温州市唯一入选学校，实现本地区零的突破。网络学习空间案例入选教育部 2022 智慧教育优秀案例集。2020 年的"基于'互联网'的青年教师信息化能力提升项目"、2021 年的"中职教师智慧课堂教学能力提升校本研修课程"和 2022 年的"中职教师生本课堂教学能力提升培训"，校本研训项目连续三年获市一等奖。学校教师校企合作、师生共建省平台同步课程 75 门。

① 钉钉智慧校园平台的辐射

《温州都市报》以题为"永嘉学院：构建数字化三个圈，校园管理秒变敏捷"进行专题报道，智慧校园平台引起温州市职业中等专业学校、永嘉县职业中学等学校的关注。在 2021 年 5 月，永嘉县"数据采集、处理与发布"专题培训中，杜林周老师为全县各校技术人员做关于钉钉平台应用的专题讲座。"新生入学智慧化"平台在同类学校中被推广应用。

② 网络学习空间推广应用的辐射

学校有 13 名教师受邀到本市兄弟院校开设专题讲座，推广网络学习空间应用经验达 45 次。学校推广应用"之江汇"平台的实践案例，在全省大会上得到传播分享。在全市教育"送培下乡"活动中，学校潘非凡老师多次在各县做"基于之江汇教育广场的教学变革"讲座，在邻县的同步课程应用讲座中有赵小秋老师的"创建网络同步课程，服务线上线下教学"讲座，在县德育大讲堂公益直播课堂上有周培雷老师的"之江汇·实现师生'零距离'"讲座。更具典型意义的是，2021 年 7 月，在县教师发展中心举办的"之江汇教育广场 2.0 应用"专题培训中，两天半的线下培训全部由永嘉县第二职业学校讲师团队 6 位教师"承包"，分别开出"之江汇教育广场的学校推进机制与策略""同步课程视频建设规范与制作技术实操""之江汇备授课一体化教学体验与实操"等 6 个专题和所有的线下实操指导，县教师发展中心负责人和全体培训人员对讲师团队的专业能力与精神给予了极大的肯定，较好地带动了周边学校智慧校园的创建与应用。

5. 发展计划

智慧校园创建已成为学校的必然发展趋势。教育的主体是学生，无论是智慧环境创建，还是教师教学能力的提升，抑或是信息化平台的开发应用，都必须遵循"以学生为中心，以学习为旨归"的理念，以学生的需求为目标，立足学校做好平台搭建，开发课程资源，提升教师课程与信息技术的融合能力，服务教学、服务学生的终身发展。作为后续任务，学校将在今后进一步聚焦课程资源质量的提升，重点思考如何将同步课程更好地应用于线上线下的融合教学、跨界自学，致力优化线上碎片化学习与线下精准教学相结合的双线模式，力争让智慧校园平台、网络学习空间成为师生共同成长的良师益友，真正实现"智慧校园，高效育人"。

四、推进教育数字资源的有效应用

（一）发展综述

教育数字资源是指在教学过程中使用的电子化、数字化的各种教育资源，包括文字、图片、音频、视频、互动模拟等多种形式的教育内容。这些资源可以通过互联网、计算机软件、移动设备等数字技术进行制作、管理、传播和使用，以支持教师和学生的教学和学习活动。数字化平台提供了丰富的教育数字资源，学生可以不受时间和空间的限制，随时随地获取教育数字资源。与传统教育资源相比，教育数字资源能够丰富教学内容，可以通过音频、视频、互动游戏等多媒体形式呈现教学内容，使得学习更加有趣，增强学生的学习兴趣和积极性，使得学生更加直观地理解和掌握知识，从而提高学习效率和质量。数字化的教育资源能够通过互联网等技术手段实现全球范围内的信息共享，可以将优质的教育资源分享给更多的学生和教师，扩大了教育资源的覆盖面，同时能够提供一系列的教学工具，如在线测试、数据分析等，方便教师对学生的学习情况进行管理和跟踪，及时发现问题并采取措施进行干预。为顺应教育数字化、推进教育现代化，应更加重视教育数字资源在教育中的重要地位，探索数字教育资源的人机协同建设模式与技术，加速海量个性化学习资源的生产[①]。

2021年1月，教育部等五部门发布《关于大力加强中小学线上教育教学资源建设与应用的意见》，明确提出"到2025年，基本形成定位清晰、互联互通、共建共享的线上教育平台体系，覆盖各类专题教育和各教材版本的学科课程资源体系"，"学校终端配备和网络条件满足教育教学需要"，"师生信息化素养和应用能力显著提升，利用线上教育资源教与学成为新常态"[②]。2022年3月28日，国家智慧教育公共服务平台正式上线启动，为各个教育阶段提供丰富优质的数字资源，现已成为世界第一大教育数字化资源中心和服务平台。

温州市顺应教育数字化转型趋势，推进数字资源利用效率，加快数字化教育教学平台建设，将数字资源、数字化平台多场景、多方向展开应用。洞头区元觉义务教育学校全体教师关注智慧平台、重视智慧教育，充分利用智学网、学科网、钉钉教育平台、之江汇教育广场等学习平台开展教育教学活动。一方面，教师利用平台进行集体备课活动，打破了时间、空间的限制，提高了备课的效率；另一方面，学生通过智慧空间与教师和同学进行交流沟通，取长补

---

① 杨现民，赵鑫硕，陈世超."互联网+"时代数字教育资源的建设与发展［J］.中国电化教育，2017（10）：51-59.

② 教育部.教育部等五部门关于大力加强中小学线上教育教学资源建设与应用的意见［OL］.（2021-01-28）http://www.moe.gov.cn/srcsite/A06/s3325/202102/t20210207_512888.html.

短，促进自身认知能力的发展。瑞安市教育局推动落实党的二十大"推进教育数字化"的主张，全面推进智慧教育的发展，发挥智慧教育平台应用试点的模范带头作用，实现创客空间、同步课堂、智安校园、无线网络区域学校全覆盖，着力打造高品质教育。温州市教育技术中心着力打造优质的温州非遗文化课程数字资源库，践行"非物质文化遗产入校园"的主张，实现非遗文化"入理念、入环境、入课程、入活动、入管理、入文化、入成长"，促进学生知识与技能同情感态度与价值观并行发展。永嘉县第二职业学校打造了基于问题、靶向绩效、服务师生的"3D"［读（dú）你、懂（dǒng）你、渡（dù）你］网络学习空间建设和应用模式，通过多维度、立体化的模式，提升学校改革影响力、教师跨界合作教研力、学生项目参与学习力。

（二）案例：借国家智慧平台，促海岛教育共富——洞头元觉义务教育学校智慧教育浅探

（洞头区元觉义务教育学校　庄永育）

1. 背景介绍

洞头区元觉义务教育学校位于温州东部，坐落在风光秀丽的元觉街道状元村。学校先后获得省文明学校、省农远工程先进单位、市行为规范达标校、市绿色学校、市教学规范化达标学校、市义务教育示范性学校、市教学常规达标校等三十多项荣誉。

信息技术的兴起和发展改变了人们的生活方式和社会发展模式，也带来了教学方式的重大变革。结合学校的学情和校情，学校全体教师关注智慧平台，重视智慧教育，主要有以下几方面背景：

一是学校地处海岛和港区，留守儿童和农民工子女占了学生总数的三分之一，家庭教育水平不高，学生自主学习力不强，亲子活动不足。智慧教育成了迫切的现实需求，是家长、学校、学生联系的重要纽带。

二是信息技术发展快。智慧平台资源丰富，学习方式简便，能有效弥补课堂不足。

三是学校硬件提升快。学校有创客教室、智慧教室、信息技术教室和专职信息技术教师；学生信息技术操作能力强；学生家庭条件不错，智能手机、电脑基本不缺，具备智慧教育的条件。

四是学校教师队伍总体较年轻。平均年龄在36岁，35岁以下的教师占一半以上。教师思维活跃，信息技术能力强，有利于智慧教育的开展。

五是结合办学历史和地方民俗风情。为践行办学理念，达成育人目标，学校构建了"新'六艺'，状元梦"课程（如图46所示），课程内涵和外延都需要网络资源支撑。各种因素的综合，促进了家校对智慧教育的认可。

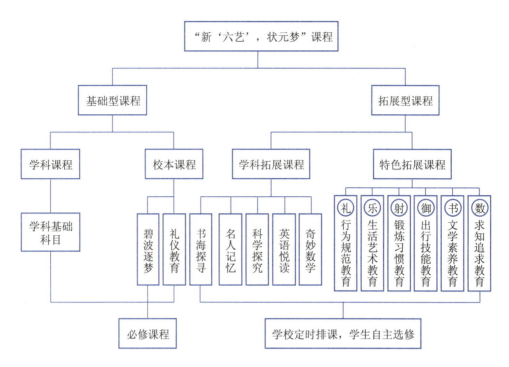

图 46 "新'六艺',状元梦"课程结构

2. 主要目标

借助国家智慧教育平台,丰富学校教育教学资源。一方面为教师教学和教研提供助力,实现教师常态化研修,提升教师教学能力;另一方面,实现课堂高效学习,辅助学生自主学习、个性化学习。

3. 主要做法

智慧平台有多个学科空间(如图 47 所示),提供了海量的资源,学习者如鱼得水,纵情畅游。智学网、学科网、钉钉教育平台、"之江汇"教育广场等学习平台点燃教育智慧之光,架起课堂到科研、自主学习到亲子活动智慧之桥,助力了从小课堂到大教育的转变。

阅读与乐趣	读万卷书	趣味英语	探索
乐林风情	运动人生	数学小科普	史空连线

图 47 智慧平台学科空间

智慧教育拓展了学校师生教学的空间，丰富了教学内涵，使海岛教育融入现代化进程。国家智慧教育平台资源丰富、功能强大、实用性强、操作简单，更重要的是免注册、免下载，可以在线学习。九大应用场景架起了家校共建桥梁、师生合作通道、亲子活动平台，是教、学、评理想的载体。国家智慧平台引起学校教师极大的兴趣，学校按照"一次联结、两个基点、三座小屋"思路开始学校国家智慧教育的浅层探索。现在学校已分别建立班群、校群和组群等。

（1）一次联结

国家平台和原有智慧平台各有长处，可以强强联合、优势互补。学校开始了一场牵手之约，从思想到行动再出发。

一次思想动员。国家平台是教育系统贯彻党中央、国务院决策部署的实际行动，是实施教育数字化战略行动的重要举措，对推动高质量发展和共同富裕具有重要意义。推进国家平台既是重要教学机会，也是重要政治任务。学校开展一次思想动员，开展党史学习、政治学习，国家平台布置会等活动，让全体教师高站位、强实施、重担当落实国家平台推进任务。

一次技术培训。为了让教师更好地了解国家平台的意义，掌握国家平台的功能，学校组织了各个层面的培训，包括学校负责人参加市培训、请专家给教师进行智慧平台培训、班主任给家长学生智慧平台培训。

一项考核制度。学校根据以往智慧平台推进经验，为统一思想，制定了国家平台使用管理制度，将平台使用情况纳入教师常规考核和班主任考核，实现教师从规范到习惯再到自然的转变，确保了国家平台的落实和运用。

（2）两个基点

国家平台九大应用场景中，除区域管理外，其他八大场景均与教学息息相关，涵盖了教与学的内涵与外延。根据功能和学习方式的特点，学校将八大应用场景分为教师进修和自主学习两大类，明确了主导主体的主要职能及任务清单，使家校在运用智慧教育时更有针对性和操作性。

（3）三座小屋

与其他平台相比，国家平台具有实时互动、更方便操作的特点。学校围绕九大应用场景，立足两基，构建国家平台"高质资源小屋、高效教研小屋、高效学习小屋"三座小屋，开展教、学、评活动。

一是高效教研小屋。作为一所海岛农村小规模学校，教学资源相对薄弱，年轻教师热情高，冲劲强，但教学经验欠缺，教学技能不成熟。国家智慧平台给学校打开了一扇窗，为学校提供了一个研学平台，"教研主题小屋"应运而生。各教研组根据学科特点打造主题小屋，利用平台丰富的资源和功能开展研学，提升技能和积累经验，促进个人专业的发展。国家平台具有实时功能和便捷的交流程序。教师可以集中教研，也可以分散进行；可以计划问题研讨，也可以突发话题探究；等等。这种便捷的交流方式使教研变得常态化、生活化，既高效又灵活。

二是高效学习小屋。在传统的班级教学中，采用的是集中授课方式，学生的学习水平不一，不能完全做到因材施教，学生需求满意度低。智慧平台给学生提供个性化学习机会，是对集中学习的重要补充。通过平台，可以建立师生、生生课外学习通道，突破时空限制，及时弥补知识空白，实现共性与个性的优势互补。

高效便捷的国家平台使学生自主学习变得游刃有余，学生可以随时观看优质课例，撷取资源，生生互动，合作学习。教师可以通过国家平台进行分层组群，如有教师根据学业水平，将学生分为健步群、登高群和眺远群，因材施教，让学生吃得饱，吃得好。国家平台让教师无处不在，良师益友如影随形。

三是高质资源小屋。国家平台作为国家级教育平台，起点高，品质好，站内资源都是经过精挑细选的，基本是省部优质精品课例。名师执教，高端引领，具有较高研学价值。学校通过教研组和能力较强的教师，分析、归纳平台资源，优中选优，组建资源群，打造高质资源小屋。有人说，国家平台目前资源涵盖范围不广，这正彰显了平台宁缺毋滥的建台理念和慢工出细活的品质追求。

4. 成效与成果

（1）助推学校教学质量提升

新冠病毒感染对海岛学校影响很大，便捷强大的智慧中小学等平台给学校师生提供了二次学习资源，助推了教学质量的提升。

（2）推动学生综合素养发展

国家平台丰富的素质教学资源，弥补了学校素养课程和课后拓展课资源的不足，提升了课堂品质。学校学生在各项素质展示中取得了较好成绩，其中自制潜水艇获市一等奖。

智慧平台还拓展了学校校本课程取材范围，提升了资源质量，加速了"五育"融合，促进了学生高素质成长。学校海事课程被评为省级精品课程，瓦画课程和剪纸课程被评为市级精品课程。

（3）促进教师能力提升

教师通过登录教师空间开展教学观摩，议课评课，开展网上集体备课，根据学科特色和任务需求，装扮空间，寓教于乐，如"读万卷书""乐林风情""运动人生""趣味英语"等空间，既展现了教师的个性、提升了教师的能力，又能起到辐射带动作用。如陈玲玲老师的空间点击数超 3 万，带来了极大的示范辐射效果。

5. 发展计划

目前，我校国家平台运用还处于表层化、浅层化的状态。下一步工作，我们将深度对接平台，完善平台运行机制，构建高效信息平台，提升互通能力，优化海岛教育教学环境。

（1）开展多形式培训，提升教师技能和整合能力，夯实平台运用基础，加强宣传国家平台，引导家长认识、关注平台，构建家庭智慧教育环境。

（2）学校进一步完善国家中小学平台实施方案，做好顶层设计，深化学生自主学习、资源整合、教师研修和课后服务等场景的建设，有的放矢地用平台。

（3）加强学生自主学习能力的建设、学法的指导，丰富学生的学习方式，制定表彰机制，从形、量、质等方面引导学生高效使用平台。

（4）加快校际合作，主动对接国家平台运用强校，学习先进理念和技术，邀请专家团队和优秀教师来校指导，双轨并行，提高学校平台的使用率。

国家智慧平台仍在摸索前行，却给农村海岛学生插上了隐形翅膀，帮助他们跨越山海，打通了教学"最后一公里"，优化了海岛农村学校教学环境，有助于消除城乡差别、促进海岛教育共富。

（三）案例：区域推进国家中小学智慧教育平台应用的实践与成效

（瑞安市教育局　王心海　蔡文勇　谢正勇）

1. 背景介绍

近年来，瑞安市投入教育信息化相关经费 1.5 亿元，全力推进智慧教育发展，建成覆盖全市中小学的万兆主干网络城域网，支持 20 万师生在线网络学习。创客空间、同步课堂、智安校园、无线网络实现区域学校全覆盖。瑞安市成为智慧教育平台应用试点以来，将这项工作作为推进教育改革和教学变革的重点手段，树立全市一盘棋意识，多部门联动，统筹落实，多举措驱动平台应用，形成家校共育、师生共建的良好局面。其先后被列为浙江省移动终端学习试点县、浙江省区域推进智慧教育试点县、浙江省人人通空间规模化应用试点等；2022 年，成功申报国家智慧教育平台地方试点。智慧教育平台移动端安装覆盖率 100%，常态化应用率超70%。平台家长端安装覆盖率达到 82%，活跃账号超过 67%。

2. 主要目标

瑞安市教育局始终坚持以教育信息化带动教育现代化的发展战略，以促进教育均衡、提高教育质量为主线，以信息技术融合教育教学为抓手，加快教育信息化步伐，以不断深化学校教育综合改革、培养高素质教师队伍、实现教育数字化转型为目标。

3. 主要做法

（1）推进顶层设计，建立长效机制

一是压实主体责任。成立以局长为组长的瑞安市国家中小学智慧教育平台应用推广工作领导小组，指导学校有序有效开展工作，定期召开推进工作协调会，开展工作评估，确保应用推广工作取得更多成效。各学校相应成立以校长为组长的领导小组，扎实推进平台应用工作。

二是明确工作思路。出台《瑞安市国家中小学智慧教育平台应用推广工作方案》，明确工作目标和具体任务：2022年8月份完成学校管理员认定工作，9月份开展平台应用推进会，11月底前各学校完成市级专项课题立项申报工作。计划2023年3月召开阶段性总结会，总结平台应用推广工作经验，推广一批平台应用典型案例，评选出瑞安市首批国家中小学智慧教育平台应用推广示范校。

三是加强评估考核。以各项评比活动为抓手，加强应用推广，提高中小学校广大师生对平台各场景的应用。平台推广工作纳入学校年度考核。

（2）稳步推进应用，引导实践融合

一是分级试点推进。推荐毓蒙中学等7所学校作为省级试点学校，市实验小学等40所学校作为瑞安试点学校。试点学校进行全场景应用，将平台应用到教育教学的各方面。其他学校根据实际校情，找准切入点，就某两个或多个应用场景和方向展开应用。

二是推进应用研究。将平台应用与各业务科室日常工作相结合，开展业务工作再探索，实现工作方式再塑造。把平台的学习培训作为全市"中小学教师信息技术应用能力提升工程2.0"的重要内容，分层次、分学科、分区域强化应用培训。指导学校开展应用，及时提炼成型做法和成功案例，并适时在全市推广。开展教师平台应用经验与案例征集活动，鼓励一线教师依据教学工作实践对平台在教育教学中的功能、作用、做法、成效及存在问题等进行梳理和总结。

三是促进教育教学变革。创新"双师课堂"应用模式，推动学校尤其是乡村学校把平台优质资源融入日常课程教学体系。开展基于智慧教育平台的各学科教学论文和教学设计评比，引导教师运用平台优质资源，实现信息技术与教育教学的有效融合。开展如微课、精品课、优质课、融合课等各类常规教研活动，形成一批优秀的教学资源充实平台，目前已向浙江省推送16个精品课程资源。

（3）注重教育创新，重塑应用场景

一是创新教研形式。利用平台优质课程视频资源，为校本教研带来从"质变"到"智变"的蜕变。瑞安中学英语教研组组织观摩学习课程视频，开展组内教师同题说课、试课及同课异构活动，共同探索课堂教学变革新途径。瑞安市第十中学数学教研组借鉴平台学习任务单模块，推进校本教学设计和校本导学案设计，将"作业校本化"做实做细。瑞安市第五中学语文教研组以平台课后作业为模板，开展"以题导学，促教评学一体为主题"的作业设计和说题比赛，以赛促研，以研促教，提高学科教学质量。

二是丰富课后服务内容。学校结合办学特色、学生学习和成长需求，充分利用国家中小学智慧教育平台，开发设置丰富多彩的文艺、体育、劳动、阅读、兴趣小组等特色课程、服务项目和社团活动，将原先完成作业向特色活动转变，将单一的课程向丰富的课程群转变。

三是创新劳动教育。以"劳动教育"课程板块为蓝本，结合学生实际制定适合不同年龄段学生的《劳动手册》。家长督促，记录日常劳动完成情况上传。通过智慧教育平台班级群，将在校劳动评价与在家劳动评价相结合，形成具有先行示范作用和地区辨识度的中小学劳动教育模式。

4. 成效与成果

一是注入教师研训新内涵。于2022年8月份完成学校管理员认定工作，9月份开展平台应用推进会，11月底各学校完成市级专项课题立项申报工作。并计划2023年3月召开阶段性总结会，总结平台应用推广工作经验，推广一批平台应用典型案例，评选出瑞安市首批国家中小学智慧教育平台应用推广示范校。

二是创建校本教研新样板。校本教研从传统的组织形式逐步走向新型的数字化研训模式，实现从场景、内容到形式上的转变。数字技术的应用，突破时间和空间限制，通过创建虚拟学习空间，帮助教师随时随地加入学习和研讨中，促进知识的共同建构，实现教师独立学习与教研团队研讨灵活应用，促进教研组学习共同体发展。

三是建立个性化学习新渠道。逐步探索平台与日常教学融合，利用课程学习任务单和丰富的配套习题库，方便教师进行学情研判，并针对不同学生的特点，提供对应教学课程和干预手段，用智慧化助推个性化教育。各试点学校，积极探索分层教育新模式，通过线上线下融合的方式，为学生随时随地、个性化学习提供资源和扶持，实现差异化数字化转型，促进"教、学、评"三者有效融合。

四是打造劳动教育新模式。实施新时代劳动教育提升工程，完善"研学旅行"体系，积极创建国家级、省级、市级劳动教育基地。做到家庭劳动教育日常化、学校劳动教育规范化、社会劳动教育多样化。曹村镇第二小学以国家中小学智慧平台作为学习和借鉴的载体，通过"友好化、需求化、本土化"的"三化"目标，因地制宜开展系列新劳动教育做法，构建"1+X田园课程"体系，成为小规模学校走出突围之路的有效载体，课程体系获得温州市特色课程第一名。

五是形成家校互联新局面。开展各类App整治，对各类家校互通软件进行统一整改，形成以智慧教育平台为核心应用的家校互动平台。以瑞安市实验小学等学校为典型，在学校基本完成教学教研信息化的同时，通过平台提供的应用，促进家长和学生利用教育云平台，加强家校交流互动，形成家校互联新局面。

六是提升课后服务新高度。学校充分利用国家中小学智慧教育平台课后服务课程资源和专题教育影视纪录片两大板块资源，不断丰富课后服务内容和形式，努力提升学校课后服务水平，满足学生多样化需求。参与课后托管学生数 123 821 人，占比为 94.31%；参与课后托管教师数 5 356 人，占比为 95.52%，实现了全市义务教育学段学校课后托管服务全覆盖、有课后托管需求的学生全覆盖。

5. 未来展望

瑞安市的国家中小学智慧教育平台推广工作还处于探索阶段，平台应用与教师教学、学生学习有待进一步融合。下一步，瑞安市将依托推广智慧教育平台应用，深化教育教学改革，推进智慧课堂个性化学习，实行"线上 + 线下"混合式教学模式，全面推进瑞安教育高质量高品质发展，全力打造未来教育新高地。

（四）案例：应用为王　打造具有地域特色非遗文化数字资源库

（温州市教育技术中心　侯元东　陈　适　陈书远　林　信）

1. 背景介绍

中共中央办公厅、国务院办公厅印发的《关于进一步加强非物质文化遗产保护工作的意见》提出，将非物质文化遗产内容贯穿国民教育始终，在中小学开设非物质文化遗产特色课程，鼓励建设国家级非物质文化遗产代表性项目特色中小学传承基地。鼓励非物质文化遗产进校园。

温州是浙江省的教育大市，是文化灿烂的东瓯名镇。温州市非物质文化遗产资源丰富，拥有人类非物质文化遗产代表性项目名录 4 项、国家级 34 项、省级 145 项、市级 759 项。然而，随着时代的发展，这些历史遗迹正在逐渐消亡，且由于非遗文化的专业性、独特性，其内容、技艺大部分仍处于口口相传、口传心授、言传身教的原始状态，教学方法手段单一、受众面不广、重点难点表达不清晰、工艺操作困难，不适合学生学习。

2. 主要目标

温州市教育技术中心旨在借助现代教育技术，依托互联网、大数据平台等科技优势，深入挖掘温州地方特色资源，保留地方珍贵文化遗产，为教育教学提供丰富、形象、生动的非遗课程教材资源，帮助学生了解家乡的历史传承、风土人情，认识家乡社会发展的状况，感受奋发向上的"温州精神"，激发学生热爱家乡的情感。打造优质的温州非遗文化课程数字资源库，实现非遗文化"入理念、入环境、入课程、入活动、入管理、入文化、入成长"，助力打造校园特色教育。传承和发扬地方文化。让文化力量在青少年心中"生根发芽"，让"开在泥土里的花"在现代技术的浇灌下焕发出新生机。

3. 主要做法

（1）群策群力，打造非遗文化精品数字教育资源

自 2009 年开始，温州市教育技术中心秉持"面向本土、来自本土、服务本土"的原则，出台《温州乡土教材数字资源编制方案》，成立温州市乡土教材数字资源编审委员会，邀请来自省教育技术中心资源部、温州市社科联、温州市教育教学研究院、温州市非遗中心以及非遗传承人等专家学者担任编委，会同学校、教师构建四阶研用体系，如图 48 所示。

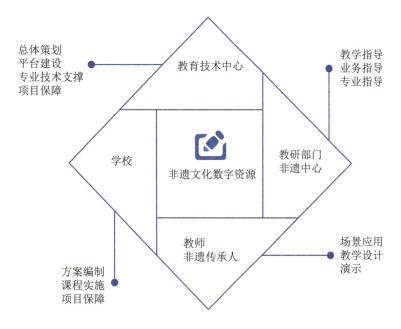

图 48　非遗文化数字资源四阶研用体系

以温州自然地理环境、社会经济发展状况以及温州的民俗、文化古迹、民间艺术、特色古建筑、本地食材与节气等历史文化特质等内容为主要选题，根据中小学生的认知特点和知识基础，结合学生自身发展的需求，用教学纪录片、纪实片、名师讲坛、微课程等形式，将温州的传统地方文化真实记录下来并制作成数字资源。2009 年至今，出版了《话说温州》系列地方专题课程教科书，拍摄制作了《温州我的家乡》系列视频，制作了"走近瓯剧""古老的碇步桥"等传统文化精品课例和"细纹刻纸""温州鼓词""瓯塑"等多门国家级非遗系列微课。这些数字资源着眼于学生全面发展，还原事件真相，将温州优秀地方传统文化，通俗易懂地阐述给师生，帮助学生形成公民道德、保护自身、遵纪守法、民族团结、善待环境、重视国防等基本观念，提高学生的科学和人文素养，适应素质教育的时代要求。

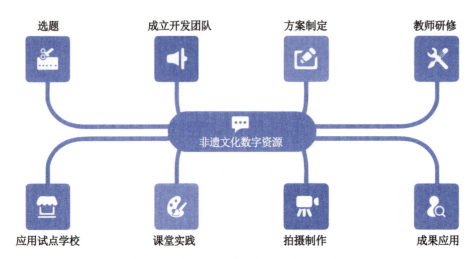

图 49　非遗文化数字资源开发示意图

（2）智慧共享，优化数字资源库应用体系

按照国家教育资源建设政策、开发标准和技术规范，构建、优化、完善温州地方特色文化数字资源库（如图 49 所示）。构建全市资源共建共享机制，以智慧教育应用为抓手，实现资源共建共享，构建县（市、区）、校、个人特色文化数字资源的四级应用体系、云资源服务体系等，为优质地方文化课程资源建设与应用提供平台支撑服务。为资源使用者提供更优质的资源和更便捷的使用途径。按照"基础资源国家建，特色资源地方建"和"优化顶层设计，集约发展避免重复建设"的思路，推进资源分级建设，有效整合力量，实现各级协同，形成整体推进与特色发展的有序格局。

目前已拥有 9 121 个教育教学视频及 23 449 个配套资源，其中，具有温州本土特色的非遗课程、地方课程资源占比超过三分之一。这些资源按照教育类别、学段、学科、教材、版本、知识点、学科指导、兴趣拓展与教师培训等进行分类，供学习者进行点播，支持资源搜索、在线播放与离线播放，支持专题视频点播，设置自主特色栏目，可自主定义分级开展相关赛事活动，可逐级推送管理，同时支持移动终端浏览器使用，支持动态构建知识体系结构，支持资源建设活动的开设和资源上传，支持在线评审、支持地方特色资源（视频、学习任务单、微教案、微习题、微评论、微反思等）的管理，并且具有强大的统计分析功能，支持钉钉扫码登录，统一认证，同时预留与浙江省教育资源公共服务平台、浙江省微课网的用户和资源接口，与浙江教育资源公共服务平台（温州分平台）实现互联互通，并实现浙江教育资源公共服务平台对教师资源开发、资源被利用的相关统计。

（3）创新思维，探究传统文化应用新模式

一是运用现代教育技术，通过创新课堂教材器具、学习内容、课程模式、评价机制和传播途径等方法，让学生掌握非遗资源的历史渊源、传承现状、风格流派、艺术特色、工艺流程等专业知识和技能。建立以中小学生为中心，体现自主探究合作的教学方式。设计思路如图 50 所示。

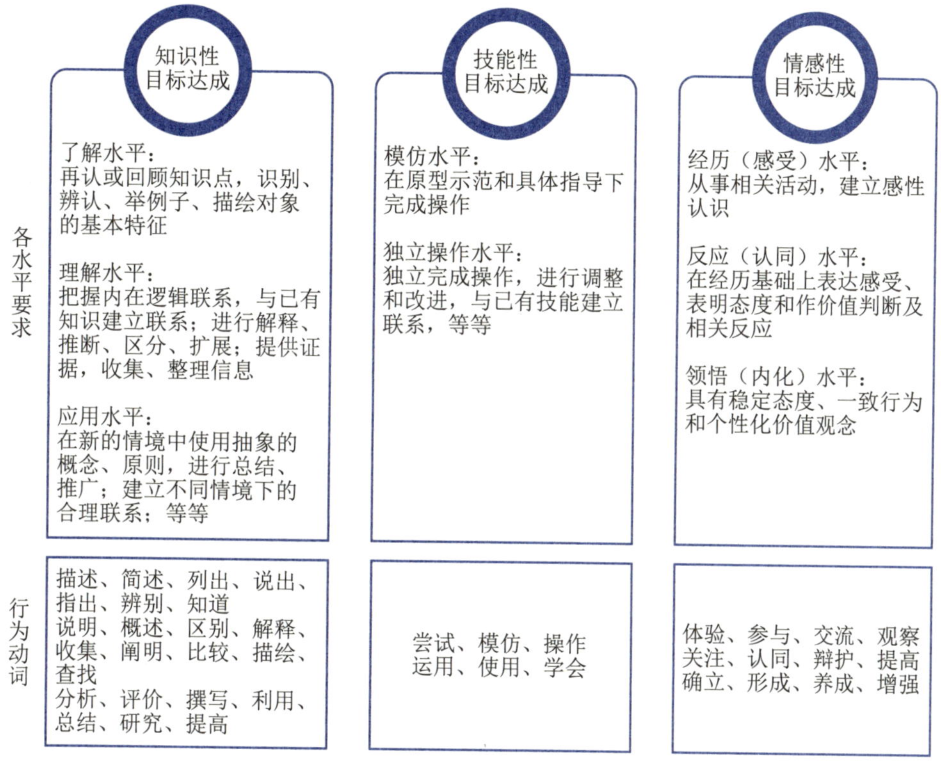

知识性目标达成	技能性目标达成	情感性目标达成
各水平要求 了解水平： 再认或回顾知识点，识别、辨认、举例子、描绘对象的基本特征 理解水平： 把握内在逻辑联系，与已有知识建立联系；进行解释、推断、区分、扩展；提供证据，收集、整理信息 应用水平： 在新的情境中使用抽象的概念、原则，进行总结、推广；建立不同情境下的合理联系；等等	模仿水平： 在原型示范和具体指导下完成操作 独立操作水平： 独立完成操作，进行调整和改进，与已有技能建立联系，等等	经历（感受）水平： 从事相关活动，建立感性认识 反应（认同）水平： 在经历基础上表达感受、表明态度和作价值判断及相关反应 领悟（内化）水平： 具有稳定态度、一致行为和个性化价值观念
行为动词 描述、简述、列出、说出、指出、辨别、知道、说明、概述、区别、解释、收集、阐明、比较、描绘、查找、分析、评价、撰写、利用、总结、研究、提高	尝试、模仿、操作、运用、使用、学会	体验、参与、交流、观察、关注、认同、辩护、提高、确立、形成、养成、增强

图 50　设计思路示意图

二是依托现代科技，将传统非遗课程融入跨学科学习。如在传统工艺美术"瓯塑"课上，融合 AI 人工智能技术和利用 3D 打印技术制作的"新型瓯塑制作工具矸蹄儿"、会发光的"LED 瓯塑底板"，用计算机画图软件、WPS 软件等设计排版的传统手工技艺蓝夹缬的印染图案，用激光雕刻技术制作的传统夹缬雕版等运用创新型教学模式制作的工艺品，这一过程不仅让学生觉得新奇好玩，有助于学生形成创新意识，提高艺术实践能力和创造能力，更激发了非遗文化传承的内生动力，让传统非遗走入年轻一代的心里，让他们感受非遗和当代生活相融的魅力。

三是借助"互联网 + 教育"促进非遗课程资源价值辐射。与教研部门深度合作，常态化开展乡土教材非遗主题同步课堂教学展示等活动，利用教共体同步课堂系统等，开设线上线下同步教学，突破非遗文化的地域界限，使来自温州各地的学生相聚互联时空，感受不一样的地域特色文化，共享温州非遗文化优质教育资源。通过移动终端等设备，以二维码的方式将非遗课程资源在基础课堂、社团拓展及各种课后服务教学的应用场景中进行呈现，随时随地观摩学习，实现校内课上利用在线课程系统学习、校外课下利用移动互联网碎片化学习的全过程贯通培养。

（4）专业提升，培养高素质师资队伍

课堂是传承的主阵地，非遗文化课程由于其专业性、独特性，从而决定授课教师必须要具备良好的专业技能。在课程资源的研发过程中，把非遗传承人请进校园，共同参与课程资源建设，不仅能使课程资源的规范性、专业性得到保证，还能让越来越多的教师接受到专业的培训，掌握专业技能服务于教学。在每一项非遗课程资源的建设过程中，教师都能得到锻炼与成长，有助于培养一支既是非遗传承人又是一线教师的双师型高质量师资队伍。

4. 成效与成果

在课程资源开发过程中，开发团队同步开展课题、论文、案例、网络同步课程、教具等各类教学研究，以建促用，随建随用，成果颇丰。如"温州鼓词进课堂""'平阳白鹤拳'课程的开发与实施"两个项目入选全国"非遗进校园"十大创新和优秀案例；"温州非遗——鼓词"获浙江省第八届义务教育精品课程、"唐诗宋词的方言吟诵"获浙江省初中地方课程优质课评比一等奖、"校园舞龙""瓯塑"等多个微课程在全省精品数字教育资源开发活动中被选录为优秀资源；同步开发的相应的学具、教具、材料包等，获多项国家专利以及全国、省中小学优秀自制教具评选活动的一等奖；课题"信息技术背景支撑下的温州鼓词传承的实践研究"通过了省教育信息化专项课题结题，多篇论文在各级各类教育学术期刊上发表。依托课程开发，拯救了距今已有100多年历史、濒临消失的非遗项目"文成养根马灯舞"。

5. 未来展望

中国是一个经济大国，也是一个科技大国，但最根本的，中国是一个文化大国。推进传统文化课程资源建设，积极响应和增强文化自信，将现代信息技术应用于传统文化艺术教育，让文化的种子更多、更广地播撒在孩子的心田，播撒在希望的田野上。春华秋实，它的作用在不久的将来必会凸显，为这项工程所作的任何努力，都会使学校的精神家园更加美好。

（五）案例：读你·懂你·渡你——永嘉二职网络学习空间"3D"模式

（永嘉县第二职业学校　赵瑜珍　王寿斌　陈振威　潘非凡　赵小秋　杜林周）

1. 背景介绍

为了改善文化基础差、综合素养参差不齐、严重缺乏自信心的教师队伍现状，永嘉县第二职业学校（以下简称"永嘉二职"）针对学校当前教师问题和生源实际情况，大力推广网络学习空间——浙江省"之江汇"教育平台——的应用，制订了网络学习空间应用的一系列推进计划。学校试图通过富有远见的顶层设计、科学合理的统一规划、务实创新的督促管理，引导教师与时俱进地应用平台；尝试进行教学方式的改革，普及"以学生为中心，以学习为旨归"的理念，推进"三教"（教师、教材、教法）的改革，并形成基于问题、靶向绩效、服务师生的"3D"［读（dú）你、懂（dǒng）你、渡（dù）你］——网络学习空间和应用模式。

"读（dú）你、懂（dǒng）你、渡（dù）你"项目理念解读

读你：首先了解学校困惑、学生现状，找出问题。

懂你：然后进行全面梳理，聚焦重点问题，精准分析。透过现象看本质，了解学生的真正需求，因材施教，有针对性地制定教育教学方案。

渡你：付诸实践，靶向施策，创新网络学习空间的建设与应用。用适合学生特点、具有职教特色的方式方法实施教学，从而"渡"学校、"渡"教师、"渡"学生。

"3D"之间的关系：读校情，懂生情，渡事情，"3D"的最终目标都是为了学生。

网络学习空间的"3D"模式

"3D"即三维、多个层面，也可以理解为立体的空间概念。学校在网络学习空间的推进上采用多维度、立体化的模式，科学规划、多措并举，师生自带动力、自我奔跑，共同成就"比、学、赶、帮、超"的喜人局面，最终收获多层面的提升。永嘉二职网络学习空间的"3D"模式组织形式图，如图51所示。

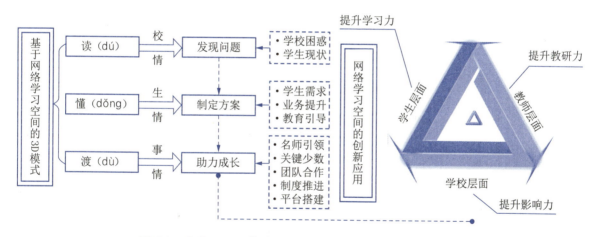

图51 永嘉二职网络学习空间的"3D"模式组织形式图

2. 主要目标

一是针对学校当前教师问题和生源实际情况，引导教师与时俱进应用平台，提升教育教学质量，实现教师快速成长，成为学生的"摆渡人"和成长导师。

二是运用现代化手段，"以学生为中心，以学习为旨归"进行教与学方式的变革，培养学生的自主学习能力，服务学生的终身发展。

3. 主要做法

（1）邀请名师引领，赋能素养提升

一是信心"破冰"，"扫盲"先行。对于许多一线教师而言，"不会做、不敢做"是普遍的信心障碍，必须要在第一时间进行信心"破冰"。针对"之江汇"教育平台的应用问题，学校聘请全省讲师团专家吴铮老师到校讲座，并进行实操演示，让学校教师现场体验平台的强大功能，认识到平台应用并非遥不可及，以激发教师使用平台和建设空间的信心和热情。"基于网络学习空间的智慧教学技术""重新认识'之江汇'教育广场2.0""网络精品微课程的建设与教学应用"等系列讲座使教师拓宽了眼界，受益匪浅。

二是与时俱进，提升技能。"耳听千遍，不如手做一遍"。信心"破冰"之后的操作演练，是事关成败的重要举措。按照信息化发展趋势，学校聘请省内专家到校有计划地开展各个操作层面的专题培训。专家进校园，从学校和教师的实际出发，在实践中观察、指导，帮助学校和教师找到正确的方向。对于教师而言，专家不再是高高在上、遥不可及的存在，而是面前的导师、身边的伙伴。这样有助于构成教研共同体的体系，催生教师教育教学行为的变化。近几年，专家进校讲座15场，包括徐克美教授的"'三微'助力中职教师信息化说课"，特级教师单淮峰、张晓晨的"可视的信息化教育""中职教师的专业成长"，等等；浙江工业大学的陈衍教授、温州职业技术学院的王向红教授等还从教学成果奖的申报等层面做前瞻性的讲座指导，全面提升教师信息意识和应用能力，解决教师不敢用的问题。着眼长远，学院聘请了多位校外特聘专家，共同做好网络学习空间应用的指导工作。

（2）抓牢关键少数，发挥引领作用

作为基层学校，"全面开花"难度很大。培养和发挥"关键少数"的引领作用，可以做到事半功倍。学校以"特色空间"评比为契机，校内培养优秀教师带头尝试应用网络学习空间，组建应用团队，实现以点带面，以"关键少数"带动大众应用。鼓励先期摸索且收获较大的潘非凡老师开设互动课堂公开课并总结推广，各教研组举办智慧教学互动课堂研讨活动，研讨网络学习空间在各学科中的实际应用。

同时，学校创新"大会分享"制度，邀请多位优秀教师在全校会议上现身说法，分享使用心得。让更多的教师了解、体会、学习平台，从而因心动而行动。平台的应用进一步带动"三教"改革，教师纷纷去关注更多的其他教学平台、学习更多的其他教学手段，进而使学校的信息化教学呈现百花齐放的喜人景象。

（3）强化团队合作，凝聚整体力量

实践证明，"一个人可以跑得很快，一群人能够跑得更远"。为使平台推广应用和信息技术创新工作持久高效，让每位教师都能自带动力、勇于创新，学校高度重视强化团队合作，引导和鼓励教师团结协作，共同进步。

一是部门同心，其利断金。调研发现，大部分学校将"之江汇"教育平台应用的工作任务仅仅落到信息管理部门，甚至是只分派给某一位负责信息工作的教师，这些教师大多是凭一己之力单打独斗。实践中，仅靠某位教师或信息部门，很难调动全校教师的积极性。因此，学校充分发挥团队的力量，由信息处、教研处、教务处协同合作，定期开展各类信息化活动，如智慧课堂开放周、"互动课堂"展示课、优秀个人空间评比、线上线下案例评比等，由校内空间应用团队分模块、分阶段开展线上系列培训，聚焦空间应用的技术和经验，依托同伴互助，积极推进信息化平台在教学实践中活学活用。

二是团建课程，携手共进。省"之江汇"教育平台同步课程的建设采用"众筹"方式，大家参与建设，也能分享资源。短短三年时间，学校教师上线了同步课程50多门，招收全省学员达6 000人，在全省产生了广泛影响，课程数量位居全省之首。

同步课程建设取得优异成绩，得益于团队合作。学校特聘专家在线指导，鼓励教师积极参与申报。为帮助教师能顺利地完成课程上线、开展同步课程各项活动，学校组建交流群，认真研读文件，发挥团队精神，相互提醒各环节的具体要求和时间节点；一门课程发布，其他教师会及时观看视频并提出修改建议，帮助开课教师在后期的课程制作中进行科学的调整，以期获得最好效果。同时，学校定期开展同步课程建设专题研讨会议，系统指导课程开设和解决课程结课过程中遇到的困难。

（4）依托制度推进，提升全员意识

俗话说"没有规矩，不成方圆"，单纯的鼓励、柔性化的引导，都难以实现整体推进，必须辅以必要的全员考核。学校将教师对"之江汇"教育平台的应用、对"之江汇"学校空间暨校本精品资源库的建设等纳入教师考评考核的内容，通过刚性制度"倒逼"教师学以致用。2018年以来，学校相继制定和完善了《永嘉县第二职业学校教科研奖惩条例》《永嘉县第二职业学校教研组考核制度》《省之江汇平台同步课程管理制度》等，引导和督促教师积极探索网络学习空间与教育教学的融合创新。在政策制度的强制引导下，经过一段时间的实践，很多教师因应用"之江汇"教育平台而受益，教学和科研工作越来越出色，很快由"要我改"的被动接受转变为"我要改"的积极参与。这一制度导向有效地帮助教师顺利地将现代信息技术引入教学过程。

（5）搭建"云渡"平台，助力自我成长

有创新才会有突破，有参与才能有所改变，有学校的正确引导才能让学生快速成长，因此，学校搭建了"云渡"平台。基于网络学习空间和学校创客空间，遵循"以学生为中心，以学习为旨归"的理念，通过项目化教学，为适应学生的自主学习提供一个教与学的信息化平台，从而达到服务学生的终身发展的目的。

项目来自校内丰富的同步课程资源、创客空间项目以及其他项目，利用第二课堂和"学分替代"规则，引导学生根据兴趣和需求选择参与。"云渡"的学习流程如图52所示，具体如下：学生通过"云渡"平台自主选择课程做任务，运用移动终端随时学习空间资源，项目制作中可通过平台得到教师的指导，并将作品上传至平台，经教师评定合格后得到学分，优秀的作品还可通过平台与其他同学分享。"云渡"平台倡导的是学生可按需随时随地学习，引导学生主动学习，培养其学习兴趣，提升其学习能力。同时，项目库在线资源的开发，"师生""生生""师师"的相互交流，亦能提升教师信息技术与教学融合的能力，充分提高广大师生参与的积极性。

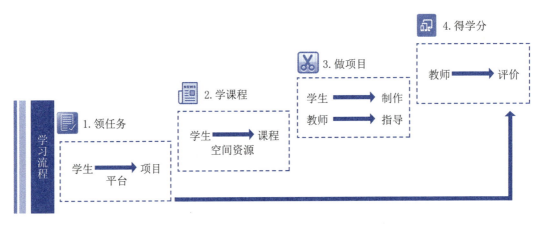

图 52 "云渡"平台的学习流程

4. 成效与成果

通过几年的实践，学校推广网络学习空间应用的成效非常显著，不仅对"三教"改革产生了很大的促进作用，而且大幅提升了学生的自信心、教师的业务能力和学校的影响力。

（1）学校在改革创新中提升影响力

2020—2022年，学校校本研训项目连续三年获市一等奖，分别为"基于'互联网'的青年教师信息化能力提升项目""中职教师智慧课堂教学能力提升校本研修课程""中职教师生本课堂教学能力提升培训"；学校创建的"云渡"平台被评为"2020年浙江省中小学新型教学空间建设优秀案例"；经过逐级筛选，过关斩将，学校最终被评为教育部"2020年度网络学习空间应用普及活动优秀学校"，成为浙江省温州市唯一入选学校，实现本地区零的突破！

学校有13名教师受邀到本市兄弟院校开设专题讲座，推广网络学习空间应用经验达45次。学校推广应用"之江汇"教育平台的实践案例，在全省大会上得到传播分享。在全市教育

"送培下乡"活动中，学校潘非凡老师多次在各县做"基于之江汇教育广场的教学变革"讲座，在邻县的同步课程应用讲座中有赵小秋老师"创建网络同步课程，服务线上线下教学"讲座，在县德育大讲堂公益直播课堂上有周培雷老师的"之江汇·实现师生'零距离'"讲座。更具典型意义的是，2021年7月，在县教师发展中心举办的"之江汇教育广场2.0应用"专题培训中，两天半的线下培训全部由永嘉二职讲师团队6位教师"承包"，包括"之江汇教育广场的学校推进机制与策略""同步课程视频建设规范与制作技术实操""之江汇备授课一体化教学体验与实操"等6个专题和所有的线下实操指导，县教师发展中心负责人和全体培训人员对讲师团队的专业能力与精神给予了极大的肯定，对"之江汇"教育平台在全县各所学校中的全面应用起到了很好的推进作用。

（2）教师在跨界合作中提升教研力

据统计，2020—2021年，全校教师在技能、课程、论文、课题等各类比赛中，市级以上获奖达200多项，开发校本教材56门，在国家级、省级刊物发表论文122篇，教师开出省平台同步课程44门（部分数据如图53所示），较好地促进了信息技术与教育教学的深度融合，创新了教与学方式的同步变革。

图53 2020—2021年永嘉二职教师专业能力获市级以上奖项的部分数据展示

教师因网络学习空间快速成长，其中最具代表性的是潘非凡老师：其2017年毕业，在学校推广之江汇教育平台期间，就是"关键少数"应用团队中的一员，带头尝试应用网络学习空间，摸索使用互动课堂、同步课程开设，并积极承担校内教师的培训指导工作；短短几年，两个智慧案例在省里入围，获省教学精品空间、省多彩课堂评比三等奖、市级论文一等奖、市教科规划课题评比二等奖等 20 多个奖项；现已成长为之江汇教育广场省级讲师团中的一员，同时是温州市信息化 2.0 提升工程培训师，在温州市内外各大学校开展讲座达 19 场；由于成绩突出，被评为"2021 年度浙江省优秀培训讲师"。

（3）学生在项目参与中提升学习力

因为网络学习空间推广应用，学校的育人环境日益完善，学生参加各类技能比赛成绩卓越。据统计，2020—2021 年，学生在信息化比赛、创客制作项目中获省级以上奖项达 33 项。特别是 2020 年 10 月，在温州国际会展中心举办的以"双创活力激发澎湃动力"为主题的长三角·温州创业创新大会，学生首次代表永嘉教育参展，参展作品达 20 余件，收获了在场领导、教师的一致肯定。

大部分同学表示，"之江汇"教育平台的课程学习，启发了他们去其他网络学习平台自学的兴趣。如，18 计算机（1）班的麻桢同学，在平台上自学了 AI、平面设计课程，并通过所学知识创作了蒜苗 LOGO、疫情海报等作品，她认为这些课程学习与实践创作充实了课余时间，开阔了视野，为她带来了更多的机会。

5. 发展计划

在许多学校，信息化平台的应用往往存在着"理想很丰满，现实很骨感"的尴尬问题。如何针对该问题，采取有效措施，让丰满的理想进一步落到实处，不仅挑战学校管理者的能力，也考验着决策者的智慧。永嘉二职近年来借力网络学习空间开展的系列活动，不仅助力学校、教师获得荣誉，而且有效地解决了教师教学教研能力不足等问题。通过系列创新实践，学校教科研建设与应用的氛围改变了，信息化意识也增强了，教师综合素养有了普遍提升，每一位教师都能主动地运用相应的信息技术手段来处理日常事务，呈现出"喜欢用、主动用、顺心用"的信息化教学管理气象。教师在教学中能熟练运用已有的教学资源，并高效开发适合学校实际的大量同步课程资源。

学校教育的主体是学生，无论是教师教学能力的提升，还是信息化平台的创新应用，都必须遵循"以学生为中心，以学习为旨归"的理念，以学生的需求为目标，立足学校运用信息化平台开发课程资源，提升教师课程与信息技术的融合能力，服务教学，服务学生的终身发展。作为后续任务，学校将在今后进一步聚焦课程资源质量的提升，重点思考如何将同步课程更好地应用于线上线下的融合教学、跨界自学，致力探索线上碎片化学习与线下精准教学相结合的双线模式。针对这些问题，学校已成立课题小组，精准研究信息化平台、网络同步课程在教学中的实际应用，力争让网络学习空间成为师生共同成长的良师益友，真正实现网络学习空间创建的初心——"云渡学生，学海扬帆；成就老师，专业成长"。

五、聚焦数字化技术支撑的教学改革

（一）发展综述

近年来，随着互联网、大数据、人工智能、脑科学等数字化技术的快速发展，推动着包括教育在内的人类活动各领域向网络化、信息化和智能化方向快速演进，在社会、经济、教育、科技等各方面，都能看到数字化、信息化所带来的巨大推动力，我国也充分认识到了数字化技术对教育理念、教学模式和教学评价等方面的深刻影响，积极推进教育数字化改革，持续强化数字技术与教育教学的深度融合创新，以推动我国教育高质量发展[①]。

教育数字化转型已成为时代的新命题，其核心内容之一在于推动技术深度融入教学、全面革新教学[②]。2018年，教育部在《教育信息化2.0行动计划》中就指出，人工智能、大数据、区块链等技术迅猛发展，将深刻改变人才需求和教育形态。智能环境不仅改变了教与学的方式，而且已经开始深入影响到教育的理念、文化和生态。要充分激发信息技术对教育的革命性影响，推动教育观念更新、模式变革、体系重构，需要针对问题举起新旗帜、提出新目标、运用新手段、制定新举措。要促进教育信息化从融合应用向创新发展的高阶演进，信息技术和智能技术深度融入教育全过程，促进教学模式变革与生态重构[③]。党的二十大首次将"教育数字化"写进报告，提出"推进教育数字化，建设全民终身学习的学习型社会、学习型大国"，为新时代新征程进一步发展教育数字化指明了方向、提供了遵循。因此，教育数字化转型已成必然趋势，其关键在于将数字化技术深度融入教育的各个层面，以加快技术革新教学，推动教育数字化顺利转型和高质量发展。

本章节通过四个案例介绍数字化技术如何与教育教学融合，为推进教育数字化转型，促进教育高质量发展提供了很好的启发和示范作用。《新型交互式学习环境构建——以"高质量作业系统"实现作业减负》在"双减"背景下，以六年级数学作为试点，优先尝试"技术融合教学、数据精准指导"的理念，引进"高质量作业系统"，通过构建新型交互式学习环境，减轻教师的作业批改负担，实现了基于大数据的精准教学和作业设计。《云思智学：探寻作业设计与管理的实践智慧》基于"AI+OCR+大数据"智能技术，构建"一端、一库、一平台"云端

① 任少波. 以数字化改革推进高等教育高质量发展［J］. 中国高等教育，2023（2）：47–51.
② 卢强. 教育数字化转型下技术革新教学推进路径的审视与展望［J］. 现代教育技术，2023，33（1）：17–28.
③ 教育部. 教育部关于印发《教育信息化2.0行动计划》的通知［OL］.（2018-04-18）http://www.moe.gov.cn/srcsite/A16/s3342/201804/t20180425_334188.html.

高质量作业管理系统，从"关系重构、学习重构、资源重构"三个维度，实现学生作业"一生一案"的精准投喂。《"慧观课"——课堂观察迈入数字时代》通过大数据采集手段，以"美好课堂"为切入点，实现数据助力课堂改进，研发"慧观课"数字化课堂观察系统，即时掌握课堂教学指数和学生学习指数，让课堂的观察更简便、评价反馈更及时，充分发掘课堂质量提升潜力，助力瓯海"未来教育"健康发展。《三维·融合：基于教育媒介探索幼儿园教师的研修模式》创建"三段·三维"整合式教研模式，打破传统教研模式，盘活媒介资源，媒介融入教研，创新教研形式，提高教师教研质量，促进教师专业发展。

（二）案例：新型交互式学习环境构建——以"高质量作业系统"实现作业减负

（温州育英学校 叶良志 张显燕 陈 曦 王飞嫦 陈 芳）

1. 背景介绍

在"双减"背景下，温州育英学校围绕"素养作业"这一市级课堂变革项目，基于数据，结合学生学科学习特点，融合人工智能、大数据、OCR、云计算等前沿信息技术，来构建新型交互式学习环境，以"高质量作业系统"实现减负提质目标。学校以六年级数学作为试点，优先尝试"技术融合教学、数据精准指导"的理念。引进"高质量作业系统"，构建新型交互式学习环境，不仅减轻了教师的作业批改负担，还可以让教师及时得到学生作业学情的反馈，数据再反哺教师备课、授课，实现了基于大数据的精准教学和作业设计。

2. 主要目标

（1）改革作业管理，探索基于数据的作业批改新模式，切实减轻学生过重的作业负担，减轻教师繁重的作业批改负担。

（2）形成作业数据应用模式，实施课中精准讲评作业、课后个别辅导、课外家校共育等路径，构建新型交互式学习环境。

（3）建立校本化作业管理资源库，以数据改进教与学，以"高质量作业系统"实现减负提质的目标。

3. 主要做法

（1）探索作业批改新模式：高拍、高扫 + 云批

高拍模式：不改变教师批阅习惯，学生原册作答，教师原册批改，电脑自动记录教师批改轨迹，即时留痕，非常容易操作，而且成本更低。

高扫 + 云批模式：学生作业完成之后，先通过高速扫描仪进行答题卡扫描，再通过智能终端实现作业100%的人机协同的智能批改。其中，客观题提供自动批改服务，主观题提供智

能批改服务，可支持打印批改痕迹至原答题卡上或新纸上，实现教师批改作业"零负担"，将教师从繁重的作业批改和数据统计中解放出来。具体如图 54 所示。

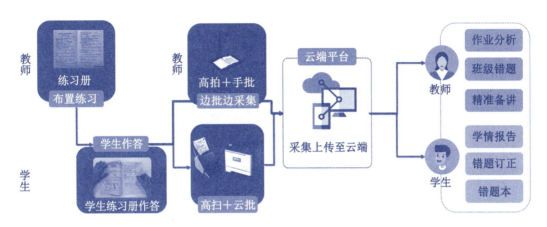

图 54　作业批改新模式

作文批改一直是小学语文教师作业批改的痛点和难点：一是批改量大，往往要一批、二批甚至面批；二是反馈难，几句评语给学生的指导作用非常有限；三是学生修改完毕还要誊抄，又加重了学生的负担。而 IN 作文智能批改可以扫描学生的作文稿纸，通过 OCR 文本的智能识别功能，将学生的手写汉字转换成 Word 文字，从而实现智能批改。

使用高扫 + 云批模式的前提是不改变学生在纸质答题纸上答题的作答方式。两种批改方式都能对作业数据进行实时自动采集，包括作业答案等结果性数据和作答时长、书写笔迹等过程性学习行为数据。系统自动存储学生作答痕迹，方便复习与追踪。同时，帮助教师减轻批改负担，全卷留痕。

（2）形成作业数据应用的模式：课前精准预学

教师通过平台，查看前一日"高质量作业系统"采集的学情数据报告，全面了解授课班级学生们的知识点掌握情况。根据任务概览数据，了解班级整体正确率，确定需要重点巩固的知识点，教师即可对接下来的讲课进度和授课重点做到心里有数。因此，利用作业数据来改进教学，让教师在上课前精准把脉学情，真正做到以学定教。

此外，系统也为教师提供海量的教学资源和题库资源，作为其教学的补充。

（3）实施作业反馈新模式：课中讲评 + 课后辅导 + 课外共育

课中导学——精准讲评：教师通过作业的作答数据，针对班级错误率高的共性错题，直接在课上统一讲解，提高了课堂的效率和质量。基于班本化的共性错题，错题讲解更有针对性。任务讲评，可以演示全部学生作答内容。特别是写作讲评课，统计分析提供了学生作业情况的对比分析报告，帮助教师定位学生写作的薄弱点，在随后写作教学过程中，有针对性地提高学生的写作技巧和水平。一学期 3 位教师查看学情累计达到 463 人次，精准讲评备课累计达到 261 人次，实现了从经验讲评向精准讲评的转变。

课后作业——个性化订制：靶向作业个性化，教师在"高质量作业系统"的学情数据积累下，快速调取某个学生当日的作业完成情况，根据做题思路以及近阶段的表现，耐心而精准地予以讲解，让辅导效果"一击即中"。

以往，同一个班学生的作业千篇一律，优生"吃不饱"，还会觉得浪费时间；而学困生会因为基础不牢而无从下笔。现在通过系统可以分析各班级学情，对学生进行分层布置作业。学有余力的学生，可选择拔高难度拓展训练，学困生可围绕基础知识展开巩固。错题管家实现个性定制，找到错误原因实施点拨提醒；产生共性错题，通过集中讲解，举一反三、拓展练习；再将基础知识分层巩固，利用视频解答最终实现学生自主学习。

系统自动分析每名学生的错题情况，结合学生作业练习知识点的掌握情况智能推荐相似题，支持学生对错题精准再练和反思，布置分层作业，实现"一人一套作业、一人一本错题集"。

课外延伸——家校共育：以作业为载体，拓宽家校共育路径，改变以往要求家长参与作业批改的形式，家长只需协助学生给错题本拍照，AI 自动批改、微课视频推送讲解题目更有效。作业记录有迹可循，时时关注作业反馈情况。像 IN 作文智能批改，可以引导学生自主反复修改作文，不仅大大激发了学生写作的兴趣，还能减轻学生反复抄写的负担。

4. 成效与成果

（1）"减负"提质增效

实施"高质量作业系统"，教师设计的作业变得更合理，减少了重复性作业的布置情况，学生作业总量均下降。机器代替了人工，将教师从繁重的批改负担中解放出来，节省出的时间，教师可以用来分析作业学情、讲课评课备课、查看学生的薄弱点、分析学生错因，既帮助教师减负，又提高了效率和教学质量，也更好地提升了教师的信息化素养水平。

（2）教学管理增效

通过对作业过程中产生的教与学数据以及应用数据进行深度挖掘，进行不同维度的分析，精准提供学校、年级、班级信息、学生学情和教师教学情况，辅助决策层制订、实施相关计划，为教学管理制定最佳方案。

（3）资源建设增效

通过平台构建校本资源，教师利用平台的海量题库以及个人教研资源沉淀，汇编校本练习资源，运用平台的上传功能，将资源整合成标准的电子版本，再次生成专属答题卡用于后续的检测。

5. 发展计划

（1）由单一学科向更多的学科发展

目前，学校作业批改系统还只是在六年级数学学科实施，以及高年级的个别语文教师在尝试使用。在今后，将面向更多的班级和学科铺开，切实减轻师生过重的作业负担。

（2）从改革作业批改走向改进作业设计

目前，学校的尝试还只是教师改变作业批改的形式，这只是手段。"高质量作业系统"真正的目的是改进教师的作业设计，精心选择习题并修改设计出适合班级学情的作业，提升教师的作业设计力。

（3）由零散的数据平台形成系统的数据管理库

作业管理系统提供给教师的是班级学生的作业数据库。作为学校的管理者，还需监控、了解每个学段学生的作业完成情况。因此，还需形成系统的学校作业数据管理库，以此改进学校的教学管理，真正设计出减负提质的高质量作业。

（三）案例：云思智学：探寻作业设计与管理的实践智慧

（温州市广场路小学　张常虹　韩筱倩　郑　碧）

1. 背景介绍

教育"新基建"催生学校数智化转型，只有技术深度融入教育场景，与师生行为、学习路径、关系再造等发生"化学反应"，才能重塑教育，重塑学校。"双减"背景下，作业管理成为学校教育转型的重要抓手，如果教师能够在教育中使用有效工具，让学生的作业量"减下来"，让课堂的质量"增上去"，将打开作业设计与管理的新视域。学校通过"高质量作业系统"的大数据，分析和思考能够实现作业全程、全量管理和指导教师改进教学的措施，从而为学生提供高效高质的学习体验。

2. 主要目标

（1）个性化作业可实施

大班额教学情况下，给学生布置高效高质的个性化作业成为不可能完成的任务，从而导致存在反复低效操练的局面。以期借助云端高质量作业管理系统解决现有问题，为师生减负，并提升作业对学生复习、巩固和提升的效果。

（2）作业设计能力可提升

教师作业设计缺乏素养立意，仅凭经验进行命题，缺乏作业目标引领。以期利用云端"高质量作业系统"记录学生相关作业数据，为教师设计作业提供依据，使得教师作业设计从"依据经验"转向"依据数据"。

（3）作业全量、全程可调控

对于学校作业管理来说，只有结果，看不到过程，想要得到精确的过程数据几乎不可能，对教师教学质量的过程调控也就无从谈起。利用云端"高质量作业系统"，清晰记录学生的作业质量、完成趋势等多维信息，实现全程、全量调控作业。

3. 主要做法

（1）构建云端"高质量作业系统"

基于"AI＋OCR＋大数据"智能技术，构建"一端、一库、一平台"云端"高质量作业系统"。

"一端"是基于钉钉平台的"高质量作业系统"应用端口，包含了学生和家长看板、教师看板和学校看板。可以清晰记录学生的作业质量、完成趋势等多维信息，记录、分析学生学习过程的细节数据，并形成分析报告。

"一库"是"集成式数据库"。包含高频错题库、个性错题库、单元节点题库和相似典型题库。在数据累积的前提下，形成个性化、校本化题库，生成学生个人、班级整体的数字画像，促进教师全面掌握学生、班级学情，改进教学。学校借助学生作业质量图谱，以开展集体教研和研讨的方式，加强教师对作业质量的分析，提升作业命题能力，让减负提质真正落地。

"一平台"是基于OCR云端智能识别核心技术，实现智能批改、智能统计、智能分析，并能够推荐错题的相似题，以及进行智能测评。该系统集成了人工智能、大数据、图像识别、自然语言处理、智能批改等核心技术，以智能作业终端为载体，自动批改的同时智能收集学情数据，生成作业学情分析报告，实现作业质量全过程评估，将教师从忙碌的、机械的、重复的作业批改中解脱出来，转入深度思考作业分析报告中呈现的问题以及如何有效改进教学。

（2）学校、教师、学生（家长）三大场景

学校场景：基于师生数字身份，调控作业质量管理。从学校管理场景维度确立作业管理的关键数据，落实常态数据常量管理。以作业"五率"，即提交率、批改率、正确率、讲评率、订正率，来评判作业的完成度，让常规作业的完成进程一目了然。通过任务发布趋势，可以准确掌握每个班级学生的作业量；再通过比较不同教师的任务趋势，能够清晰了解教学的进程，从而掌握与调控教学进度。借助作业质量趋势图和多维度标签分析图，还可明确每个班级的整体水平，为学校评估教学质量提供参考依据，为指导教师改进教学提供精准的数据指数，助力高质量作业的设计与评估，如图55、图56所示。

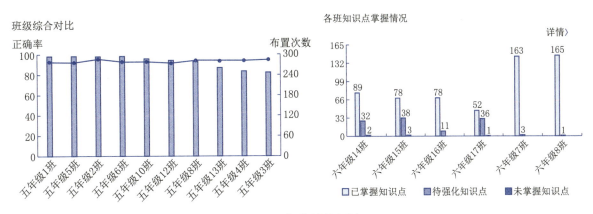

图 55　作业趋势板块

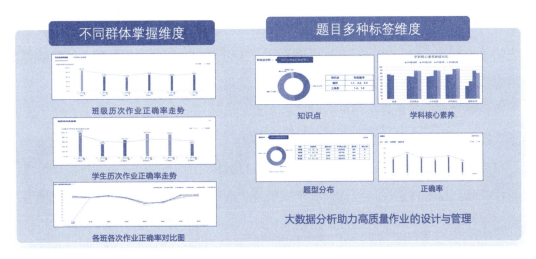

图 56　作业维度板块

教师场景：基于学情分析结果精准定位教学核心。从教学角度确定数据采集维度，借助云技术累计数据，分单元、学期、知识板块、题型等快速生成班本高频错题集。该场景包括班级整体概况、学情数据、作业完成等级分布等信息。根据班级作业学情，可以有针对性地开展作业指导；根据知识点维度点阵图，可以清晰了解班级知识点的整体掌握情况；根据作业学情比较分析报告，教师可以为不同学情的两个班级，量身定制作业辅导方案，精准施策；根据节点作业组题的知识点分布分析图，教师可以通过题库选题、自主组题和平台相似题推荐等多种方式，设计单元或节点作业。系统对所挑选的题目与当前的单元、课时、作业设计目标的匹配度进行分析，帮助教师对自己设计的作业质量进行评价，提高教师作业设计水平，控制作业总量、时长；系统指向核心素养的评价维度，通过对长期积累的数据进行分析，能够更准确评价班级和学生个人的核心素养。让素养评价维度和数据更精确，提升学生的核心素养和学习品质。

学生（家长）场景：构建学情分析系统实现学生自我诊断，打通基于钉钉平台的教师端、家长端，让数据问诊无缝对接。清晰了解学生作业"图谱式"动态生长，有效促进了师生及家长过程体验的"发展自觉"，促进亲子共学，提升亲子关系，最大限度提升学习的意义感。

精准推送一生一案。持续的作业数据诊断，高频错题、学情数据累积，平台自动生成学生的个性错题本。引导学生学会读取关键数据，自主诊断错题原因，利用平台推送相似题练习巩固，让作业评价更加客观、深度、精准，促使学生做好自我管理，突破重点、难点。

学生通过对自己的个性题库进行自主梳理、查漏补缺，培养自我诊断、自主学习能力；通过分层、多元作业，增强内驱力和主动性，使自己有更多的时间去自主探索感兴趣的问题，成为学习的主人。

（3）三个重构，铺设作业管理平台的应用路径

关系重构：指向师生认知体验。在传统的作业管理系统中，从设计、书写、批改到订正的过程，是简单的师生双向互动。而在技术介入的"云思智学"平台系统，融入了智能设备，这个交互的过程转变为"人机交互"的动态过程。智能设备在自动批改作业的同时自动收集学情数据，生成作业学情分析报告，帮助教师及时掌握班级状况和学生学情，在信息化手段赋能下实现数据支撑的精准教研和备课。

学习重构：指向目标一致匹配。学校着重进行作业应用数据的积累，支持按班级或个人的方式查看任务和数据统计情况，包括查看该班级或个人的作业分值、得分率、正确率等基本信息，从而用于作业讲评。通过数据分析的精准施策，教师明确作业设计的目的与核心：聚焦教学目标与作业目标的统一。依据持续的作业数据诊断、高频错题、学情数据等指导精准教学，让教师有能力布置分层、弹性和个性化作业，让"一生一案"的个性化作业成为可能。

资源重构：指向练习精准投喂。面向学生、教师提供各角色对应的数据报告服务，重塑作业功能，形成班级、年级、学校等多维分析报告，帮助教师全面掌握学情。系统平台记录学生每次作业、测评作答结果，对学生的知识掌握情况进行记录，形成个人错题、班级共性错题和举一反三相似题推荐。教师根据班级作业报告数据，对教学内容和班级薄弱点进行诊断分析，基于学情数据反馈并融入教师重点教学过程，进行课堂作业讲评，并对下一课时备课内容做针对性调整，进行高质量的课堂教学设计。

（4）三类诊断，保障作业管理平台应用的措施

诊断一：寻找节点作业设计的精准点。节点作业的设计和实施质量，是教师专业发展水平的重要标志之一。节点作业设计需要根据教学内容和教学目标，从培养学生的关键能力出发，针对学生的实际，从而掌握节点作业命题的要点。通过平台数据的诊断，教师对作业设计才会有更深层次的理解，即从制定作业的目标出发编制，再从作业的指标着手加以平衡调整，使得作业设计过程更趋向于科学化、规范化。具体如图57所示。

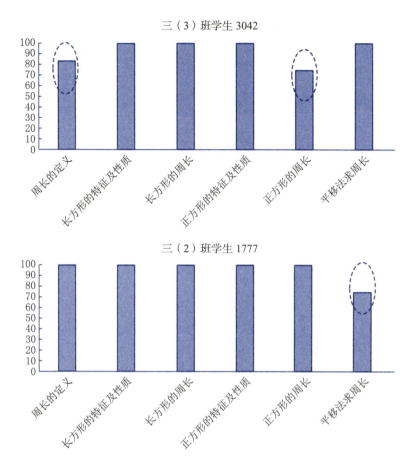

广小实验班三（2）、三（3）班级学情分析的精准数据

图57 学情分析

该分析直观反映了两个班级对小学数学三年级上册第七单元各主要知识点的掌握情况及差异：

1. 整体来看，两个班级对这单元的知识点掌握得较好。

2. 比较两个班级发现：

在周长的定义和正方形的周长部分，（3）班的整体掌握程度明显低于（2）班；而在平移法求周长的部分，（2）班的整体掌握程度明显低于（3）班。

3. 可见两个班级学情上存在明显差异：（3）班孩子在概念的理解方面相对弱于（2）班；而（2）班在思维敏捷度上弱于（3）班。

以三年级上册第七单元为例，（3）班学生对周长的定义和正方形的周长的知识点掌握得较弱些，而（2）班对平移法求周长的知识点掌握得弱一些，基于这个学情，这两个班的数学教师就要进行不一样的作业设计。通过借助平台进行数据分析，能让经验判断走向实证。尤其对于年轻教师来说，平台更是成长的好帮手，不仅可以实现科学地控制作业量，还可以快速诊断问题，有效地推进高频错题的改进教学。另外线上线下双线跟进，更精准更人性化的作业辅导更缓解了学生在过程体验中的压力和焦虑。

诊断二：提高阶段题库建设的融合点。整理错题是很有效的学习方法，学校借助云技术累计数据精准投放，按单元、学期、知识板块、题型等角度快速生成个性化错题本，有针对性地进行学生辅导、巩固练习。不同于初中、高中，小学分类题库的建设是一个盲点，实验教师和学生成为高频率错题库、相似典型题库、学生个性题库等最好的开发者，由此也有效促进了师生过程体验的"发展自觉"，形成动态的、整体的、综合的融通式思维，对教师的命题素养、反思能力更是一大提升。

围绕"问题即研究"的思路开展主题教研活动，教师根据平台数据确定哪些是学生的共性问题，哪些是学生的个性问题，不同的学生有哪些学习的优势和短板，随后及时建立解题模型，充分利用"点抓手"带动"面发展"，以研促教，促进教师专业发展，真正提高课堂教学质量。

诊断三：改进学困生转化的着力点。教师从问题进行驱动，科学调查，提取学困生在自身以及家庭方面可能导致其学业落后的主要原因。排除智力因素，主要原因涉及学习的行为、态度、能力以及家庭的配合情况等方面，其中注意力保持不持久、不善于倾听这两个课堂上的表现尤为突出。通过团队合作，以专项训练代替晓之以理，以激发内驱力代替动之以情，以能力培养代替知识投喂，以家长培训代替告状抱怨，尤其重视深度的小组合作策略跟进，成效显著。以 Z 学生为例，在科学的感统训练后，上课认真聆听时间明显上升，成绩也在良性提升中。

针对大数据诊断、实证、转化，精准施策，展现了学习的充分深度、充分广度、充分关联度。三类诊断行动再次巩固构筑学习品质成长支持立体网络，优化师生教与学的过程体验，缓解了压力和焦虑，有效提升了学习的意义感。

4. 成效与成果

（1）借助平台数据分析，让经验判断走向实证

云端"高质量作业系统"让作业管理可量化、可视化，实现学校端大数据管理调控作业全过程，有策略地指导教师进行改进。教师通过平台智能生成的关于作业轨迹、班级质量、典型错题分布等方面的报告，改进教学策略，为后续的课堂提供实证。

节点作业从打磨到确定，除了在编制前落实，更要在学生练习后，对所有作业数据进行分析之后再完善。教师可以通过平台，智能搜集由学生学情数据生成的作业轨迹分析报告、整个班级的质量分析报告、典型错题分布图等，及时了解班级各个学生存在的优势与问题，以此做进一步的教学改进策略，为教师后续的课堂提供较好的素材和依据，让作业设定走向精准。通过建立单元节点题库，对接教学活动设计；通过建立高频率错题库，突破思维上的疑难点；通过建立相似典型题库，打通知识脉络的联结；通过建立学生个性题库，确定适切的学习目标。

（2）线上线下双线教研，提升命题能力和差异辅导质量

减少教师机械重复批改的作业量，促进教师对作业设计有更深层次的理解，作业设计过程更趋向于科学化、规范化。通过线下教研活动，开展精准命题研究，提升教师的命题能力。教师学会从命题走向作业设计：对作业进行作业任务分析、作业设计意图分析、作业内容指向、作业类型陈述说明、作业评价指标达成度反馈。

大数据分析为每一位学生的"学"提供了精确的数据报告，追踪学生个体，做到了培优补差。平台追踪学生的学习过程，生成科学的学情轨迹分析报告，对教师后续的讲评和教学策略

的转变有重大的意义。通过诊断个案的数据，发现学生在学习上的薄弱点，进而有针对性地对个案采取线下个别化指导，并跟进相似题的辅导练习，加强"思维训练"，真正让作业做到符合每位学生自身发展的需求。以数据为导向，以问题为核心，站在单元整体教学的视域下，逐一诊断反思，从而寻找策略，提升教师自身的命题能力。

（3）项目推广价值共振，数智赋能教育创新与实践

"高质量作业系统"构建了新型的教学模式，从"关系重构、学习重构、资源重构"三个维度，实现了学生作业"一生一案"的精准投喂，有效地加强了优质作业资源共建共享，提高了作业的完成质量。同时，帮助学生认识自己，找到目标；帮助教师精准教研，提升作业设计和命题能力；帮助学校基于大数据平台，推进学校高质量教学和作业管理。定期通过"创享会 + 复盘会"，对平台进行适用性技术升级，修补系统漏洞，不断迭代升级技术，从而更好地为教育教学服务。

在"高质量作业系统"的使用和推进过程中，学校多次在省、市、区各级活动中受邀介绍学校的高质量作业设计与管理系统，受到与会专家和领导的好评。管理数智化项目获得浙江省优秀"双减"案例，并推送教育部参评。参与教育部学校建设发展规划课题"AI 辅助精准教学创新实验研究——以智慧作业为切入点"的实践研究。首都师范大学初等教育学院副教授朱永海评价该项目：很系统、很专业、很接地气。学校努力破解学校教育质量提升的瓶颈，在技术层面做了大量的过程性的研究，很值得推广。

5. 发展计划

"云思智学"平台为教学提供精准的数据分析和决策支持，而教师的数据素养一定程度上制约了数据应用的深度与广度。后续首先要进一步提升教师的数据量化思维和数据关联思维，提高数据运用的精准性。其次，逐步改善核心素养评价的精准度。由数据体现学生的学习过程，具象地表达学生的进步趋势，从而精确、全面、多维度地评价个人，提升学生的学科核心素养和学习品质。

（四）案例："慧观课"——课堂观察迈入数字时代

（瓯海区教育局　陆伟坚　陈　适　朱　蕾　黄菊敏　徐路明）

1. 背景介绍

（1）政策背景

教育部《教育信息化 2.0 行动计划》提出，信息技术和智能技术深度融入教育全过程，推动改进教学。《浙江省教育信息化"十四五"发展计划》提出，探索"智评"模式，推进教育评价改革。瓯海区教育局推进"五重构"改革，构建"以人为中心"的"美好课堂"评价体

系，满足变革的内在需求。

（2）需求背景

经过多年的探索，成效初显，但仍然存在诸多问题亟待解决，比如如何构建"以人为中心"的课堂评价指标体系，如何促进教师积极主动参与课堂评价，如何利用数据精准高效开展教研活动，如何推进技术精准助力课堂变革等等。

基于以上现状，瓯海区教育局提出对"美好课堂"评价体系下的"慧观课"课堂观察进行实践探索。

2. 主要目标

围绕高质量推进课堂变革，提高课堂教学效率与教学质量，通过大数据采集手段，以"美好课堂"为切入点，实现数据助力课堂改进，为学生素养成长和教师专业发展赋能。主要通过构建"美好课堂"评价体系，针对课堂的"学生学习、教师引导、成效达成、空间合作"等四大维度，细化12项指标，同时研发"慧观课"数字化课堂观察系统，打破传统课堂观察模式，让教师不用再依赖"一纸之力"，利用手机就可进行全方位、即时性的课堂观察记录；通过数据分析，即时掌握课堂教学指数和学生学习指数，让课堂的观察更简便、评价反馈更及时，充分发掘课堂质量提升潜力，助力瓯海"未来教育"健康发展。

3. 主要做法

（1）建立"美好课堂"评价体系

区别于评价优质课的26项指标，通过专家引领、体系定义和指标解读，围绕"以人为中心"的"美好课堂"理念，构建了"学生学习、教师引导、空间合作和成效达成"四大维度、12项指标，如图58所示。让课堂活动锚定育人目标，突出师生互动，注重学生素养提升。

（2）研发"区域特色"的课堂评价系统

基于"美好课堂"评价指标，自主设计研发"慧观课"课堂评价系统，利用大数据分析、数据整合、边缘计算等技术手段，实现课堂观察简单、反馈直达、结果直观、数据丰富翔实，促进课堂品质一屏掌控，有效推进"美好课堂"变革行动。系统遵循"四横四纵"架构体系，基于区域一体化大平

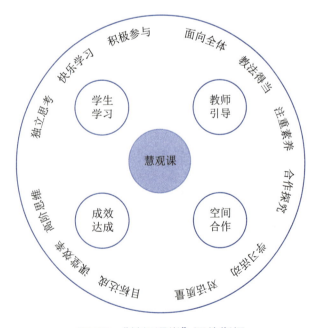

图 58 "美好课堂"评价指标

台，实现数据共享，统一管理，如图 59 所示。目前已开通"瓯教云""瓯教钉"两端。

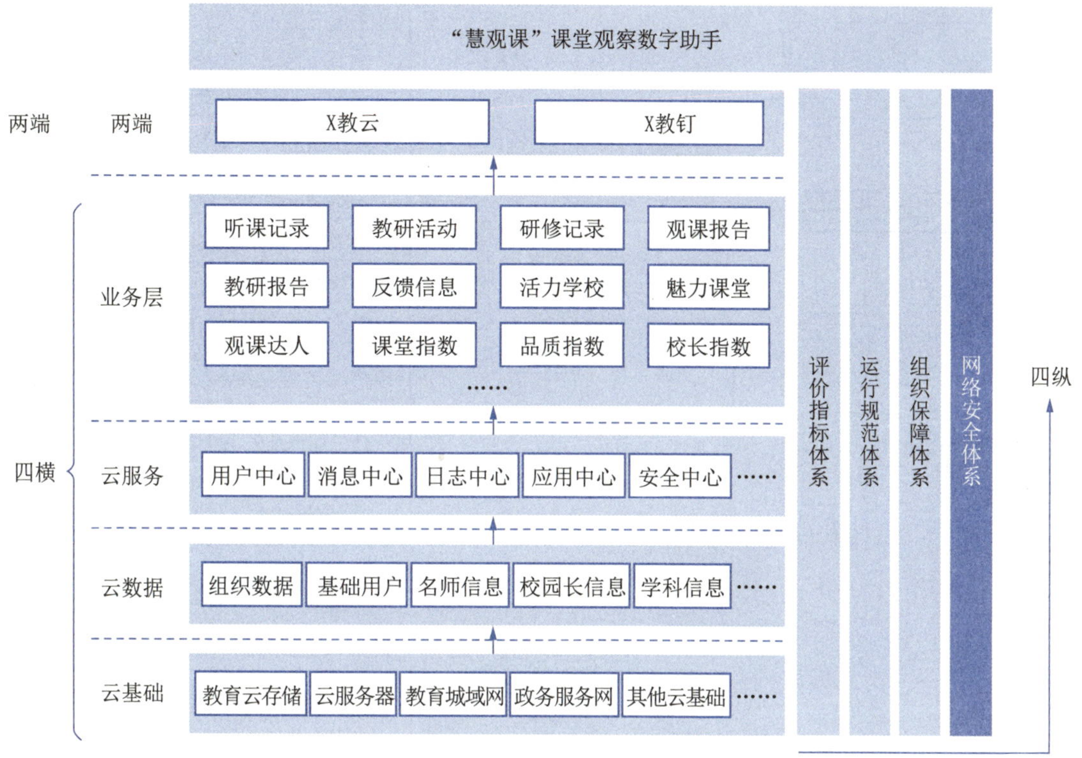

图 59　"慧观课"系统架构

（3）构建"丰富多元"的课堂数据图谱

通过应用协同，数据多跨，联动五大系统、11 大类数据，通过数据建模、挖掘与分析，已形成了四大课堂指数和三大课堂比拼，建立了课堂观察大数据（如图 60 所示），形成了课堂变革数字动力。同时，积累了丰富的数据资产，通过挖掘数据价值，为研究课堂品质的提升奠定了基础。

（4）实施"数据驱动"的课堂品质研究

以研究的视角，推进数字观课，提炼数据价值，提升课堂品质，形成了课堂品质研究闭环管理。比如南白象实验小学，在原有"三单实验"课堂构建基础上，以"慧观课"切入，基于评价系统开展课堂研讨，通过数据来发现问题，不断改进教学策略，形成了"三单慧研"的数字化课堂评价新模式。又如景山小学的"问题跟踪式"研修，借助"慧观课"系统丰富翔实的数据图表，高效地开展一系列研讨活动，有效地提升了课堂质量。

4. 成效与成果

（1）构建了课堂观察数字新模式

基于"慧观课"系统优势，构建形成了"数字观课、数字教研、智能反馈、数据决策"等

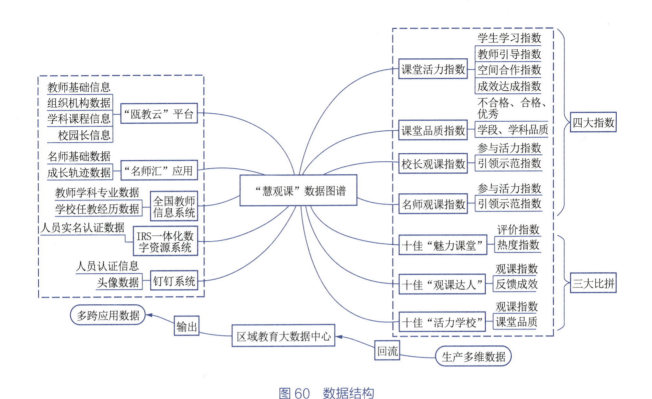

图 60 数据结构

多个应用场景。教师利用手机、平板等移动设备即时、全面地进行听课和教研活动,打破了传统课堂观察形式,创新了课堂观察数字新模式,让数字化技术手段,为学生成长、教师发展赋能,精准助力课堂变革。

（2）优化了课堂观察流程机制

借助数字评价系统的技术优势,优化听课、教研活动流程,如图 61 所示。以"慧观课"开展的课堂教研活动为例,利用系统的智能技术,让教研活动的发起和参与更加简便。基于系统的定位功能,有效杜绝了原先研修活动事后补听课、研修记录的现象,有效地提高了数据的真实性。同时利用系统的自动数据分析、自动生成报告、智能反馈的能力,让课堂的研讨更加高效,评价更加精准,反馈更加及时。

（3）推动课堂观察迈入数字时代

利用"慧观课"系统开展课堂观察,让课堂观察更加简单、及时、精准、直观、高效和智能;让教师脱离传统的纸笔记录,高效地参与、随时随地地记录、主动积极地评价,促进其专业能力的发展;让数字技术赋能课堂变革。

（4）助力"美好课堂"变革行动

基于评价指标,已构建形成了 4 个课堂活力指数和 1 个课堂品质指数,精准助力课堂品质提升。利用数据分析区域课堂指数情况和品质情况,根据课堂研究目的和标准,系统可以自动

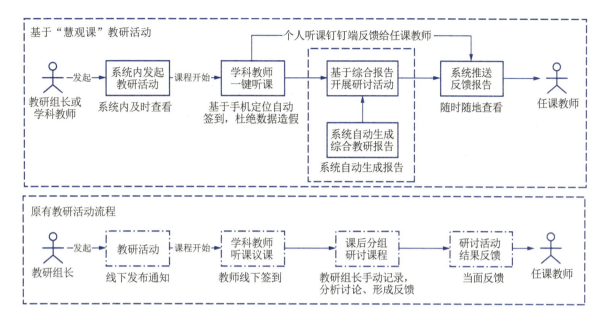

图61 数字教研活动流程

生成分析结果，及时预警反馈，通知教研部门及时介入，开展基于品质课堂的教学方式重构，有效促进课堂品质提升。

（5）推进区域智慧教育共富行动

基于区域智慧教育结对帮扶活动，"慧观课"系统作为区域帮扶项目，已在永嘉县和经开区复制推广，充分体现了"一地创新，全省共享"的改革成效。

（6）构建简单易用的课堂评价系统

借助"慧观课"系统优势，让技术简单、高效地进入课堂。今年6月份，在与其他兄弟区县共同开展的智慧教育结对帮扶活动中，基于"慧观课"系统开展一系列的听课、教研活动，让参与教师充分体会到"数字观课"的魅力。仅2022年3月到6月，累计服务超12 000人次，得到了教师的高度评价。基于系统的实践分别得到《浙江教育报》《温州晚报》《温州都市报》等多家媒体的专题报道。同时"慧观课"系统入选"2022年浙江省教育领域数字化改革创新试点项目"，得到省市领导专家的充分肯定。

5. 发展计划

基于"慧观课"数字课堂观察系统的实践，在一定程度上提高了区域课堂观察的效率，为区域基于数据的课堂品质的研究提供了参考价值。其中构建的"美好课堂"评价体系，突出"以人为中心"的课堂教学理念，为促进教师专业发展和学生全面成长提供了创新性的实践经验。同时从客观上分析，目前基于系统的实践与研究仍然处于起步探索阶段，尤其是数字教育方面，如何充分利用大数据分析手段，精细化分析现有课堂观察数据，科学掌握不同学段、不同学科、不同教龄层次的教师课堂表现的差异，仍然需要进一步探索。

展望未来，区域将继续推进数字课堂观察研究，持续迭代升级"慧观课"系统，优化功能和使用场景，完善课堂分析观察点，突出数据赋能能力，为区域教育高品质发展提供数字动力。

（五）案例：三维·融合：基于教育媒介探索幼儿园教师的研修模式

（温州市第十一幼儿园　王　畅　胡　彬　钱素环　白蕾荣　王林宛）

1. 背景介绍

教研活动作为教师队伍建设的重要载体之一，如何应用信息技术呈现丰富多彩的学习环境和有力的学习工具，让教师的专业学习更具生命力，这是教育管理者当下最大的挑战。挑战的点在于：教师运用信息技术手段的意识弱、教研形式单一且难突破、幼儿园资金投入很有限、教研品质难体现等。基于以上问题，温州市第十一幼儿园创建"三段·三维"整合式教研模式，打破传统教研模式，盘活媒介资源，媒介融入教研，创新教研形式，提高教师教研质量，促进教师专业发展。

2. 主要目标

（1）提高教师信息技术能力

信息技术融入幼儿园教研活动，为教师创造更多接触、使用现代信息技术媒介的机会，在反复运用和操作中逐渐提升信息化素养。

（2）实现信息技术与教研融合创新

信息技术的智能化、网络化、数据化，打破了传统的常规性教研模式。信息技术软件的融入，改变和创新了教研模式，实现了教研目标精准聚焦、研究方式方法灵活多样、研究氛围积极活跃、教研成果高能高效的目标。

（3）形成协调开放的软件应用组合

实行多款软件有效组合，形成协调开放的教研软件应用单元。根据教研前、中、后三个阶段的不同需求，结合理论、应用、评价三个维度的要求，合理组合搭配各种软件，形成相对固定的教研软件应用单元。

线上教研模式打破教研时空壁垒，实现不同地域教师同步教研；多功能办公化软件的技术支持，实现教研记录同屏共享、评价及时跟进，规范教研制度。

3. 主要做法

（1）分层分类，广集软件

搜集软件的过程就是教师接触和学用信息技术的过程。发动全园教师共同收集适用于教育教学研究的软件或小程序，分管、分层、分类地进行：管理层教师主要从教研组织与管理两方面寻找具有直播投屏功能的软件，比如腾讯会议、钉钉、小鹅等；教研组长则根据教研前、中、后三个阶段的需求搜寻有助于教师理论学习、方法运用、观察记录、信息交流、观点碰撞的实操型软件；一线教师可以寻找能满足日常理论学习和应用，并能有效提高学习效率的软件。

（2）按需组合，高能配对

每款软件都有其独特的价值，但它的功能又是较单一独立的。一款软件也不足以满足所有教研的需要，这就需要有效组合和搭配多款软件，利用软件之间的互补关系，发挥各自功能，作用于教研的不同阶段，提高研究的高效性。

（3）循环研用，满足需求

针对收集来的软件如何有效应用到教研活动中、作用于教育教学研究，幼儿园的前期研究小组对所有收集来的软件进行功能审议，审议后根据软件的不同功能进行逐一试用，经过多次实操再进行组合搭配，最后形成固定匹配的软件组。信息媒介的有效融入，促进了幼儿园教研质量的提高。

① 教研前：带着"准备"进教研

第一步，利用石墨文档快速收集教研问题。石墨文档是一款新一代云 Office 办公软件，支持多人在线协同办公，全程留痕可追溯。以文件的形式收集问题，其好处在于问题直接集中，便于后期问题直接编辑和整理，让问题收集快速又便捷。第二步，多位教研组长在线协作撰写方案。及时提问、交流、讨论，观点碰撞更直接，方案撰写更高效，实现跨部门同步协作的可能。第三步，石墨共享文档发布教研预告单。以某一个问题为名称创建一个独立的共享文件。该共享文件就是本次教研的主要资源库，教研组长提前存放理论知识供教师学习，教师分享自己寻找到的其他理论，做到理论知识集中学习和自主学习。这也是教师信息交流、资源共享、互相学习的好途径。共享文件的理论存放环节可以了解不同教师的理论检索途径有所不同：有的教师通过"个人图书馆"检索理论，有的教师喜欢在豆瓣上找文章，还有的教师会在温州图书馆里查找资料。共享文档、共学理论，让教研前期的理论储备更扎实、更高效。

② 教研中：融合"媒介"入教研

一是软件助力，让教研组织变灵活。钉钉、腾讯会议等软件具有线上直播的功能，"云端"相聚打破了教研时间和空间的壁垒，解决了教研中的一大难题，可以随时随地开展教研活动。

二是软件融入，让观察记录更科学。依托温州学前"三朵云"的云慧玩平台，教师幼儿观察从原来的纸质记录改用软件电子方式记录，四步轻松完成幼儿观察记录：第一步，选择对象；第二步，对标勾选；第三步，语音记录；第四步，上传图像。还可以实现多个幼儿同时记录，1 分钟即可完成 1 条记录，最快能 3 分钟完成全班的记录，解决了因手记速度慢而错过的幼儿的精彩瞬间、脱离了指标行为分析不科学等根本性问题。此外，"云慧玩"的观察记录对照"3—6 岁儿童发展行为观察指引"内容，是专门为幼儿园教师设计的一款观察记录表。记录的过程就是教师理论对标记录—发现问题—理论回炉—提炼策略的理论研用过程。教师学会用理论指导实践，正确解读幼儿行为背后的原因，满足幼儿发展的需求。更重要的是这些内容都是教师研究的一手素材，鲜活的案例为基于真实问题下开展教研活动提供了有力的保障。

③教研后："三段"收集"评价"续教研

教研后的评价至关重要，关注教研成果的梳理，反哺教育实践，是下一步实践研究的重要基础。组织者收集教研过程资料，及时开展线上评价，收集教师对教研活动的真实反馈，并根据反馈内容进行反思、调整、重新整理文本。问卷星评价，让每位教师都成为教研评价主体，突破了以线下集中教研为中心的各种局限性，提供了线上 + 线下融合教研的新思维和新方向，让重构研修模式有了更多的可能性。

4. 成效与成果

（1）赋予教师专业自主权，增强个人专业发展

应用软件通过打造教育智能共享格局，创造让教师时时可学、处处能学的条件。慧园通平台的培训中心助力教师不同层次的需求，为教师增能提供基础。资源素材是教师智慧的聚集、提升和共享的宝库，满足教师专业成长的需求。

（2）赋予幼儿成长参与权，增能幼儿健康成长

幼儿成长数据画像仓是幼儿展示自我、养成习惯的新途径。"云慧玩"的家园联系栏打卡活动的参与、成长档案中活动的留痕、班级相册中的活动呈现，无不体现了幼儿的主体地位，让教师更了解幼儿，从而采取更有针对性的指导和形成个性化的资料。

（3）赋予家长协同共育权，增进家园协同共育

温馨家园联系栏小程序有效运用为家长协同共育的权利，并提供有力的支持，让家长、教师的主体地位能够得到赋权和增能，实现家园共育的目的。

5. 发展计划

幼儿园将继续推进利用信息媒介融合教研活动，构建以钉钉、云慧玩、问卷星、金山文档为主要工具的"三段"式教研模式，盘活媒介资源，数据赋能整体推进幼儿园教研活动的效度。后期将继续总结和提炼"三段三维"融合式教研中的信息技术媒介使用步骤和成效，实现不同层级、不同层次教师之间的观点碰撞和想法互通，进一步建设和完善幼儿园信息技术设备和软件资源库，进而不断形成智慧幼儿园的"数据大脑"。

第三部分

PART 3
协同数字化行业共建教育生态
与应用平台

一、创建虚拟化情境化教学应用场景

（一）发展综述

从教育部发布的《教育信息化 2.0 行动计划》[①]文件的内涵来看，教育信息化 2.0 的特征主要体现在这样四个方面：第一，"数据"是基础，教育相关的概念、行为及要素都要数据化；第二，"连接"是要义，教育系统内部通过数据连接，并与其他领域的外部系统实现"大连接"；第三，"开放"是策略，加强教育系统数据的开放性；第四，"智能"是驱动，通过智能技术来为教育数据赋能，达到个性化教育的目标[②]。也就是说，要在教育领域中充分发挥数据的"潜力"，以此来推动教育系统的创新与变革，就要促进教学工作与各类新型信息技术的融合，大力推动智慧教育发展，建设智慧课堂，还要创建虚拟化、情境化教学应用场景，打通线上与线下，连接课内与课外，融合虚拟与现实，从而实现全场景教学的环境要求。可见，数据的重要性越来越凸显出来。

教育界认为"大数据 + 教育"是实现教育信息化、教育现代化的有效途径[③]，通过大数据技术分析教学、学习与教育管理等多维度数据，揭示教学、学习、管理的相关规律，挖掘出数据间的关联关系，优化均衡教育资源配置，为提高教学质量提供决策性的数据支撑，指导新时代教育的创新发展。构建智慧课堂教学模式是提升课堂教学效果、帮助学生实现个性化发展的必然趋势[④]，它以课前、课中、课后三个环节，发现和解决不同学生的学习问题，量身定制个性化的学习策略和学习方法，支持学生个性化学习，实现"因材施教"的教学模式。此外，虚拟化与情境化在移动互联时代应用条件已然成熟，创设虚拟现实场景，已成为智慧课堂的未来发展方向[⑤]，相较于传统课堂利用多媒体设备来直观呈现教学情境，虚拟现实技术搭建的虚拟场景显然更具优势，通过设置虚拟环境，使学生身临其境，好似进入了一个真实的学习场景，沉浸式的体验超过了传统的授课模式，有助于激发其思维。

---

① 教育部关于印发《教育信息化 2.0 行动计划》的通知［J］.中华人民共和国教育部公报，2018（4）：118-125.

② 汤岭球.教育信息化 2.0 背景下省级教育大数据平台建设研究［J］.当代教育论坛，2021（4）：99-106.

③ 李青，韩俊红.数据治理：提升教育数据质量的方法和途径［J］.中国远程教育，2018（8）：45-53，80.

④ 刘春燕.基于大数据环境的智慧课堂教学模式探究［J］.开封文化艺术职业学院学报，2021，41（10）：202-204.

⑤ 李直."大智移云"时代中小学智慧课堂构建的趋势及途径［J］.数字教育，2022，8（1）：61-65.

当下，虚拟化技术更加接近大众化，同时，不断向更智能、更灵活的方向发展[①]。为了适应时代的发展，满足社会对人才培养的需求，将虚拟化技术应用到教学中必不可少，既能节约教学成本，有效提高教学质量，又能激发学生的学习兴趣，提高学生的综合素质，促进教学发展。而情境化教学，就是在教学中一改传统课堂教学中"教师讲、学生听"的教学模式，教师利用各种资源，为学生创建多种教学场景[②]，不仅能够激发学生的学习兴趣，使学生即使在基础薄弱的情况下也能了解与掌握所学知识，还能够使学生的主观能动性与主体性得到充分的发挥，从而实现教与学的共赢。虚拟化与情境化教学应用场景的创建，从"教"的角度在现代教育教学的时间和空间维度上进行拓展，推进教育手段和思想观念的创新；从"学"的角度，提供多元的学习方式，提升学习的获得感，有效提高学习效率及发展学生智力。

本章节围绕大数据和虚拟现实技术进行情境化教学，将传统课堂环境转变为具备交互功能的现代化智能课堂，创新教学模式，激发学生学习兴趣和潜能，最终通过个性化教学促进学生成才。本章节共收录两个案例，其中《打造全国首个 AI 数字教师，实现教育共富应用新维度》通过设计与建设 AI 数字教师体系，将优秀教师的教育能力以数字化技术实现价值增值，以技术创新推动机制创新，逐渐形成人类教师与 AI 教师双存的教育新图景，通过将优秀教师的风格与能力数字化，实现教育共富理念的技术实践；《数据驱动温州市教育高质量发展，不断增强人民群众教育获得感、幸福感》以温州作为"数据驱动教育教学改进"省级试点地区，开展"数据驱动教育教学改进"示范学校评审，以评促建，营造"读数据、研数据、用数据"的良好氛围，进一步提升教育教学改进的精准度和有效性，增强人民群众教育获得感、幸福感。

（二）案例：打造全国首个 AI 数字教师，实现教育共富应用新维度

（温州广播电视传媒集团　黄　振　李　政　李理敏　黄　璞　潘怡红）

1. 背景介绍

教育最核心的资源是教师，未来的教育是人与人工智能协作的时代，人工智能教师将成为教育社会化的主体之一。随着智能新技术和社会智能化的不断加速，人工智能技术将作为未来教师工作的有机组成部分，逐渐形成人类教师与 AI 教师双存的教育新图景。

国务院早在 2017 年印发的《新一代人工智能发展规划》中就指出，实施全民智能教育项目，在中小学阶段设置人工智能相关课程。2019 年，国务院又提出了《中国教育现代化 2035》

---

① 严逸 . 广播电视大学计算机虚拟化技术在教学领域的应用［J］. 信息与电脑（理论版），2019（6）：234-235.
② 洪伟光 . 浅谈情境化教学在中职模拟电子技术教学中的应用［J］. 科学咨询（科技·管理），2020（12）：150.

的目标，推进教育现代化的快速实现。

2019 年以来，先进通信与智能计算实验室团队启动"5G 未来城"项目建设，目前已进入温州市 5G 融合应用示范规划，项目获得省发改、工信部等一系列奖项。作为"5G 未来城"系统建设重大创新的子项目，AI 数字教师体系的设计与建设，将让优秀教师的教育能力以数字化技术实现价值增值，以技术创新推动机制创新，使 AI 数字教师体系转变为未来教育的数字基础设施。

2. 主要目标

优秀教师资源是有限的，其能力培养是一个漫长而持续的投入过程。优秀教师的精力和时间也是有限的，一名优秀教师往往只能覆盖一小部分学生，其教育教学能力积累到一定程度往往会面临调动、转岗甚至退休等职业生涯的边界，导致优秀教师多年积累的教育资源难以得到传承。对于农村、城市以及赋能空间中的学生来说，如何实现优质教育资源共富共享仍是一个难题。

随着互联网、5G 技术的发展，未来教师要以大规模社会化协同的方式开展教育服务，利用智能技术将教师的服务数字化，不再仅仅服务于固定的一所学校或一个班级的学生。借助 AI 数字教师的技术实践，实现将优秀教师的风格与能力数字化，进而实现教育共富理念。其主要目标包括两点：

一是打造元宇宙时代的数字教师。区别于现实世界中的教师，元宇宙数字世界中的 AI 教师时间是无限的，空间是多元的，能力是可以叠加的，应用是可以多样的，而且其情绪是持续稳定的，并能触及现实世界中很多教师不能触及的边界。

二是将教育能力转化为社会数字资产。一个优秀教师的教育能力是经过几十年的个人努力和学校培养综合而形成的，一旦退休、离职、调动，对教育系统来说其教育能力就流失了 90% 以上。为此，构建 AI 数字教师体系，通过数字化技术，以教师形象为窗口，通过 AI 技术不断沉淀教育教学能力，使优秀教师的能力得到线性积累与沉淀，实现教师能力的数字化、可存储、可转化、可复制，推动教师能力数字资产化，最终成为社会公共的教育资源与资产，赋能教学进入全新的数字化维度，实现教育共富。

3. 主要做法

（1）主要功能

AI 数字教师利用 5G 边缘计算与人工智能技术，能够综合教师的教学能力与教学经验，将现实生活中教师的形象与能力在数字世界中精准地模拟构建出来，形成定制化的教师个人数字人形象，连接 AI 能力，并伴随其在教学期间不断地输入具有其本人教学经验特征的教学能力。利用智能技术将教师的服务数字化，不再仅仅服务于固定的一所学校或一个班级的学生。优秀教师的风格与能力被数字化，是实现教育共富理念的技术实践。

（2）技术核心

AI 数字教师要实现数字教师应用场景，目前技术选型主要依托百度文心 NLP（自然语言处理）大模型以及 PLATO 对话能力系统，作为 AI 能力合成技术方案之一。

文心 NLP（自然语言处理）大模型面向语言理解、语言生成等 NLP 场景，具备超强语言理解以及对话生成、文学创作等能力。创新性地将大数据预训练与多元丰富知识相结合，通过持续学习技术，不断吸收海量文本数据中词汇、结构、语义等方面的新知识，实现模型效果不断进化。

基于百度文心 NLP（自然语言处理）大模型的预训练模型，只需要少量的任务数据以及迁移学习，就可以实现各类新的 AI 应用。如图 62 所示，PLATO 对话能力系统是基于文心 NLP 大模型打造的对话机器人产品。除了具备丰富成熟的闲聊能力外，也可以根据教学场景需求，配置教学相关知识传递与对话，既能陪人话家长里短，也能帮助教书育人。

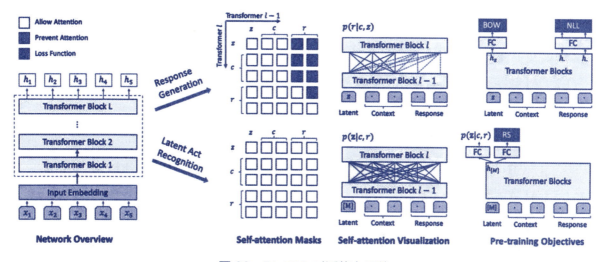

图 62　PLATO 对话能力系统

4. 成效与成果

（1）技术实践已获验证

AI 数字人项目已获得由工业和信息化部主办的"绽放杯"5G 应用征集大赛专题赛一等奖，浙江省新基建应用场景创新大赛、温州市数字经济系统应用场景大赛一等奖，乌镇全球互联网大赛优胜奖。

（2）组织架构初步建立

目前已经成立了"事业单位 + 国企运营商 + 技术公司"三位一体的新型研发组织架构，并在此机构下面成立了 AI 数字教师研发小组，成员包括百度数字人事业群、温州大学电子工程学院、新华网生物感知实验室、中国美院、温州广电、温州移动等众多单位的相关技术人员。

（3）挂牌成立"浙江省 5G+AI 数字发言人研发基地"

AI 数字教师在国内属于首创，已经牵手中国信息通信研究院、百度、清华大学等产学研机构，针对数字教师应用场景、行业标准、制作流程、能力边界计划起草相关行业标准。

与百度共同挂牌成立了"浙江省 5G+AI 数字发言人研发基地"。形成 AI 数字人研发工厂，集合了人物形象设计人员、3D 建模人员、虚拟主持人动作捕捉表演人员、机器人（数字人）大脑训练师等一批专业技术人员，为用户批量生产数字人。

5. 发展计划

目前，团队与温州市教育局教育技术中心合作的首个 AI 数字教师正在制作当中，预计在 2023 年 3 月份左右可以呈现项目初样。

（1）AI 数字教师生产平台化

未来，将实现 AI 数字教师成为每个学校的标配。内容生产的过程中，将从单一的人工智能生产创作，转而升级为以标准化、平台化的方式运作。在开发层面，通过大量标准化模块的复用，可以大幅提高开发效率，缩短开发周期；在算力层面，平台将为内容生产提供可靠的拓扑，保证元宇宙时代下虚拟人作为主要生产力的稳定可持续发展。

（2）AI 数字教师创作自动化

未来，将实现 AI 数字教师能力自动化。依托于深度学习技术发展，元宇宙时代，人工智能将能够在极少人工干预甚至完全自主下生产内容，为元宇宙提供源源不断的、有价值的内容。目前，AI 数字教师在技术上已经拥有了初步自主创作的能力，成为元宇宙的内容生产支柱。

（3）AI 数字教师交互情感化

未来，将实现 AI 数字教师多元的情感互动。情感将成为智能驱动 AI 数字教师人格的"最后一块拼图"，具有真实情感的虚拟人将在元宇宙之中提供更为沉浸的人机交互体验，同时，伴随着数字安全以及去中心化共识体系的建立，AI 数字教师将更加深入地参与到元宇宙的社交活动之中，赋能教育共富应用。

（三）案例：数据驱动温州教育高质量发展

（科大讯飞）

1. 背景介绍

随着移动互联网技术以及智能终端的发展，现代教育技术推动着学校教与学的变革。探索利用大数据和人工智能技术发现学生在学习过程中存在的问题，为教师改进教学提供科学依据，成为学校当前面临的新课题。

温州作为"数据驱动教育教学改进"省级试点地区，率先出台《"数据驱动教育教学改进"

省级试点项目实施意见》，开展"数据驱动教育教学改进"示范学校评审，以期以评促建，营造"读数据、研数据、用数据"的良好氛围，进一步提升教育教学改进的精准度和有效性，打造"数据驱动教育教学改进"的温州样板，增强人民群众教育获得感、幸福感。

2. 主要目标

在数字化时代浪潮的推动下，温州市区教育界积极响应，依托先进的信息技术，通过全场景过程性动态数据采集，构建以学习者为中心的智慧化课堂模式与知识点评测体系，为教师提供基于学生学情的精准备课、精准讲评、精准辅导等服务，为学生规划基于学科知识图谱的个性化学习路径，整体提升学生自主学习的积极性和有效性，全面提升区域教育教学质量。

（1）打造温州市区校本资源中心

温州市区在全市范围内依托信息技术，建成结构化区校本资源中心，形成温州市特色区本资源服务体系，提升区本资源服务供给能力，为教师、学生提供海量合适的学习资源，满足学习者、教学者和管理者的个性化需求，有效支撑教与学活动的开展。

（2）创新教与学模式机制

在温州市区的智慧课堂上，教师通过构建智能化的教学环境，实现智慧的教与学，促进学习者的智慧发展，实现数据化决策、即时化评价、立体化交流、智能化推送、可视化呈现，增进课堂学习的交互与协作，从而建立新型的信息化课堂。日常考试、测验等基于全场景动态性数据的伴随式采集与分析，有效支撑教师教学方式与学生学习方式的变革，快速、精准定位讲评重点，提升讲评效率和讲评质量，真正做到减负增效。精准定位学生学情，根据学生真实作答数据诊断每个学生的知识点掌握情况，为每位学生构建知识图谱，打造高效个性化学习环境。

（3）重构智能化评价与管理

温州市区的智慧教育不仅关注学生的学习成果，还注重学生的学习过程和体验。通过全过程学习数据分析，构建动态学习诊断与评价新体系。在课前阶段，系统会根据学生的历史学习数据及课前预习的测评反馈，实现准确的学情分析，促进教学预设、以学定教；在课中阶段，系统会通过课堂的实时评测和互动交流，准确了解学生课堂学习的实时状态，实现教学策略的及时调整，精准教学；在课后阶段，系统会根据智能化练习推送、在线提交和批改，与学生课后交流，及时掌握学生练习情况，实现精准辅导，有效地巩固和提高学生的学习效果。学习评价从过去的结果性评价向伴随式、诊断性评价转变，评价与教学有机结合，形成全新的评价体系。

3. 主要做法

（1）典型举措

在温州市，我司围绕以人为本、因材施教理念，依托大数据、云计算等信息技术，通过引入新型的教学方法和理念，变革教育教学模式，构建针对性、互动性和智慧化的高效课堂，实现质量与效率的双重提升，助力教师精准教学、应教尽教，让学生在课内学足学好。

一是"前中后"有效联动，巩固提升课堂教学质量。如乐清中学，坚持守住课堂，发挥学校教育主阵地作用，借助智慧课堂，课前教师不仅可以把预习的任务提前分发下去，还可以及时获取学生预习情况，在课堂上进行重点强调。有了预习的铺垫，课中教师侧重于通过互动来提高学生学习兴趣，通过抢答、投票、拍照分享等充分调动学生积极性。此外，从平台即时调取云资源进行辅助展示，可以给课堂增色，让枯燥的定义、定理等讲解更直观、生动，学习氛围更热烈。课后智能批改不仅大大减轻了教师的批改工作量，更重要的是，还能自动生成数据分析报告，让从前只能凭感觉、经验进行诊断的教师，对学生有更精准的认识、对教学有更精准的定位。

二是强化教学行为数据分析，探索教研数字化转型。在乐清市、苍南县、龙湾区等地，我们依托智慧教育平台，深入开展教学行为数据的收集与分析研究。通过对初高中智慧课堂中教师教学行为数据的采集与分析，我们构建了教学行为数据分析维度及指标体系，探索了教学行为数据在日常教学中的科学应用。这些研究成果有效指导了教师优化课堂教学模式，提升了课堂教学质量与效率，同时帮助学生设计了新的学习路径，培养了他们的核心素养。

（2）技术核心

为更深入地探索"数据驱动教育教学改进"项目，我司采用30余项关键核心技术大力加持，能对学情做分析、对学习做推荐，深度赋能教育应用场景。

OCR（Optical Character Recognition）图文识别技术（如图63所示）能够把图片变成机器可以理解的"文字"，手写识别技术的应用可对用户的手写体进行识别转换，并能自动识别分行、涂改、插入等情况，对学习过程化数据进行分析。

图63　OCR图文识别技术

基于知识图谱技术，用可视化的形式描述知识资源及其载体，挖掘、分析、构建、绘制和显示知识点及它们之间的相互联系，进一步构建系统性的全学科知识图谱，结合对学生已经达到的发展水平和可能达到的发展水平之间的距离的识别，给出动态的学习路径规划，为学生推荐个性化学习方案，助力实现规模化因材施教。

4. 成效与成果

（1）政策保障，组织架构初步设立

温州市率先出台《"数据驱动教育教学改进"省级试点项目实施意见》，树立"数据赋能教育，评价促进改进"的基本理念，推动从"教育质量监测结果运用"走向"基于证据的教育教学改进"，系统推进"数据驱动教育教学改进"的实践探索，形成用数据说话、用数据发现、用数据决策、用数据评估、用数据管理、用数据反思、用数据创新的良好氛围和基于数据改进教育教学的良好局面，部署了建立管理机制、探索实施路径、完善专业引领、健全保障机制四方面13项重点任务。

此外，全市组织召开中小学校教育评价改革推进暨"数据驱动教育教学改进"省级试点项目启动会议，成立项目研修班。

（2）辐射延伸，推动温州市教育评价改革

推进"数据驱动教育教学改进"工作，不仅是贯彻《深化新时代教育评价改革总体方案》的具体体现，更是对接区域教育发展新需求、巩固学校教育质量综合评价改革成果的关键举措。通过该项目的试点探索，我们力求形成温州教育评价改革的新经验，构建温州教育评价工作的新标杆，同时整合评价转型项目与多方力量，共同推动教育评价体系的创新。

（3）示范引领，扩大示范校的影响力和辐射力

为了进一步扩大"数据驱动教育教学改进"示范学校的示范效应，我们积极营造"读数据、研数据、用数据"的浓厚氛围，致力于提升教育教学改进的精准度和实效性，打造"数据驱动教育教学改进"温州样板。2023年，温州市教育评估院公布了温州市"数据驱动教育教学改进"示范学校评估结果，评选出温州市50所"数据驱动教育教学改进"示范学校。

（4）推动乐清市、苍南县、龙湾区精准教学示范基地建设

2021年9月乐清市成功入选浙江省大数据精准教学实验区。2022年上半年，乐清各校利用大数据精准教学系统共计组织考试37357次，各校测试报告模块中教师渗透率达71.3%。教师使用智慧课堂授课9008次，月活跃度达73.4%，教师授课率达到66.1%。通过大数据精准教学系统的应用，乐清市2020—2022年特控上线率显著提升，如图64所示。

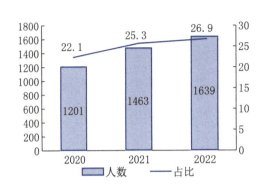

图64　乐清市2020—2022年特控上线率

2021年以来，苍南县努力推进省大数据精准教学实验区试点建设。2022年，通过持续落实《温州市中小学"教研共富"三年行动计划（2022—2024年）》，苍南县积极对接区域教育共建，努力创建教研共富共同体，加大智慧教育供给，推进大数据驱动的教学变革，强化优质教学资源共享覆盖面，打造了教育数字化改革苍南样板。2022年11月，苍南县以《改变教育，以智治的方式》在教育部组织的国家级论坛上分享经验。2023年，苍南县召开初中大数据精准教学研讨活动，全县学区、初中学校的教学、教研干部共200余人参加此次活动，以"教研共富：技术赋能教学，精准变革作业"为主题，探讨基于数据的教学改进，推进精准教学。

此外，2023年3月，龙湾区浙师大附属温十五中教育集团举行"双减"背景下的精准教学与作业优化提升学习主题培训活动，活动上，绣山实验中学张丽老师做了"数据赋能　精准教学"的交流分享。

5. 发展计划

为进一步推动大数据、人工智能、区块链等新技术在温州教育高质量发展方面发挥重要作用，充分发挥数据驱动的作用，建议发展计划如下。

（1）积极统筹区域课程资源中心建设，促进教育均衡发展

以《进一步做好义务教育阶段学校课后服务工作实施方案》要求为基础，立项推进温州课后服务区域课程中心建设，形成资源上传、使用、评价和管理统一的区域课后服务素质课程资源中心，借助科技赋能，完善全市课后服务课程资源。由学校、社会共建的建设机制，构筑起面向全市的课后服务优质课程资源中心，促进学校进行课程资源建设、降低课程成本、提升课程品质。

（2）完善课后服务课程体系，促进学生"五育并举"常态化开展

结合温州教育发展方向，围绕"立德树人、五育并举"的教育根本任务，重点推动以下工作：

一是引入完善优质的课程资源体系，满足学生素质拓展类活动需求，拓展素质教育空间，促进学生全面成长。

二是借助信息化工具赋能教师培训，提升教师素质课程备课、授课能力和信息化素养水平。

三是引导有条件的学校积极探索以家长学生自愿参加并适当支付特色课程服务费用的方式，引进适合学生自身需求的特色类课程及服务，培养学生个性化发展的兴趣爱好、动手实践能力，增强学校科创文化氛围，因地制宜打造"一校一案"课后服务特色，满足学生个性化成长需求。

（3）完善评价考核机制，从学业评价驱动教育评价

设立科学、合理、有效的评价指标，持续提升温州教育评价水平，在学生减负的基础上提升素质类课程的学习，全面深化学生综合素质评价，建立学生全息档案，让家长及时了解学生成长过程，形成以教师、学生、家长为核心的家校互动社区，更好地陪伴孩子健康成长。

二、探索教育实践问题数字化解决方案

（一）发展综述

作为引领新一轮科技革命和产业变革的重要驱动力，人工智能催生了大批新产品、新技术、新业态和新模式，也为教育现代化带来更多可能性。习近平总书记强调，"中国高度重视人工智能对教育的深刻影响，积极推动人工智能和教育深度融合，促进教育变革创新"。国务院印发的《新一代人工智能发展规划》，明确利用智能技术加快推动人才培养模式、教学方法改革[1]。教育部出台《高等学校人工智能创新行动计划》，并先后启动两批人工智能助推教师队伍建设试点工作[2]。中央网信办等八部门联合认定一批国家智能社会治理实验基地，包括 19 个教育领域特色基地，研究智能时代各种教育场景下智能治理机制。

数字技术已经对教师、学生、课程、教学方式、学习体验、评价、管理等教育要素产生了深刻影响，并通过逐步再造教育流程，变革着教育生态[3]。而"人工智能 + 教育"的快速发展，为教育变革创新注入强劲动能，为教育改革提供创造性数字化方案。随着人工智能在教育领域

---

[1] 国务院 . 国务院关于印发新一代人工智能发展规划的通知［EB/OL］.（2017-07-20）［2023-05-01］. http://www.gov.cn/zhengce/content/2017-07/20/content_5211996.htm.

[2] 中华人民共和国教育部 . 教育部关于印发《高等学校人工智能创新行动计划》的通知［EB/OL］.（2018-04-03）［2023-05-01］. http://www.moe.gov.cn/srcsite/A16/s7062/201804/t20180410_332722.html.

[3] 刘德建，费程，刘嘉豪，等 . 智能技术赋能按需学习：理论进路与要素表征［J］. 电化教育研究，2023，44（4）：17-25.

的深入应用，其在解决教育实践问题方面的重要优势和价值也日益凸显。面对传统教学教条化、统一化、静态化、孤立化等实际问题，我国开启了新课程改革进程。而人工智能则在进一步加速这一过程，以一种颠覆性创新的态势，重塑教育系统功能与形态。教、练、考、评、管各环节均有人工智能辅助，让教师教得更好；虚实融合多场景教学、协同育人，让学生学得更好；海量线上数据和逐渐强大的算力，让学校管理更加精准。此外，在人工智能支撑下，优质数字教育资源跨越山海，推动教育更加公平、开放。《中国教育现代化 2035》也明确提出要以"智能"为驱动，创新教育服务业态[①]。因此，深度探索人工智能在教育领域的新应用，不仅能够为解决教育实践问题提供优质的数字化解决方案，也是推进数字化创新和教育现代化的必然趋势。

本章节围绕人工智能的教育应用，将人工智能技术融入教育核心要素和场景，以促进关键业务流程的自动化与关键教育场景的智能化，从而大幅提高教育工作者和学习者的效率，创新教育教学生态。本章节共收录四个案例，其中《乐清市中小学"慧阅读"平台》立足本地特色，挖掘区域资源，开发了"慧阅读"平台，旨在推动全社会形成爱读书、读好书、善读书的新风尚；《九天毕昇 K12 人工智能教育平台——助力 K12 人工智能教育高质量实施与发展》针对教育行业客户和师生用户，打造全方位的人工智能教育生态社区，构建九天毕昇人工智能教育生态圈，以期在广大学生中普及和推广人工智能教育，提升教育公共服务水平，促进教育高质量均衡发展；《校园安全治理一件事集成改革系统》积极运用数字思维、数字技术推进校园安全治理体制机制、组织架构、方式流程优化变革，打造为解决校园安全治理问题的校园安全治理一件事集成改革系统，切实提升师生、家长的安全感与满意度；《文成县教育信息化应用建设模式研究——以文成县校安管理平台建设为例》则建设了一体化、数字化、网络化、智能化的校园安全管理平台——文成县校安管理平台，并总结教育系统的信息化应用建设模式，以期形成可复制、可推广的经验。

（二）案例：乐清市中小学"慧阅读"平台

（乐清市教育技术中心　林建安　倪乐明　陈培培　钱成孟　南一展）

1. 背景介绍

（1）政策背景

2021 年 3 月 17 日，中宣部办公厅印发《关于做好 2021 年全民阅读工作的通知》，部署了2021 年全民阅读重点工作：着力培根铸魂，深入推进习近平新时代中国特色社会主义思想读

---

① 发展改革委，教育部，人力资源和社会保障部 . 关于印发《"十四五"时期教育强国推进工程实施方案》的通知［EB/OL］.（2021-05-10）［2023-05-01］. http://www.gov.cn/zhengce/zhengceku/2021/05/20/content_5609354.htm.

物的学习阅读，推动习近平新时代中国特色社会主义思想深入人心。立足本地特色，挖掘区域资源，打造和巩固符合本地需求的品牌阅读活动，提升地区品牌阅读活动的群众参与度、辐射面和号召力。创新方法手段，主动适应信息技术条件下数字阅读方式更便捷、更广泛的特点，积极推动全民阅读工作与新媒体技术紧密结合。扩大宣传效果，加大对全民阅读的宣传报道力度，推动全社会形成爱读书、读好书、善读书的新风尚。

（2）问题需求

一是中小学生阅读书籍的选择具有盲目性，漫画、卡通书、笑话、网络小说成为常规选择，而这些书不利于学生的长期发展以及精神层面和阅读能力的提升与进步。

二是学生的阅读方法并不恰当，多停留在浅读的层次，并对阅读内容缺少评价。生僻字、词句摘记、内容分析、阅读思考等阅读方法没掌握，并缺乏对应的阅读后评测与评价，阅读效果不佳。

三是数字化阅读挤占了纸质阅读的时间，这种快餐式的碎片化阅读更适合成年人对信息的需求，但不利于阅读习惯的培养，并且也会影响阅读时的专注度。

2. 主要目标

文化点亮城市，阅读点亮生活。本项目将为乐清城市大脑提供阅读方面各个维度的数据，如，中小学生每天阅读时长、不同年龄段最喜爱的书籍排行、最受欢迎的作家排行、班级与学校阅读参与人数排行、读后感上传数量排行、读后感获奖数量排行、书香班级数量排行、阅读指导师贡献排行等。详细的阅读数据一方面可以帮助学生调整最适合自己的书籍，另一方面可以为政府创建"书香乐清"提供重要的参考，为引导青少年培养阅读习惯做出科学性的决策。借助名师指导，实现有思考、有方法地阅读，帮助学生提高阅读的收获。贯彻"多读书、读好书"理念，推动全民阅读。

3. 主要做法

（1）成立研究课题

通过与高校合作成立课题组，全方位地研究中小学生课外经典阅读的方式和方法，包括分级阅读的推荐书单、经典书目导读内容、读后评测的环节设计、学生的阅读成长体系等内容。

（2）研发"慧阅读"平台

通过对课题成果转化的需求分析，围绕"在线、数据、算法、创新"的要求，结合课题研究的成果细化各种指标体系，开发了"慧阅读"平台，如图65所示。平台在微信、钉钉、浙里办均有入口，方便学校、教师、学生的使用。目前完成了从管理部门发布活动开始到学生的日常记录，阅读笔记以及读后感的评比、阅读能力评测、名师导读内容的提供等功能，后续会陆续完成"读行天下""共享共读"等功能。

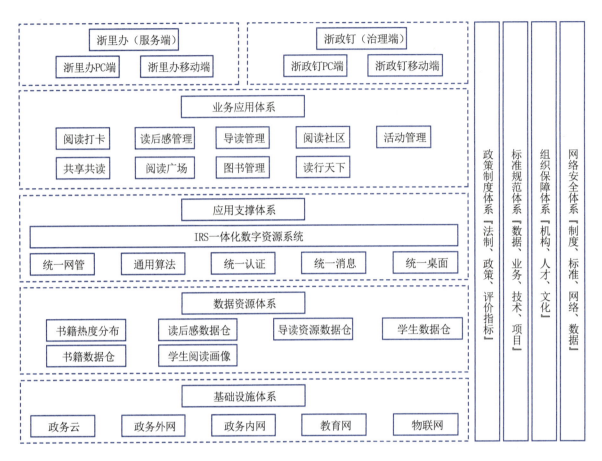

图 65 "慧阅读"平台架构图

4. 成效与成果

利用世界读书日、爱国主义读书活动、寒暑假爱阅读读书活动进行推广试用，目前已有 11 万中小学生参与其中。每年，寒暑假活跃高峰期每天的使用人次超过 4 万人，非假期时每天也有超过 1 万学生在使用，累计阅读记录 334 万多条，读后感 5 万篇，教师参与导读内容制作分享超过 4 000 篇，影响超过 20 多万的乐清市民。

5. 发展计划

（1）加强推广

阅读远不该仅仅是兴趣爱好，它更是一份义务，一种权利。联合国《图书宪章》第一条就明确指出，每个人都有阅读的权利，社会有责任保证每个人都有机会享有阅读的利益。除了保证每位学生有书读、有地方读、有机会读，还要让学生知道怎么读。

借助信息化的手段，让"任务式"的阅读方式变成"兴趣式"的"悦读"。通过平台，在浩瀚的书海中挑选适合的书籍，在名师指导下，有思考、有方法地阅读，让好习惯伴随一生。

（2）助力"双减"与"共富"

在"双减""共富"背景下，"慧阅读"平台应用数据价值尤其突出，通过技术应用，让城乡孩子共享优质阅读资源，共同感受党和国家的关爱。

（3）转向"全民阅读"

平台设计从技术扩展性上已经可以延伸到社会层面，通过中小学生的阅读带动家庭阅读，各政府企事业单位均可以通过平台开展阅读活动，进而推动"全民阅读"，为创建"书香乐清"助力。

（三）案例：九天毕昇 K12 人工智能教育平台——助力 K12 人工智能教育高质量实施与发展

［中国移动（浙江）创新研究院、浙江省之江教育信息化研究院

陈宁华　李　伟　蒋　健　刘　聪　张云蕾］

1. 背景介绍

（1）建设背景

为全面贯彻落实《中国教育现代化 2035》《新一代人工智能发展规划》《关于深化教育教学改革全面提高义务教育质量的意见》《关于新时代推进普通高中育人方式改革的指导意见》等国家战略精神，促进人工智能与中小学教育教学和管理领域的深度融合，中国移动（浙江）创新研究院（以下简称"创研院"）以九天毕昇人工智能教育平台为载体，推广九天毕昇人工智能教育"百校工程，千校计划"。该平台全方位满足教育局和学校对 AI 教育平台、课程体系建设、师资培养、人工智能实验室建设、赛事活动、服务支持的需求，通过感知、学习、实践、应用四大学习路径，提高中国师生的人工智能素养，推进互联网、人工智能、大数据等相关技术与教育深度融合，创造教育新业态，以信息化和智能化为支撑，提升教育公共服务水平，实现教育变革，促进教育高质量均衡发展。

（2）研发团队介绍

创研院于 2021 年 1 月 7 日由浙江省委原书记袁家军和中国移动董事长杨杰共同揭牌成立。创研院按照集团的战略定位，创新推动 5G、人工智能、大数据等新兴技术的融合应用，加快推进以"九天"人工智能为代表的中国移动集团战略性核心成果规模化应用和价值转化，全力支撑做强做优做大数字经济，立足长三角，辐射全国，建成国家级新型研发机构，打造国内领先的人工智能创新中心。

2. 主要目标

九天毕昇是一站式人工智能学习和实战平台，针对教育行业客户和师生用户，提供 AI 课程自学、比赛打榜、工作求职、教师开课、科研开发等全流程场景服务。其目标是打造一款面向中小学生的人工智能教育平台，主要以学校为服务对象，以期在广大学生中普及和推广人工智能教育，为国家提供更多优质的信息化人才。

3. 主要做法

以九天毕昇人工智能教育平台为载体,依托青少年人工智能技术水平测试标准制定委员会规范指导,浙江创新研究院与浙江省之江教育信息化研究院(以下简称"教研院")、浙江商汤共同推广九天毕昇人工智能教育"百校工程,千校计划"方案。该方案全方位支撑 AI 教育平台、课程体系建设、师资培养、人工智能实验室建设、赛事活动、服务支持六大需求场景,通过感知、学习、实践、应用四大学习路径,提高师生的人工智能素养。

(1)打造 AI 教育平台

平台集人工智能教育备授课、教学资源中心、编程创作中心、AI 训练中心、智能师训、区域人工智能教育管理平台、赛事中心等功能于一体,汇聚人工智能教学平台上的数据,可视化呈现 AI 教学及资源数据,实现常态化统筹与监管。通过将人工智能教育相关活动线上线下相结合,打造全方位的人工智能教育生态社区,如图 66 所示。

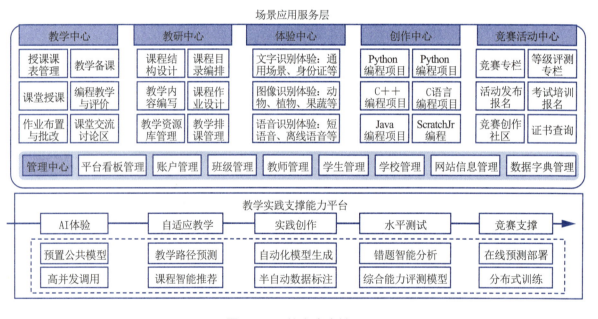

图 66　AI 教育生态社区

(2)建立课程体系

紧扣《义务教育信息科技课程标准(2022 年版)》《普通高中信息技术课程标准(2017 年版 2020 年修订)》,综合青少年人工智能技术水平测试、人工智能教育素养框架、青少年人工智能核心素养测评等行业标准与知识沉淀,结合现实生活场景,通过感知、学习、实践、应用四大学习路径,以培养学生人工智能核心素养为目的,设计兼具规范性、专业性、完整性、系统性的九天毕昇人工智能教育课程体系,如图 67 所示。

集中培训	现场督导	在线课堂

- 理论+实操
- 结果性评分（笔试+面试）
- 过程性评分（动态+分体系）

- 根据学校需求与时间安排，现场观评课、教学研讨

- 定期教研推文或直播教研
- 教学疑问在线解答
- 优秀课例视频展示

图 67　人工智能教育课程体系

（3）进行师资培养

通过培养优秀教师，点燃人工智能教育的星星之火。"燎原计划"将涵盖人工智能教学基础培训、人工智能教学进阶培训与教研素养能力培养、AI 种子教师培养项目以及示范课程的打造和创作等内容，结合丰富的教学资源，实现人工智能教师专业素养、教研能力和授课水平的提高。

（4）建设九天毕昇人工智能实验室

第一，建立人工智能实验室流程，如图 68 所示。K12 AI 实验室整体建设流程主要包括"前期准备""功能建设""授课实践"和"运营维护"四个阶段，教研院与创研院将共同打造，实现 AI 实验室完美落地。

1 调研	3 教具准备	5 实验室建设	7 示范课教学	9 地方教材编写	12 项目维护
教育局选定N所示范校开展示范校调研。调研学校的上课时间安排、项目负责人、对接教师、确认实验班级	根据调研情况，为示范校配备开展人工智能教育项目所需要的教具	建设若干所人工智能科创实验室：核心设备+基础教学硬件＋装修及软件平台搭建	专业讲师先进行若干课时示范课教学，学校有关教师继续开展后续人工智能普适课程，种子教师团队进行观摩研讨	启动人工智能地方教材编写，需组织开展启动会、研讨会。发布×××人工智能地方教材，举办成果展	客户维护，实验室维护（软硬件），渠道资源维护；项目推广宣传运营

2 课程准备	4 启动会	6 师资培训	8 学生上课	10 课后服务	11 赛事与认证
基于浙江省的人工智能地方教材和前期示范校调研情况，定向准备人工智能课程资料和人工智能通识培训所用的课程读本，给每位教师及学生配备进行学习	人工智能××项目启动会暨浙江AI教育科学研究院成立仪式：行业专家讲授AI教育、课程理念，创新教育讲授方式	成立教师工作坊，组建种子教师团队，进行人工智能通识培训（基本概念、核心技术、行业应用），逐步掌握编程教育的相关理论及操作方法	直接提供AI人工智能专业教师团队入校教学；课程体系为教师团队提供商提供	开展人工智能课后服务活动：基于人工智能科创实验室，专业讲师进行人工智能兴趣和特长教育，种子教师进行观摩研讨	举办人工智能科创赛事；组织学校参加各类评测考级及考试

图 68　AI 实验室整体建设流程

第二，设计实验室建设效果，如图69、图70所示。结合学校实际教学需求，完善九天毕昇人工智能教育平台、课程体系、硬件教具，打造人工智能实验室，彰显学校特色，满足中小学开展人工智能全校普及课、社团课、3点半课堂、信息技术课和综合实践课程等教学需求。

图69 实验室建设效果图（一）

图70 实验室建设效果图（二）

（5）组织承办赛事活动

基于九天毕昇 K12 人工智能教育平台，将赛事活动进行数字化、精准化管理，每年组织或承办六大白名单赛事或区县市常规性比赛。竞赛活动发布及报审全流程平台不仅支持人工智能教育相关活动及竞赛的发布及创建，还构建了从赛事发布、竞赛报名、作品提交、评审评比、成果展示及分享、赛果发布的人工智能竞赛的完整闭环，如图71所示，为区县市级、省级、国家级赛事制定标准化流程，数字化赋能人工智能赛事活动，为人工智能教育成果的交流与展示提供多元化路径。

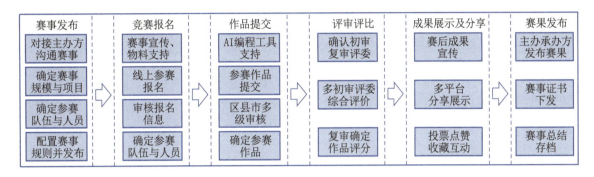

图71　竞赛活动业务流程

（6）提供服务支持

联合学校共同开展产教融合、人才培养等服务支持；举办 AI 冬夏令营、AI 论坛等研学实践活动；为学校定制化设计 AI 教学成果展、科技节等活动，支持学校组织开展与落地实施；提供校队组建与培育、考前服务、样板校打造等服务支持。

4. 成效与成果

（1）主要成果

一是人工智能相关活动与赛事。自主研发九天毕昇人工智能教育教学平台，集人工智能教育备授课、教学资源中心、编程创作中心、AI 训练中心、智能师训、区域人工智能教育管理平台、赛事中心等功能于一体，将人工智能教育线上线下相关活动相结合，打造全方位的人工智能教育生态社区。平台多语言的编程环境，可匹配不同学龄段的在线编程赛事，第一时间推荐教育部白名单赛事、青少年人工智能技术水平测试、平台官方竞赛、区域特色比赛等重点赛事，创造性地构建了比赛报名、作品提交、评审、成果展示的完整闭环。

二是人工智能课程及产品。围绕九天毕昇人工智能教育平台内容建设与用户运营，精选并整合市场上最优质的人工智能教育课程服务商，构建九天毕昇人工智能教育生态圈。打造以人工智能为核心，以"贴近生活 + 项目式学习 + 以评促学"为特色的跨学科、全年龄段、重实践的九天毕昇人工智能创新教育课程体系。根据用户的评价与反馈不断迭代课程内容与平台产品，确保在全面性、专业性、地方性特色三大方面做到"人无我有，人有我优"。

三是人工智能师资队伍建设。发挥创研院的影响力优势，启动"燎原计划"，打通工业和信息化人才培养工程、中小学教师省级培训计划等资源，构建集中培训、现场督导和在线课堂相结合的长效、多元培训体系，分层次培养人工智能教育师资队伍，多途径、多形式、高水平促进教师专业化成长。势必为中国创建一支专业的、发展的、开放的人工智能教育教师队伍。

四是人工智能校企合作。九天毕昇人工智能教育项目依托智慧校园建设推进，构建了包含课程资源、实验硬件、网络平台、学习空间等人工智能教育完整生态体系，为开展人工智能教育提供有力保障。贯彻"培养应用人工智能，创新人工智能的未来人才"理念，以人工智能教育为校企合作的切入点，融合中国移动（浙江）创新研究院特有的六智产品体系及其所涉及的行业与应用场景，打通人工智能产学研链路，推动各类成果转化，实现真正的学以致用、不断创新。

目前，创研院"九天毕昇人工智能教学平台"在推广进入教育行业的过程中，以极快的速度，落地了100所学校。在授权专利方面，软件著作权登记资料已准备完成，3项外观专利、1项发明专利正在申请中。

（2）实践案例——助力各地开展普及教育

九天毕昇人工智能教育平台助力多个地区开展人工智能普及教育，包括丽水市云和县、金华市婺城区、台州市温岭市等。如：平台助力丽水市云和县城市学校开展"人工智能初探"课程，实现 AI 技术常规教学；助力农村学校开展"人工智能编程入门"课程，通过"双师"模式实现线上线下教学。如图 72 所示。

丽水云和县

城市学校："人工智能初探"，AI技术常规教学

农村学校："人工智能编程入门"，Scratch。"双师"模式：余杭和云和，线上＋线下

图 72 丽水市云和县实践案例

5. 发展计划

2022 年 7 月，科技部、教育部等六部门联合发布了《关于加快场景创新以人工智能高水平应用促进经济高质量发展的指导意见》，"在线课堂、虚拟课堂、虚拟仿真实训、虚拟教研

室、新型教材、教学资源建设、智慧校园等场景"成为安全便捷智能社会建设要打造的重大场景中的关键组成部分；2022 年 8 月，《科技部关于支持建设新一代人工智能示范应用场景的通知》发布，智能教育被纳入首批示范应用场景，用于助力国家教育数字化战略实施。

平台未来会继续向智慧教学方向发展，开展在线课堂，辅助教师进行作业批改，优化教学流程、建设教学资源、开展学生数据分析及创立虚拟教研室，辅助开展线上线下相结合的立体化人工智能教研活动，加快落实"千校计划"。

（四）案例：校园安全治理一件事集成改革系统

（乐清市教育局　陈培熙　王小强　屠乐勇　万春生　林仕丽）

1. 背景介绍

校园安全涉及千家万户，事关社会的和谐稳定。近些年，教育部门切实推进维护校园安全各项措施的落实，但仍然存在一些短板，尤其是在各部门协调配合方面，存在职责边界不清晰、衔接不到位、处置不及时等问题。基于当前现状，乐清市教育局主动揭榜挂帅校园安全治理一件事集成改革，积极运用数字思维、数字技术推进校园安全治理体制机制、组织架构、方式流程优化变革，切实提升师生、家长的安全感与满意度。经过对当前现状的分析，确定了以下需求与策略。

（1）基于隐患预防需求，安全监管全面覆盖

学校对于校园安全隐患信息的预警能力有限，可以利用平台联合视频识别监测系统、群众上报、部门巡查等方式建立安全隐患排查预警体系，做到校园安全监管全覆盖，做好涉校安全事件前置预防工作。

（2）基于部门联动需求，建立协作处置机制

系统对排查到的问题，要打造流转闭环，发挥学校能动性；调动部门协作，及时解决问题；杜绝人员责任不明确、衔接不到位、处置不及时等现象的发生。

（3）基于服务提效需求，实现精准高效目标

系统通过数据和业务多跨协同，达到优化流程、简化环节、提高效率、减少重复工作量的目的，在校园安全隐患排查、校园安全相关问题处理以及学生关爱帮扶、疫情防控数据收集等方面做到快、精、准。

2. 主要目标

校园安全治理一件事集成改革系统是为解决校园安全治理而打造的多跨场景应用，其主要目标如下。

（1）厘清部门边界，确定职责主体

明确各类校园安全事件治理部门职责，通过数据中台为各类事件建立标签，精准推送至相应部门。

（2）打破"数据壁垒"，联通"数据孤岛"

汇聚涉校安全事件信息，调用 AI 分析能力，全事件数据融合，应接尽接，建立"防范治理体系"，形成"双网四端"（政务网、公安网，PC 端、浙政钉、浙里办、钉钉）高效协同系统。

（3）促进部门联动，建立协作机制

牵头部门综合研判，结合应急处置预案，多跨联动，推送相关部门协作处置，实现"事前预防、事中跟踪、事后评价"的流程化、规范化事件闭环流转机制。

（4）删减冗余流程，提高工作效率

建立校园安全服务数字化新模式，在平台上完成各类校园安全相关事件闭环，简化事件处理流程，减轻学校工作负担，提高安全事件处理速度和服务效率。

3. 主要做法

以"基于规则分级，实现最小闭环，提升群众感知"为主导思想，确定以"1 个主平台 +5 大主场景 +1 个处置中心"的主体架构，对应省教育厅校园及周边安全防控"一件事"20 项所涉事项建设要求，打造校园及周边安全防控"一件事"系统。

（1）1 个主平台——系统驾驶舱

驾驶舱展现系统运行的全方位、全业务、全链条数据图谱，凸显各部门协同状态与师生家长关切的安全需求，在精准诊断、精细诊治的基础上做好顶层规划调整和针对性整改。在驾驶舱的主界面显示发布预警的单位位置，在事件统计板块查看事件状态，还可以根据需要调取实时监控。图 73 为系统驾驶舱截图。

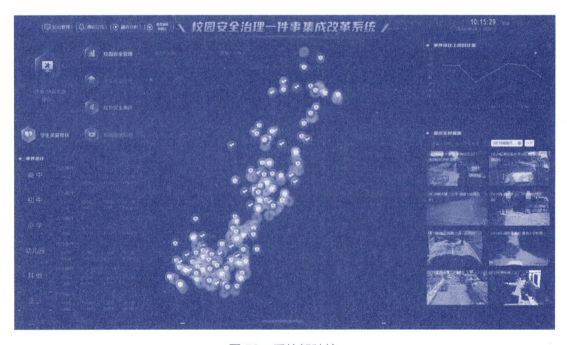

图 73　系统驾驶舱

（2）5个主场景——校园安全管理场景、学生安全守护场景、校外安全事件场景、校园疫情防控场景和学生关爱帮扶场景

一是校园安全管理。该场景实现了校园隐患排查及整改、平安校园考核、安全知识宣传及反馈的全流程网上流转、网上跟踪办理，让学校安全隐患整改、安全审批事项"不用跑"。同时，建立校舍安全、校园安保、消防等12项校园安全隐患自查清单，各校园对标进行风险评估，形成校园风险指数，查准各类校园安全问题。通过数字赋能校园安全管理，力求做到安全问题早发现、早整改。

二是学生安全守护。包括学生异常行为结构化识别预警、防溺水警告、教职工入职审查、学生进入特殊场所识别预警等子场景，努力防范学生高坠、溺水、侵害等事件发生。防高坠方面，如图74所示，定制"防高坠"AI算法模型，通过对校园内重点位置的视频监控实时取流，利用机器视觉进行结构化分析，根据智能算法及时识别学生危险行为并自动预警。教育、公安、民政多部门联合排查形成心理危机、家庭贫困、遭受霸凌等高危学生数据库，对非常规时间出现在敏感区域的高危学生提升AI预警灵敏度。防溺水方面（如图75所示），在重点防范水域配备具有语音播放功能的智能摄像头，利用人脸识别技术判定人员身份，如是学生，则自动播报警示语音进行劝离，并通过短信方式提醒监护人、水域管理人员。防侵害方面，做好教职工入职审查（如图76所示）、学生进入特殊场所识别预警（如图77所示）两个子场景。以学生出入特殊场所为例，如学生出现在酒吧、KTV等未成年人禁止入内场所，通过人脸识别技术自动判定身份并推送预警信息至公安部门，如出现在宾馆则推送提醒信息至监护人。

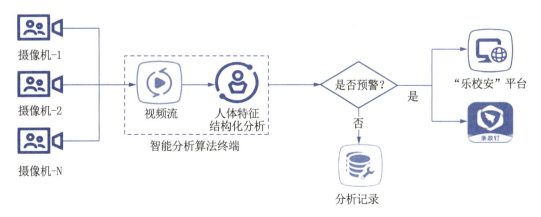

图74 "防高坠"流程图

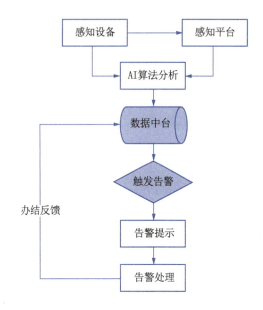

图 75 "防溺水"流程图

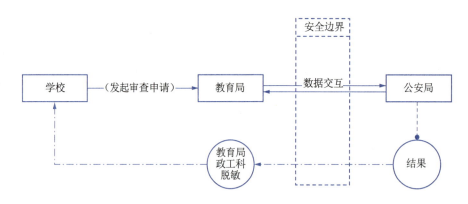

图 76 教职工入职审查流程图

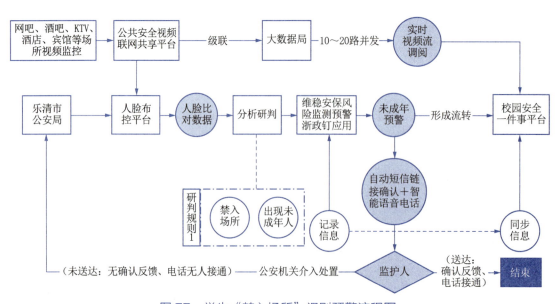

图 77 学生"禁入场所"识别预警流程图

三是校外安全事件。包括交通安全、环境卫生、违法经营、噪声污染等10余项校园周边治理子场景。通过 AI 自动预警、人工预警、第三方告警等多种方式，发动师生、家长、群众将发现的校园周边安全问题推送至相关部门，在系统内流转解决，并接受发起者评价。将多种数据交互进行汇聚、分类、识别、派单，政法委在处置流程中发挥协调、督促、考核作用，实现多跨协同、闭环解决校园周边安全治理系列问题。（如图78所示）

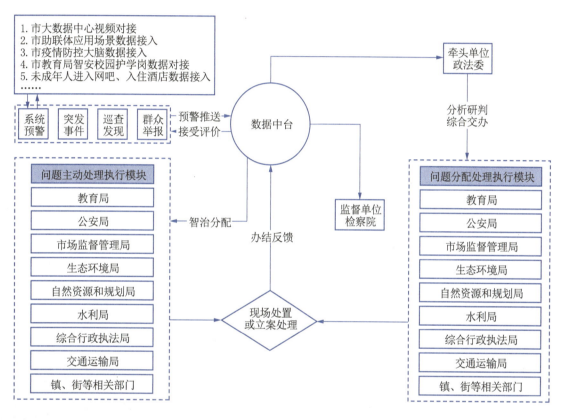

图 78　校外安全治理流程图

四是校园疫情防控。以往教育系统需要周期性地逐个收集人员防控信息，并通过半人工比对的方式排查风险，存在排查周期长、信息反馈节点多、排查工作机械重复等问题，容易出现谎报、错报、漏报等现象。该系统打通本地师生基础数据库和温州疫情防控基础数据库，以师生身份证为关键字自动比对疫苗接种、核酸检测、防疫码、同住人等信息，将结果以班级、学校、学区分层分级进行精准推送。实时更新核酸、健康码预警信息，学校不再需要家长配合收集防疫信息，实现疫情防控"降低工作量、提高精准度、增强时效性"的目标。

此外，系统后期还将进行功能扩充，增加校园常见传染病预警模块，通过接入卫健委相关数据，与平台师生基础数据比对，并与学校班级排查形成信息互补，发现情况第一时间组织力量开展行动，确保排除潜在传染病扩散风险。

五是学生关爱帮扶。这是校园安全治理一件事的拓展性场景，被认为可以从源头上减少涉及学生的安全事件，为学生健康成长保驾护航。针对留守儿童、贫困家庭、孤儿、单亲家庭、心理问题等 10 余类困境学生，厘清乡镇街各部门帮扶职责。协调联动民政局、卫健委、公安局、妇联、共青团市委等 16 个单位以及 25 个乡镇街，打造困境学生排摸、进库、分配、帮扶记录与档案迁移等功能，重塑困境学生帮扶体系，实现多个部门和社会力量协同参与学生帮扶。让每一个未成年人弱有所扶、困有所助。

（3）1 个处置中心——事件处置中心

通过"一件事"协同处置中心（如图 79 所示）形成兼容多种事件来源、接收多种类型事件，校园安全事件发生—指派—签收—处置—确认—评价的协同处置闭环流程，以提高各类涉及校园安全事件的处置效率，完善校园周边环境治安的管理机制。

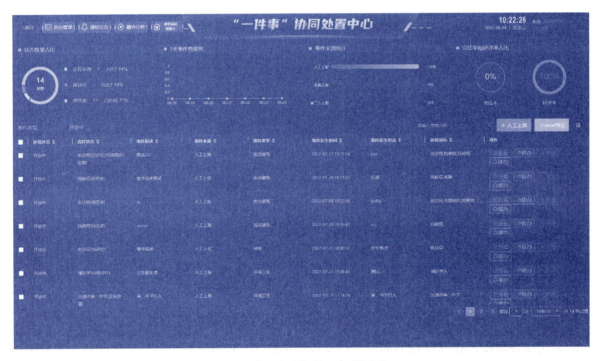

图 79 "一件事"协同处置中心

4. 成效与成果

项目预期成果包含应用成果、制度成果、理论成果等。

（1）应用成果

建成并上线数字化应用平台"乐校安协同治理平台"，汇聚多部门数据，提前预判风险，前移学生安全处置关口，有效改变被动处置局面。建成并上线数字化应用平台，包含 PC 端、移动端，上架浙里办，相关事件通过平台在相关部门之间流转，平台留痕，闭环处理。

（2）制度成果

明确规则分级，形成责任主体制度。在项目的建设过程中规范校园安全管理机制，明确校园周边事件综合治理部门职责，建立"事前预防、事中跟踪、事后评价"的流程化、规范化事件闭环流转机制，形成《校园周边综合治理协同机制》《平台应用实施方案》《平台应用综合评价办法》等一系列制度成果。

（3）理论成果

在平台建设、完善和运行过程中，大量相关职责部门、学校、社会成员参与应用，形成一定的案例库，通过留痕数据的融合分析，为行政决策提供数据支撑，并形成数字化改革案例、总结等理论成果。

5. 发展计划

平台重视群众感知和参与，不仅集合相关职能部门力量参与校园安全环境的创建，同时向社会开放移动端入口，邀请群众以随手拍的形式对事件进行上报、监督办理、评价，提高社会层面对于校园安全问题的重视程度与参与热情。平台稳定运行后，对涉校安全事件做到前置预防，对校园及周边安全隐患做到全面监管、高效处理，对需帮扶关爱未成年做到精准帮扶，全面智护未成年人健康成长，有全面推广的价值和必要性。

接下来，系统将努力做到扩面、升级、提速，以"1个主平台 +5 大主场景 +1 个处置中心"的主体架构，加快设计集成场景、搭建良好生态，配合基础信息底座，协同建设重点场景、重点模块，助力实现"一地创新、全省推广"。

（五）案例：文成县教育信息化应用建设模式研究——以文成县校安管理平台建设为例

（文成县教育局　潘福生　李向阳　赵岳北　包意忠　朱欢军）

1. 建设背景

学校安全工作，是全社会安全工作的重要组成部分。校园安全与每个师生、家长和社会都有着密切的关系。然而，校园安全管理工作事项多、工作细，仅《浙江省中小学（幼儿园）校园安全隐患排查手册》就要求对消防安全、食品安全、校车安全等 11 类 277 项安全隐患进行排查。传统的手段已经不能满足当下高效、智能的工作要求，基层排查出来的安全隐患也很难有效地传达到上级有关部门。因此，一体化、数字化、网络化、智能化的校园安全管理成为大家的共同期盼。

文成县教育局以"于变局中开新局"的理念，积极研究探索教育信息化应用建设模式。做到建成一个项目，建立一种模式；达到"做好一道题，学会一类题"的目标。2022 年，文成县以建设校安管理平台为契机，举一反三，思考并实践教育信息化应用建设模式。

2. 建设目标

在建设智慧化校园的过程中，除了要提升校园管理的智能化水平，更应该利用物联网、智能感知等技术来提升校园安全水平。为做好学校安全稳定工作，维护教育系统良好形象，建设平安校园，学校力图通过建立健全各项管理规章制度、强化安全防范措施、分责到人等措施，全面建设校园安全风险防控体系，旨在建成并完善文成县校园安全管理平台，实现校园安全管理的数字化、网络化、智能化管理。

3. 建设过程

（1）需求提出

教育局校园安全科在实际工作中发现，无法准确了解各学校和幼儿园的校园安全动态信息。因此，校园安全管理只停留在"面"上，无法进行精确管理，很多工作都是在做事后补救，工作被动，也缺少事前预警机制。如对校园保安超龄问题，通常的做法是查到一起、清退一起，这就使得校园安全相关工作压力大、矛盾影响大。在校园安全考评中，只能做到结果评价，缺少过程性评价。校园安全工作存在一定的随机性，不是出现校园安全事件的单位工作就一定做得很不好，也不是没有出现校园安全事件的单位校园安全工作就没有问题。正因为随机性，一些校园安全管理干部存在"好好工作，不如求运气"的躺平心态，原有的校园安全考评不能反映真实的校园安全状态。因此，校园安全管理的过程性工作记录和评价问题亟须解决。

（2）合作共进

为解决以上问题，由教育局分管领导牵头，校园安全科和教育信息中心共同思考解决方案。首先，两个科室组成联合专班，由联合专班对目前市场上现有的校园安全管理产品进行梳理，分析和研究各产品的优势和适用范围；同时，也对已经具体落地、实现常态化应用的区域进行联合考察。经过几轮"头脑风暴"后，联合专班对校园安全管理的需求逐渐明晰，从业务和技术等多方面思考解决方案，既能切实解决业务问题，又能确实利用现有数据、现代手段解决支撑问题；视野更加宽广，工作更接地气，能将教育信息化的整体规划和具体业务需求相结合。

（3）分工协作

联合专班确定整体目标后，下一步就要各自明确职责。校园安全科从业务方面整理所要解决的问题，确定具体工作事项。教育信息中心则从技术支撑角度参与项目建设。校园安全科将省、市、县（市、区）的各级各部门对校园安全的要求进行逐项梳理，对各项工作要求进行细分和整合，明确各业务的实施流程，明确各角色权限，确定各项业务的结果呈现方式，固定事项预警阈值。教育信息中心结合自身整体规划、现有数据仓存量以及县大数据中心数据池支撑能力，落实网络安全要求，组织运算、存储和网络带宽能力，同时对接相应部门解决数据接口问题。

（4）日常运维

文成县校安管理平台初步建成后，教育信息中心进行持续的技术支撑跟进，从服务器运维、网络带宽管理、数据存储保证、网络安全防护等方面保障平台的正常运行。校园安全科则管理平台的具体业务，在平台用户管理、重要任务布置、业务审批、预警处置、过程性事项监督等方面持续发挥作用。同时，校园安全科在使用平台过程中，不断总结平台运行中存在的问题，并提出可行的解决思路和实现方案，为下一步的平台迭代升级做铺垫。

4. 建设成效

文成县校安管理平台建成后，实现了校园安全管理的数字化、网络化、智能化管理。

（1）平台一体建设

校安管理平台的建设融入县教育信息化"管理用钉钉"的总体规划。将校安管理平台作为"文教钉应用"的一个部分，避免了"自立山头"与"数据孤岛"问题的出现；同时，一体化建设使得数据融通更加方便，校安管理平台的用户体系直接来源于钉钉用户，由校园安全科设置权限后，用户可以用钉钉免密登录，在方便用户的同时也减少了平台用户管理和密码维护的工作。

（2）校安一网管理

校园安全科将涉及校园安全的工作全部纳入校安管理平台。一站式提供全部服务。在一网管理的同时，为兼容各类上报表，平台还提供按需报表导出功能；为适应不同终端，平台提供移动终端界面和 PC 终端界面。移动终端界面简洁，让人一目了然；PC 端界面内容涵盖全，总揽全局。同时，平台还提供校安工作"一张图"（如图 80 所示），以直观数据展现校安工作。

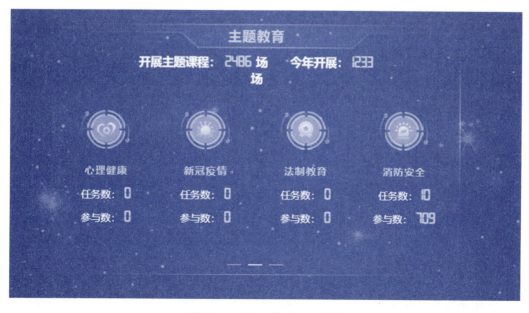

图 80　校安工作"一张图"

校安管理平台共覆盖了 83 所校园，接入了 3 876 路校安监控；管理超过 4 948 个灭火器，107 个消火栓；设置日常巡查点 4 846 个；管理直饮水设备 227 个。平台将所有校安事项都纳入管理，实现了校安一网管理。

（3）风控人人参与

在校安管理平台使用前，虽然有"全员参与安全管理"的理念，但在具体实施中，校园风险排查是校安科的专属工作，其他教职工和学生都不会参与。使用了校安管理平台的"扫码排隐患"功能后，任何人发现隐患都可以扫码上报，实现隐患闭环管理，如图 81 所示。

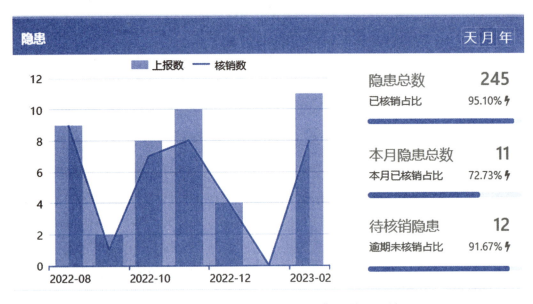

图 81　校安管理平台"扫码排隐患"功能使用情况

5. 模式提炼

文成县校园安全管理平台的建设过程，是不断思考和总结教育信息化应用建设模式的过程，其应用过程要厘清以下几个关系。

（1）需求驱动与技术引领

《浙江省教育信息化三年行动计划（2018—2020）年》提出了"建立以业务部门为主导，以专业技术部门为支撑的多部门协同推进的教育信息化管理体制和运行机制"的要求。因此，要深入思考"教育信息化引领教育现代化"和"业务部门为主导"之间的联系。技术部门应不缺位，也不越位，始终引领教育信息化工作，宣传和介绍各业务条线的先进教育信息化应用，为具体业务提供可行的解决方案。

（2）整体布局与分步实施

在建设过程中，优先确定的教育大数据中心建设框架（如图 82 所示）起到非常重要的作用。教育信息化工作，规划要先行。规划是对教育信息化进行的全面长远的发展计划，是对未来整体性、长期性、基本性问题的思考和考量，是设计未来整套行动的方案。有了规划，做事情就不迷茫，才会有方向；有了蓝图，就可以成熟一项，建设一项。

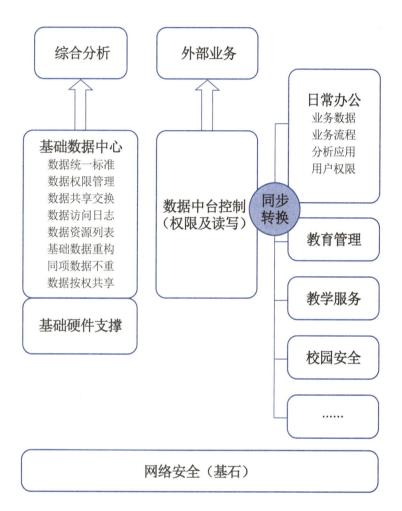

图 82　教育大数据中心建设框架

在分项业务实施中，应该站在全局高度，从全局、系统的角度去看待问题和解决问题。任何一项业务都不是孤立的，而是需要与其他系统产生数据交换。

（3）工作分工与部门合作

在校安管理平台建设中，校园安全科和教育信息中心组成专班，形成合力，协同推进，联合专班成为项目推进最大的动力源泉。

此外，工作也必须进行详细的分工。校园安全科主要负责"要做什么"的问题，需要解决以下业务问题：一是确定实施方案；二是细化业务指标；三是规定业务流程；四是数据分析应用；等等。教育信息中心作为技术支撑部门主要负责"要怎么做"的问题，需要完成以下技术问题：一是统一数据标准；二是规范数据接口；三是建议技术路线；四是保障网络安全；等等。业务部门和技术部门是教育信息化应用建设的一体之两翼，需要相互协同、共同进退。

综上，文成县建设凝练了教育系统的信息化应用建设模式（如图83所示），并在模式中对应用建设从需求提出到迭代升级各项工作做出细化说明与任务分工，可以引以为鉴。

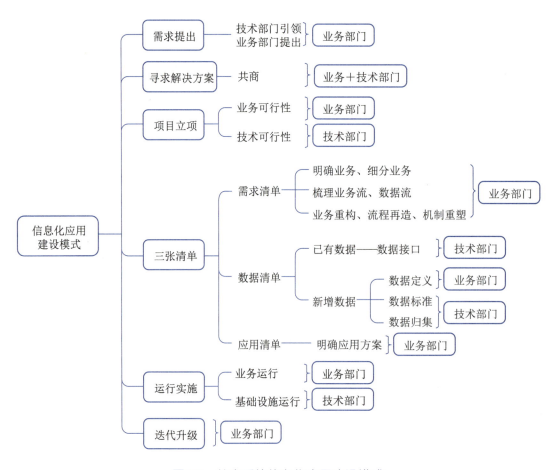

图83 教育系统信息化应用建设模式

6. 发展计划

目前已经建成的文成县校园安全管理平台已经纳入了涉及校园安全的相关工作，一站式提供全部服务。平台稳定运行后，能够实现校园安全管理的数字化、网络化、智能化管理，具有一定的实践推广价值。

学校将进一步健全安全风险预防措施，结合学校实际情况，通过校园安全管理平台，有效建立事故隐患管理、检查巡查管理、设施设备管理、人员健康管理、食品安全管理、安全评分管理、移动办公管理等制度，全面开展校园安全风险防控工作。此外，将安全教育全面纳入学校教育内容，进入课堂，开展活动，帮助师生增强安全意识；加大投入力度，改善校园安全基础设施；做好常规安全管理，强化热点难点治理，加强督导检查，及时落实整改措施；积极探索"互联网＋"校园安全治理新手段，打造智能联动、物物联动、实时掌握、人人参与的校园安全治理新模式。

后　记

协同"数智"激流勇进，教育
生态改革创新

侯元东

在新一轮科技革命引领下，数字化、网络化、智能化技术的发展拓展了学习时空，丰富了教育资源，推动了学习空间的互联互通，为教育数字化转型创造了条件。温州紧扣"打造数字变革高地"的战略目标，发挥"'智慧教育示范区'创建 + 数字化改革"的政策叠加优势，以数字化改革引领撬动教育领域各方面改革，推动教育组织架构、课程内容、教学过程、评价方式等全方位的创新再造，形成具有开放性、适应性、柔韧性的教育新生态。

筚路蓝缕：回看过去新突破

近年来，温州积极探索推进教育信息化工作，从教育信息化"151"工程，到开发教育大数据平台，再到创建国家级"智慧教育示范区"，始终坚持以智慧教育为先导，构建网络化、数字化、智能化、个性化、终身化的教育体系，坚持把大数据、云平台等技术手段融入推进依法治教，保障科学决策，提升行政效能，建设智安校园等过程。自 2019 年温州教育大数据驱动智慧教育工作被列入浙江省区域和学校整体推进智慧教育综合试点起，到 2021 年温州作为浙江省唯一推荐区域，入围教育部第二批"智慧教育示范区"创建项目名单，坚持践行智慧教育理念，推进信息化与教育教学的深度融合。通过创建智慧校园、"数字大脑"等举措，构建了数字化教育的新体系，形成了集教、学、管、评为一体的智能教育环境。

2022年，温州市智慧教育基础设施逐渐完善，保障体系已初步成型。在经过十几年的探索之后，温州市从补齐硬件设备着手，加速基础设施建设，成功构建了一个涵盖各类教育场景、服务全体师生的智慧教育体系。这种全场景的智慧教育模式，旨在实现优质教育资源的均衡配置，提高教育教学的效率和质量，推动教育公平和可持续发展。同时，温州不满足于数字化升级，不止步于数字化转型，吹响号角向数字化改革进发，统筹建立全市"延伸扩面"应用清单，共建共享、动态更新，走出了一条"'数字大脑'赋能 + 智慧校园标准引领"的特色路径。一是坚持"全域智慧"一体推进，强化"三面发力"系统观念，推进市、县（市、区）、校三级联动，致力打通"全域推进智慧教育"各环节，"大抓智慧教育"的态势持续彰显，构建了教育局主抓、部门协同、专家引领、企业融入、校地共进的运行格局，同时在投入、建设、人才保障方面加大力度，形成了全系统共同发力的良好局面。二是坚持系统集成，汇聚省、市、县（市、区）、校海量数据，建成了温州教育"数字大脑"和"好学温州"应用门户，构建了"1+3+X"的建设体系。三是坚持系统创新，出台智慧校园2.0创建指标体系，从环境融通、数据赋能、教学变革、素养提升、体制保障等5个重要方面共28项指标勾勒出智慧校园2.0学校的基本画像，引领智慧校园迭代升级。

砥砺前行：细数当下新经验

在"2023年温州智慧教育发展报告"的撰写过程中，我们深入了解了温州市在技术驱动教育数字化变革中的探索与实践。从温州教育数字化变革历程及未来发展、温州教育数字化改革案例的基本特征，到明确教育数字化改革区域模式和制度框架、统筹区域教育数字化治理与模式创新等，这些内容都展现了温州在教育数字化转型中的努力与成就。报告对温州在技术驱动教育数字化变革中的探索与实践进行了全面、系统的梳理和总结。通过深入挖掘温州在教育数字化转型中的成功经验和创新模式，希望为其他地区和学校提供教育数字化发展思路和方向借鉴。同时，也希望通过本报告的撰写为未来温州乃至全国的教育数字化发展提供有益的参考和启示。

（1）统筹区域教育数字化治理与模式创新

温州在全市范围内通过综合、协调地运用教育数字化手段和相关政策法规，对教育系统进行有效的数字化治理和模式创新，以提高教育质量和效率，实现教育公平和可持续发展。

首先，明确教育数字化改革区域模式和制度框架。各区对区域内的教育资源、教育环境、教育需求等进行深入的分析和研究，认清自身优势和不足，明确数字化教育改革重点和难点。根据自身发展特色和现实需求确定数字化教育治理模式和制度框架，加强数字化教育基础设施建设，完善数字化教育治理机制，从而推动区域数字化教育的可持续发展。如案例《三大聚焦：构建瓯海智慧教育发展新样态》从全域智慧、"数字大脑"、智慧校园建设等方面入手，以"数据"为枢纽，着力解决教育教学变革动能不强、平台综合集成不高、数据共享共用不足、工作统筹协同不够等痛点问题；案例《大数据背景下教育智治的苍南实践》基于"县域教育资源极不均衡"的特殊县情，在"1+1+X"框架上研发了教育智慧云平台，后升级为移动端"苍教云"，实现对学生学习、思维方式等多方面因素的智能化分析，从而更好地帮助教师制定课程，提高学生学习效率和成绩水平。

其次，形成区域推进智慧校园2.0建设的行动模式。 温州市各区通过制定特色战略规划、加强合作共赢、推进基础设施建设、创新数字化教育教学模式等举措，全面推进智慧校园2.0建设工作。以智慧教育建设为抓手，促进信息技术与教育教学的深度融合。如案例《抢抓先机多措并举探索"智慧校园建设"鹿城路径》通过收集、分析学生练习过程数据，改进教师教学与学校管理。教师通过"高速扫描仪 + 留痕打印机"，实现课后练习的全量数据的采集与智能批改，并生成每个学生专属错题集，为每个学生智能推荐变式练习，形成靶向作业。同时，通过对作业数据结果分析，指向教师备课有效性的改进，从而实现减负提质；案例《打造"三驾马车"赋能智慧校园》围绕钉钉建设数字化生长底座，组织局—校—家的完整钉钉在线，依托钉钉基础功能，学校基本实现组织在线、沟通在线、协同在线、业务在线、生态在线。

最后，推动智能技术支持的区域教育评价改革实践。 各区建立智能评价系统，利用大数据、人工智能等技术手段，对学生的学习情况、教师的教学效果等进行全面、客观、精准的评价。根据评价结果为学生提供个性化的学习建议和帮助，指导教师教学改进。如案例《瑞安市"慧美育"教学评一体化云平台》自研"慧美育"平台，配置个性化课后延时服务，丰富学生的课后活动，促进学生身心健康发展。区域全覆盖美育云平台，构建素质测评数字档案，及时记录学生的成长过程，形成直观高效的评价数据，真正实现教、学、评、管真正一体化；案例《基于 AI "教学行为分析链块"智能助力未来教学》借助具备 AI 视频分析功能的智慧录播系统，打造常态化录播空间，基于系统目前所采集的数据、自动生成的课堂观察分析报告，可实现多维度数据分析提高教师精细化教学水平，实现因材施教。

（2）助力学校教育数字化转型与高质量发展

在学习环境方面， 温州市通过智能化教学管理系统、在线教育、数字化互动体验馆、数据分析和评估等方式，促进学校教育的模式创新、拓展教育边界、增强社会互动、提高教育质量和效率。例如案例《新型互联网学校》利用"启航科创中心"成功构建了符合学生科技特色发展的学科融合课程体系，促进了学生个性化发展，并取得了多项荣誉和成绩，推进了科创特色教学体系的构建和发展，为学生和教师的成长提供了良好的平台；案例《共享会计工场》通过RPA财务机器人和实践工场等手段，提升了学生技能水平，在创新商科技能教学项目化落地新模式、打造财会专业服务地方经济发展新样态、开拓师生多元化协同发展新途径等方面取得了显著成果，为培养财税专业人才提供了有益的实践经验。

在教学模式方面，温州市结合现代科技手段，运用互联网、大数据、人工智能等技术，在传统课堂教学的基础上，构建一种新型的、互动性更强、创新性和个性化更足的教学模式。例如案例《实践基地劳动教育"融·创"数据课堂构建方案》通过信息化手段打造"无边界"课堂，让学生更加重视自身知识的积累和实践操作能力的提升，提高教学效果和学习效率；案例《"家园掌中宝"——幼儿园一体化智慧共育平台的开发和应用》融合幼儿生长过程全方位数据，实现幼儿园管理清晰透明化，幼儿发展进程全方位可视化，创新家园互动方式，打破家园沟通壁垒，让家长主动参与幼儿成长与幼儿园课程共建，形成积极、有活力、有韧性的家园共育新样态。

在智慧校园建设方面，温州市引入各种智能化管理系统，重点突出管理系统的智能化和人性化，优化管理流程，提高工作效率和管理水平。如《"璞实智脑" 通数据 融智慧》据学校办学特色打造多维数据画像，形成数据融通、预警、诊断、分析、决策、迭代的闭环管理，让数据赋能学校高质量发展；案例《对接未来教育，塑造智慧教育2.0新格局》依托"1+X"模式搭建智慧云平台，构建个性化、全面化、移动化的"一站式"网上服务大厅，将服务功能统一集中到钉钉端公共服务系统上，实现教育服务一门化、一表化、一次性和个性化。

在教育数字资源方面，温州市顺应教育数字化转型趋势，推进数字资源利用效率，加快数字化教育教学平台建设，将数字资源、数字化平台多场景、多方向展开应用。案例《借国家智慧平台，促海岛教育共富——洞头元觉义务教育学校智慧教育浅探》借助国家智慧教育平台，丰富学校教育教学资源，一方面为教师提供教学和教研提供助力，实现教师常态化研修，提升教师能力；另一方面实现课堂高效学习，辅助学生自主学习、个性化学习；案例《应用为王 打造具有地域特色非遗文化数字资源库》通过现代教育技术挖掘温州地方特色资源，提供非遗课程教材资源，打造优质的温州非遗文化课程数字资源库，将传统非遗课程融入跨学科学习，助力校园特色教育发展。

在教育数字化技术方面，温州市积极拓展数字化教育应用领域，将人工智能、大数据等技术引入课堂，为学生打造沉浸式、互动式的学习体验，提高教学质量和效果。如案例《云思智学：探寻作业设计与管理的实践智慧》基于"AI+OCR+大数据"智能技术，构建"一端、一库、一平台"云端高质量作业管理系统，让作业管理可量化、可视化，实现学校端大数据管理调控作业全过程，有策略地指导教师改进；案例《"慧观课"——课堂观察迈入数字时代》自主设计研发"慧观课"课堂评价系统，利用大数据分析、数据整合、边缘计算等技术手段，促进课堂品质一屏掌控，有效推进"美好课堂"变革行动。

（3）协同数字化行业共建教育生态与应用平台

报告介绍了数字化技术能够为教育行业带来的变革以及其应用场景。一是创建虚拟化情境化教学应用场景。例如，案例《打造全国首个 AI 数字教师，实现教育共富应用新维度》利用5G 边缘计算与人工智能技术打造 AI 数字教师，促成人类教师与 AI 教师互存的教育新图景。二是开拓教育实践问题数字化解决方案。如案例《乐清市中小学"慧阅读"平台》为乐清城市大脑提供阅读方面各个维度的数据，积极推动全民阅读工作与新媒体技术紧密结合，推动全社会形成爱读书、读好书、善读书的新风尚；案例《校园安全治理一件事集成改革系统》建成并上线数字化应用平台"乐校安协同治理平台"，利用平台联合视频识别监测系统、群众上报、部门巡查等方式建立安全隐患排查预警体系，提前预判风险，前移学生安全处置关口，做到校园安全监管全覆盖。

扬帆起航：开启未来新篇章

在过去的一年中，温州市积极投身于教育数字化改革，通过不断引入和融合先进的教育理念和技术，为学生、教师和学校提供了全方位的教育数字化服务，不仅为提高教育教学质量提供了有力支撑，也为构建智慧教育、智慧校园、"数字时代的学校"等提供了新的方案和思路。尽管温州市在数字化教育方面取得了一定的成果，但我们也清醒地认识到还存在一些缺点和不足，需要进一步加以改进。

首先，教育数字资源的建设和应用仍有待加强。虽然部分学校已经开发了一些优质的数字化课程资源，但仍需进一步丰富和优化资源的内容和形式，以满足不同学生的学习需求。同时，还需要加强对数字化教育资源的应用管理，推动优质教育资源的共享，为全体学生提供更好的数字化教育服务。充分挖掘数字资源价值，使其能够在教、学、管、评等各个环节中得到有效利用。

其次，需要加强与数字化行业的合作，共同推进数字化教育的创新发展。政府、学校和社会应加强合作，共同搭建教育数字化应用平台，与高端数字化行业建立稳定的合作关系，将学校的科研成果与行业的数字化技术融合生成全场景应用的教育数字化平台或产品，推动数字化技术与教育的深度融合，不断探索数字化教育的创新模式和发展路径。

最后，需扩展数字化改革成功经验、智能教育产品和智慧平台的辐射范围。教育数字化不是一蹴而就的事情，需要广泛的社会参与和持续的改革创新。温州市在数字化教育创新方面树立了新的标杆，为了让更多的学校和教师受益，需要将创新成果进行有效的推广，让更多的学校、教师和学生参与到教育数字化改革中来。

数字化改革的红利在温州市各级各类学校中得到了充分释放。优质数字化资源的建设和应用，不仅改进了传统的教学模式，还助力学生个性化学习和终身发展。面对新时代的挑战与机遇，温州市将继续深化教育数字化改革，积极探索教育数字化发展的新路径，不断改进和创新，以更好地满足于广大师生和社会各界的需求，开启温州教育数字化新篇章。